总　序

　　当今世界,全球化似乎是一个无所不在、无所不包的现象。全球化可以理解为一种流动的现代性——物质产品、人口、标志、符号、资金、知识、技术、价值观、思想以及信息跨国界和跨时间的流动,这种流动反映了各国之间与日俱增的联系和相互依赖的特征。通过"时空压缩"、"远距离操纵"、"即时互动"等途径,全球化不断地整合与分化着全球的各种力量和利益关系。它给我们带来各要素在全球范围内自由流动和相互联系的同时,也凸显了霸权主义及其意识形态的全球扩张。全球化的主宰力量不仅仅局限于各国政府,还有跨国集团、中介组织、文化与媒体机构、公民组织以及宗教团体等。全球化的过程实际上就是各种力量的交汇、碰撞与融合。

　　由于各国历史、传统、文化、社会发展重点的差异,全球化在世界范围的实际影响是不平衡的。通过市场整合以及由发达国家及其机构操纵的国际组织及其制度安排,全球化很可能(实际上已经)加剧不同社会阶层和利益群体之间的分化,导致社会冲突和矛盾加剧,并形成反全球化的力量。20世纪90年代以来的全球化发展表明,各国之间的跨国互动与影响变得极为复杂,难以预测和掌控。这个世界并没有因为全球化而变得真正"扁平"!

　　大学作为现代社会培养人才、创造与传播知识的轴心机构,必然受到全球化的影响。斯科特从三个方面分析了全球化给大学带来深刻影响的必然性:第一,大学负有传播民族文化的责任;第二,信息、通讯技术的发展和全球性的研究文化网络的形成,促进了大学教学的标准化;第三,全球化市场动摇了作为大学主要收入来源的福利国家公共财政的基础。① 加拿大学者奈特进一步概括了全球化趋势的不同要素对高等教育发展的不同影响:一、知识社会的兴起,导致社会更加注重继续教育、终身教育;持续的职业发展给高等教育创造了新的发展机会;新技能和知识导致新型的大学课程和资质认证,大学研究和知识生产的功能也随之发生变化。二、信息和通讯技术的发展推动了本国和跨国的新型教学方法。三、市场经济的发展,导致本国和国际范围内教育和培训的商业化和商品化趋势。四、贸易自由化消除了经济上的壁垒,也增进了教育服务和产品的进出口。五、新的国际和地区治理结构和制度的建立,改变了政府和非政府机构在高等教育发展中的角色。② 如果我们认同上述判断和分析,那么这些趋势对中国的高等教育改革意味着什么?

全球化不仅仅是一系列历史力量,更是一种新的精神状态和思维方式。全球化把大学变成变化不定的全球物质、社会经济与文化网络的一个移动点。值得思考的是:中国高等教育的许多政策、管理、心态和理念依然故步自封,其发展依然落后于整个日益开放的社会的节奏,此时,我们的这个"移动点"将被带向何方?大学是否还需要思考大学独立性的问题(虽然无论过去还是现在,大学独立性都是奢侈的话题)?

中国日益成为国际上在政治、经济、军事和文化等方面举足轻重的国家,对全球化体系的参与程度与影响也日渐深入。但关于全球化力量的根源、作用方式、影响程度以及世界不同地区的回应,我们还缺乏深入的了解与认识。虽然拥有日益庞大的高等教育体系,但在全球化高等教育市场上,我们还远远不是高等教育强国。中国高等教育的发展经历了多次巨大的"断层",学术的传统和精神在流经这些断裂过程时不断地丧失。在融入全球化进程中,缺少了学术"原始资本积累"的中国大学,可能需要更多地利用全球化的契机,补上学术传统这一

---

① Peter, S. (2006) Globalization and Higher Education: Challenges for the 21st Century, *Journal of Studies in International Education*, 4(3): 5—6.

② Knight, J. (2006) Cross-border Education: An Analytical Framework for Programs and Provider Mobility. In J. C. Smart(ed.), *Higher Education Handbook of Theory and Research (Volume XXI)* (pp. 348—349). Dordrecht: Springer.

课——我们不能给这个传统设置国界！另外,中国大学应该具有全球化的眼光,但还需要本土化的行动,否则,我们在世界高等教育的地位将很尴尬。

我们希望,本套译丛的翻译和出版,可以为中国读者认识全球化对世界不同地区高等教育的影响及其应对方式打开一扇窗。透过此丛书诸多世界知名学者的文字,我们可以分享他们对相关理论和概念的辨析、对各国和地区政策的反思、对国家和大学个案的评价……同时,我们相信,全球化问题的讨论不能局限于概念的辩论,或者满足于对个别发达国家的全球化境况的了解。既然全球化影响是各国差异性的一个"函数",那么我们需要洞察世界上更多国家和地区高等教育领域的现实和发生的变化——本丛书特别呈现了许多发展中国家高等教育近年的发展概况。由此,我们可以了解世界高等教育的丰富性,并且发现差异性背后可以共享的思想、处境和使命。

华东师范大学高等教育研究所

侯定凯　李　梅

2008 年 12 月

致　　谢

　　我们所在的大学都在发生着变化。对某些人来说,大学全球化带来的冲击是非常巨大的。而对另外一些人来说,尽管环境发生了改变,但是我们的现实生活并没有受到明显的影响。在本书的写作过程中,我们采访了法国、挪威、荷兰和美国四个国家的大学教师和行政人员,收集了受访者观察到的信息,并分析那些可能给大学带来变化的因素。我们怀着浓厚的兴趣,探寻了全球化的实践活动给法国、挪威、荷兰和美国高等教育制度带来的影响,我们也分析了这些变化是否真正改变了(以及如何改变)大学的内部结构;我们还深入了解并分析了各种改革措施对于教师职业带来了怎样的影响。

　　澳大利亚研究理事会(Australian Research Council)资助了本研究。另外,我们的访问工作也获得了以下单位和个人的支持:特文特大学(Twente University)高等教育政策研究中心(CHEPS)、波士顿学院(Boston College)国际高等教育研究中心及其主任阿尔特巴赫(Philip G. Altbach)教授和研究生大卫·恩格伯格(David Engberg)、奥斯陆大学(Oslo University)教育研究所以及我们的同仁阿瑞德·特捷达夫(Arild Tjeldvoll)教授(他帮助我们进行访谈和搜集信息)、阿维侬大学(Avignon Univeristy)科学与应用语言学系、默多克大学(Murdoch University)教育学院(他们协助了我们的文案工作)。许多同仁阅读了本书的初稿,并提出了很多宝贵意见。我们要对大卫·迪尔(David Dill)、盖伊·尼夫(Guy Neave)、伯恩·斯坦萨克(Bjorn Stensaker)、阿瑞德·特捷达夫、英格维德·马海姆·拉森(Ingvild Marheim Larsen)和克里斯汀·穆塞琳(Christine Musselin)的建设性意见表示感谢。

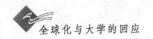

我们也要感谢出色地帮助我们使用 NUD.IST 软件完成数据分析的专家哈丽特·皮尔斯(Harriett Pears),负责编辑的保罗·斯奈德(Paul Snider),负责记录的斯蒂夫·罗布森(Steve Robson),负责采访的琳·米克(Lynn Meek),法语翻译纳塔丽·韦斯科特(Natalie Westcott),负责其他繁琐杂务的卡瑞恩·巴伦伯格(Karyn Barenberg)。我们要特别感谢罗兰·阿伯内蒂(Loraine Abernethie)富有创意的工作,以及克莱尔·皮克林(Claire Pickering)的编辑、索引制作以及为最终定稿而做出的努力。

最后,我们要感谢来自波士顿学院、阿维侬大学、奥斯陆大学和特文特大学的 131 位教师和行政人员,他们抽出宝贵时间接受我们的采访。我们欣赏他们在访问中表现出的远见卓识,以及在案例研究完成后提供的宝贵建议。我们希望,通过大学全球化实践调查而获得的发现,有助于深化对本书提出的有关问题的讨论。

简·柯里(Jan Currie)
理查德·德安吉里斯(Richard DeAngelis)
哈里·德·波尔(Harry de Boer)
杰罗恩·胡斯曼(Jeroen Huisman)
克劳德·拉科特(Claude Lacotte)

目　录

第一章　导言 …………………………………………… (1)
第二章　研究的背景与研究设计 ……………………… (26)
第三章　私有化、竞争与企业化管理 ………………… (56)
第四章　大学管理 ……………………………………… (93)
第五章　责任机制 ……………………………………… (134)
第六章　聘用机制的灵活性 …………………………… (164)
第七章　新技术 ………………………………………… (189)
第八章　全球舞台上大学的未来 ……………………… (218)
附录一　样本介绍 ……………………………………… (236)
附录二　采访协议 ……………………………………… (240)
　　　　Bibliography ………………………………………… (242)

第一章 导 言

全球化是一个备受争议的话题,不同的人有不同的理解,有坚定的拥护者也有坚决的反对者。例如,最近发生的反全球化抗议运动[1],就把矛头直接指向企业全球化或者新自由主义(neoliberal)全球化。这些抗议者声称,在世界范围内不断加剧的不平等现象的直接原因就是自由贸易运动。与之相反,那些拥护全球化的人相信自由贸易会促进世界经济的繁荣。此外,还有一些人对全球化持有比较中立的态度,认为它促使世界各国人民能够进行更方便、更迅捷的交流。他们也把互联网看作是一个全球化的工具,是一种潜在可以促进信息民主化、世界文化交流以及全球经济整合的机制。然而同时,全球化也往往把各国社会和世界分化割裂为三个群体:进行全球化的人、被卷入全球化的人和被全球化排除在外的人(Yang & Vidovich,2001)。在全球化进程中有赢家也有输家。全球化并不是一个简单的、中性的术语,要从意识形态和物质两个层面来分析研究,所以我们特别通过考察其对大学的影响来深入讨论全球化。本书关注的焦点是在研究大学过程中所观察到的全球化实践。

本书所考察的全球化实践是 30 年前开始出现在高等教育领域的。最初,这些实践在美国涌现,之后传播到如澳大利亚、加拿大、新西兰及英国等国家,之后进一步传播到欧洲国家。在全球范围内,这股潮流在 20 世纪的最后 10 年中变得更加猛烈。我们不能确定这些全球化实践是否是由全球化本身,或者是由新自由主义的经济政策直接导致的,但它们确实是在同一时期兴起的。例如,虽然很多政府发起了公立机构改革,使大学在更宽松、更商业化的环境中拥有更多体制上的自主权,但诸如"远程遥控机制"等新的管

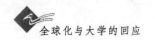

理方式使得大学实际上还是由政府管理,只不过方式更隐蔽。令人惊异的是尽管显现程度、强度以及时间略有不同,但是这些改变是如此之快,范围亦是如此之广,好像几乎同时发生在每一个国家。调查显示,很多全球化实践与大学改革之间存在着相互关系。然而,它们之间并不一定存在直接的因果关系,例如,一些像大学私有化改革这样的实践,可能与高等教育民主化或大学规模扩张有着更为直接的关系。

详细阐释这些实践的因果关系超出了本书的研究范围。实际上,本书主要关注某些全球化实践对某些大学以及个人的影响,比如不断变化的教师职业性质(Porter & Vidovich, 2000)。因此,本书主要讨论在大学层面上全球化对教职人员的影响。

随着高等教育体制从精英教育逐渐转向大众教育,很多国家的政府削减了人均高等教育投入经费。随着大学拥有的自主权变得越来越大,各国政府要求大学承担更多的责任。在很多大学,由于学生与教职工比(Student-to-staff ratio)的增加,保证教学质量的问题受到了人们的日益关注。现在很多大学或利益相关者,如政府和学生,都要求教师确保教学质量,尽管教师已经饱受工作负担增加所带来的压力。学校要求大学教师逐渐掌握诸如网络教学、电脑操作、了解市场营销以及懂得出售知识产权的法律程序和开发海外市场等技巧。这些实践改变了学术工作的性质,但同时也经常造成教师情绪低落和工作满意度差。此外,学校通过聘用更多的兼职人员来提高教师队伍组成的灵活性,改变单纯由专职教师组成学术团队的传统习惯。

本书将具体关注高等教育私有化、大学管理、责任机制、聘任机制,以及新技术等问题。这些热点问题虽然没有涵盖高等教育中的所有新现象,然而它们确实开始成为很多国家政策制定者们所面对的实际问题。这些问题给我们提出了很多新的课题,而大学的管理者和教职人员就这些挑战、面临的机会和与全球化相关的问题会做何回应呢?教师会抵制,或适应,或改变,或顺应政府的要求和这些变化吗?在多大程度上大学会创造出全新的或者是一种混合的管理模式,既保留一些旧有的传统价值又把它们与新的管理方式相结合？互联网如何改变着大学的职能？这些都是本书所讨论的问题。然而，我们首先要了解促使我们进行全球化实践研究并写作本书的创作思路。

创 作 思 路

来自不同背景的作者们是如何聚在一起写这本书的呢？本书的作者们有着不同的国籍（美国、荷兰和法国），分别居住在三个国家（澳大利亚、法国和荷兰），对四个国家（法国、荷兰、挪威和美国）的大学进行了研究。20世纪90年代初期，其中一名作者简·柯里，对澳大利亚她所在大学发生的变化感到困惑，在得到澳洲研究理事会的资助后，决心研究在澳洲和美国的大学中教学研究工作不断发生变化的原因。随后从1994年到1996年，她完成了对公立大学的六项案例研究。在研究过程中，她碰到了来自很多国家的关注同一问题的研究人员，其中与来自加拿大约克大学的珍妮丝·纽森(Janice Newson)的会面是非常重要的。她们感慨道："我们很快意识到,我们都在以同样的热情和紧迫感谈论着全球化对大学的影响。"(Currie & Newson,1998,p.ix)在1996年澳大利亚悉尼举行的世界比较教育大会上,她们一致同意组建一个委员会,并在会议期间决定编写《大学与全球化：批判的视角》(*Universities and Globalization: Critical Perspectives*)一书。该书收录了大会提交和在各自国家研究相同现象的研究者的若干论文。随着该书的出版,柯里又向澳洲研究理事会申请了进一步的资助,来对比研究欧洲和英美大学对全球化的反应。这个资助项目中包括三名研究助理：理查德·德安吉里斯、珍妮丝·纽森和阿瑞德·特捷达夫，其中阿瑞德·特捷达夫已在世界比较教育大会上提交了论文。这个资助项目的参与者还包括克劳德·拉科特和林恩·米克(Lynn Meek)。拉科特曾参与了阿维侬大学的案例研究，林恩在此之前比较过澳大利亚和荷兰的高等教育。

这一研究项目的总体目标是进一步探讨这个已经获得广泛认同的观点：全球高等教育正日趋相似，日渐趋同；同时微观层面上的差异使得在高等教育相关政策的制定和实践过程中，全球化遭到抵制并且高等教育也有更加本土化的趋势。[具体的目标是研究在管理（倾向于企业化的管理模式）、责任机制（倾向于应用绩效指标和教学质量评估）、资金来源（倾向于私有化、市场化以应对逐渐加剧的竞争）和新技术的使用（倾向于更多地使用互联网、卫星电视和网络教学）等方面，世界普遍潮流对不同大学的影响程度。]本研究选择了来自四所大学的案例来进行分析，各自代表世界潮流带来的一定影响。简·柯里在大学里完成了大部分访谈工作，并获得了波士顿学院国际高等教育中心的阿尔特巴赫、阿维侬大学科学与应用语言学系的克劳德·拉科特、奥斯陆大学教育研究所的特捷达夫、特文特大学高等教育政策研究中心的杰罗恩·胡斯曼（Jeroen Huisman）的大力帮助。他们使柯里在选择受访者、接触最高管理层的关键知情者方面受益良多，他们还为柯里提供了一间办公室，并使她可以方便地使用电脑、图书馆及其他设施。

当我们开始申请研究资助时，很多作者强调了全球化的双重本质：第一，促进了同质化（homogenization）；第二，激起了本土文化对全球趋同化（uniformity）的抵制。坎宁安（Cunningham）、塔普萨尔（Tapsall）、里安（Ryan）、斯泰德曼（Stedman）、巴格登（Bagdon）和弗洛（Flew）指出，广泛应用技术和全球一体化的趋势让一些人认为会出现一个"全球市场"（Cunningham, Tapsall, Ryan Stedman, Bagdon & Flew, 1998）。但与之相反，本研究支持世界市场进一步分化，以及将会产生无数跨国和区域规模的（而非全球范围内）利基市场（niche market）*的观点。此外，亨利（Henry）、林嘉德（Lingard）、利兹维（Rizvi）、泰勒（Taylor）提出，"全球化进程的运作方式并不存在什么基本决定因素，因为对各种全球化的压力来说，同时也存在抑制和反制的因素"（Henry, Lingard, Rizvi & Taylor,

---

* 利基市场（niche market）：指那些被市场中有绝对优势的企业忽略的某些细分市场。——译者注

1997)。在全球化中出现的矛盾现象引起了研究者的兴趣,包括普遍化和特殊化的矛盾,以及同质化和趋异化的矛盾。(Porter & Vidovich,2000)

全 球 化

斯科特认为,全球化是当代大学所面临的主要挑战(Scott, 1998)。他认为全球化的威胁比在文艺复兴时期和科技革命期间大学所面临的挑战更严峻;也比工业化、城市化和世俗化的挑战更紧迫;同时也比20世纪集权主义的挑战更具威胁。这个挑战的本质是什么?它是如何影响大学的?每所大学对全球化的回应都是独特的,然而也经常受到推行全球化的政治家们和官员们的影响,因此,一些大学反应迅捷且使这些全球化实践成为其内部惯例,而其他大学则谨慎行动、逐渐适应或干脆抵制这些实践。

在考察全球化对大学的影响之前,我们有必要弄清楚全球化是一个过程,而且也必须意识到不是所有国家都要遵循美国模式,还可以选法国模式。法国人经常通过抵制麦当劳和反对美国电影独霸市场的方式,来表现其反对全球化、反对美国霸权和反对英语成为世界通用语言的态度。特恩布尔把法国人工作时间由每周39个小时减少到35个小时看做是一个公然挑战和反对美国式效率和经济全球化的行动(两者都以需要人长时间工作而著称)(Turnbull, 1999)。一名法国律师解释说:"这必须停止!法国人一向以高品质的生活而著称。我们这么做是给别人发出了一个信号——即使显得很愚蠢,但仍然很不错;因为我们要过文明人的生活。"(Turnbull,1999,p.32)

与巴黎美国商会和那些认为每周工作35个小时是一种倒退的批评者相反,在法国实行每周工作35个小时后的第一年法国经济增长了3%,同时消费者信心也增加了,并创造了保持连续九年9.2%的低失业率(Anderson,2001)。此外,一项关于法国劳动者

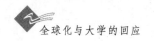

的调查发现,86%的人认为个人以及家庭生活得到了改善,74%的人认为个人事业得到了发展,50%的人认为工作士气提高了。

在近期的一本杂志中,法国外交部长贝尔·韦德里纳(Hubert Uédrine)发表了他对美国独霸世界问题的看法:"这种状况是前所未有的:就像某个古代帝国曾经征服了整个世界,包括它的一切对手一样。"他还建议,法国应该朝着逐渐消除由美国霸权导致的趋同化和单边主义的方向发展,去建立一个新的"多极世界"。(Perlez,2000,A9)

不只法国人发现了美国人大肆鼓吹经济全球化这种现象令人担忧,在一封写给即将入主白宫的乔治·W.布什的公开信中,米哈伊尔·戈尔巴乔夫说:"全球化是上帝的恩赐,但是美国式的全球化将是一个错误。事实上,它毫无意义甚至很危险。"(Gorbachev,m.,2001)特别值得注意的是,他认为美国解决世界范围内的不平等和贫困现象的政策是错误的。

此外,澳大利亚前总理马尔科姆·弗雷泽(Malcolm Fraser)强调,有必要限制过度全球化。然而,澳大利亚明显较喜欢自由贸易理念以及布什领导的美国政府,因此希望与之进一步加强自由贸易的纽带。

全球化的形象

当下,各种报章都给全球化描绘了不同的形象。本部分研究了其中一些形象,主要是利用美国大学的案例来说明全球化如何不同于国际化。

那么当下的报章是怎样描述全球化的呢?很多作者用经济术语来探讨全球化:世界经济、快速发展的资本主义、市场推动力、经济自由化和自由贸易体(free trade regime)。一些人认为全球化是一种全球文化现象:西方化、美国化、现代化以及价值观趋同。而另一些人在政治领域内探讨全球化:民主化或者民主实践的扩大,但很少有人提及建立一个世界政府。诸如美国有线电视新闻网(CNN)这类的全球传媒机构在推动信息和英语语言的全球化的进程中作出了一定的贡献;同时也存在与全球化有关的如世界银行、国际货币基金组织、经济合作与发展组织("经合组织")和世界贸易组织("世贸组织")这样的特殊组织。联合国及其下属机构,如联合国教科文组织和联合国发展署,也与全球化密切相关。然而,这些机构组织往往遵循既有的国际规则进行运作,而非只专注于推动自由贸易和进行全球化商业实践。我们有必要将那些专注于国际事务的组织与那些目标仅是创造持续增长的资本主义经济的机构区分开来。

此外,我们也有像互联网这样的全球通信工具。互联网可能不会导致新闻的同质化,但却可以使我们接触到更大范围的信息,使人们联合起来反对全球化的新自由主义形式。[互联网可以使拥有少量资本或者根本没有资本的弱势群体在世界范围内受到关注,但同时也使那些控制广播或出版(报纸、电视、出版公司)的资本家们将信息集中在一些已成为"行业门神"的跨国巨头们(如 CNN、美国在线和微软等)的手中。]因此,全球化可能产生更大的多样性、更广泛的趋同性,激励更多的社会积极分子和造成社会控制更严格。此外,全球化也激起了很多矛盾:全球文化的兴起会导致本土文化的消亡,经济全球化会导致民主的丧失,福利国家的消亡并且最终有可能导致民族国家(national state)* 无法产生。然而,不是所有报章都支持这些不和谐的论调,有些也提出了一些诸如全球化会激起本土文化抵制强势文化入侵的证据,指出市场经济也促使更自由的政治文化产生,从而推动了民主社会的建立。

斯克莱尔(Sklair,2001)提出:"现在存在一种普遍的误解,认为全球化和本土化是相互排斥和矛盾的过程。"然而,他也承认:"尽管有时情况全球化的力量确实改变了本土文化,但这并不意味着全球化破坏了本土文化。"(Sklair,2001,p.256)

莎珊(Sassen,2000)重申了这一点,并坚持在世界的文化和民族的文化之间存在着积极互动的因素和明显的重叠性。世界的文

---

* 民族国家(national state):是指一个独立自主的政治实体国家,它是国家的一种,在理想的民族国家里所有公民使用同一语言,分享同一文化和道德价值观,而大多数历史形成的国家没有这一特征。——译者注

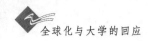

化存在于民族的文化之中,民族的文化也同样存在于世界的文化之中。她解释说:"宏观上来说,全球化进程通常根植于民族文化空间之内,且通常由国家机关所制定的法律措施保证其实施。"(Sassen,2000,p.218)然而,她也承认存在着片面地诠释民族文化空间,认为世界文化异于民族文化这样一种新趋势。很明显国家可以制定法律并采取措施来引导经济自由化,但同时国家也不能完全不受全球化的大潮的影响。正如莎珊所称:"将民族国家看作是一个容器",作为时间和空间中的一个固定实体的观念,是极其错误的(Sassen,2000,p.215)。世界的和民族的是相互杂糅的:"一国的中央银行是在该国经济中实施全球银行业的新规则(特别是普遍采用国际货币基金组织的标准)的关键。这就意味着国家机构可以促使全球经济体系的一些运行规则在其本国实施。"(Sassen,2001,p.228)

因此,超国家组织(supranational organization),例如世界银行和国际货币基金组织[2],在某些国家实施全球化的进程中所起的作用越来越大。这一点在第三世界国家中尤为明显,这些国家被迫卷入超国家组织的巨大网络中并被其左右。随后,这些国家的政府必须制定相关法律使国际货币基金组织的规则或者结构调整的原则成为本国规则。正是通过民族国家,全球化实践逐步进入了经济领域。

很多这样的国家无法拒绝国际货币基金组织的资金援助。世界银行负责评估并决定这些国家如何才能适应新自由主义的经济规则。通过自由贸易运动进行的全球经济整合,正如戴利所言很明显是非常好的(Daly,1994)。他在给世界银行的告别演说中说到:"'全球化主义者'这个词有着政治正确的含义,然而'民族主义者'这个词已成为贬义词。"他宣称:"通过自由贸易、资本自由流动,以及自由地进行(或者至少是不受控制的)人员流动,逐渐消除国家之间的经济边界从而使经济全球化,会给那些致力于谋取人类共同利益的主要社会组织带来致命的打击。"(Daly,1994,p.116)

同样,阿帕杜莱(Appadurai)对这一问题也很关注,特别是关注全球化对世界最贫穷国家可能带来的影响。他将全球化过程描述为运动的世界、流动的世界,其中流动着很多观念、意识形态、人员和物资、形象和信息、技术和方法。他强调这些流动并非是均衡的或者是空间上一致的,而是存在着裂变关系。例如,跨越国界的媒体流动会给人们展示出一种富裕生活的情景,而事实上该国的国民生活水平和消费能力可能根本无法达到这样的条件。因此,全球化"产生的问题是:其本身形式上是本土的,但却处于完全非本土的环境之中"。(Appadurai,2000,p.6)

阿帕杜莱通过设想社会生活,观察到一种可能从全球化大潮中获得解放的方法。在这样的社会生活中,尽管现代国家公民认为自己仍被国家机器、市场及其他利益所约束和控制,但是他们可以通过集体方式表达异议并设计新的集体生活的方式。他提出了一个对等的概念,即"自上而下的全球化"和"草根全球化(grassroots globalization)"["自下而上的全球化(globalization from below)"],采用非政府组织(non-government organizations,NGOs)或者新的跨国支持网络(transnational advocacy networks,TANs)的形式。这些"自下而上的全球化"的组织和网络的出现,代表了世界较穷的80%人口的利益并对现有的全球化模式提出了挑战,提出了建立文明的国际社会的依据。

很多评论家都撰写了关于全球经济危机对俄罗斯、亚洲、东欧和南美洲国家造成的影响方面的文章,很多西方经济学家原本希望的是世界经济能够健康发展和朝着繁荣的方向前进。然而,当前的指标显示,这些国家能够保持经济持续增长是令人怀疑的。他们甚至很害怕全球经济因为无法得到控制而全面崩溃。在《卫报周刊》(*Guardian Weekly*)中,伊里亚德(Elliot,1998)撰写了题为《资本主义迅速走向覆灭》(*Capitalism on a fast road to ruin*)的文章。格雷(Gray,1998)评价说"失去锁链的资本主义将会带给世界厄运"。同样,在《世界报文件周刊》(*Le Monde Diplomatique*)中,哈里米(Halimi,1998)发表了译为《自由信条的沦丧》(*The Shipwreck of Liberal dogma*)的文章,巴里甘德(Balligand,1998)发表了译为《全球化——国家和市场》(*Globalization,the state and the market*)的文章,哈里米在该文章中指出:

国际经济组织秉承着一个非常糟糕的逻辑[新自由主义经济范式]、带着一个仅装着四个大锤(自由化、私有化、减税以及自由市场)的工具箱,它给人一种忙于把世界转变为盎格鲁—撒克逊模式的形象。对"创新"的崇拜允许忽视所有的先例;好像市场和市场开放就会保证每个人都会享有经济繁荣和民主。

哈里米引用了一个醒悟了的新自由主义者的话:"推行资本主义不能简单地被认为是尝试对经济进行重组和改革,它也是对别国文化和政治的侵扰,几乎总是会造成矛盾冲突。"(Halimi,1998,p.18)

巴里甘德提到了在1998年发生的(特别是在亚洲地区)最近一次的经济危机与之前1987年和1994年发生在东欧、巴西和墨西哥的经济危机之间的不同。现在的经济危机反映出世界金融市场越来越难以稳定。巴里甘德同时也指出了最近一次金融危机带来的好处:

> 它提醒了我们诸如监管和保证市场稳定等措施可使市场在一个更稳定的环境中发展。在时间和地域(地区、国家和整个欧洲)上银行业需要一致的指导,就像公共行业需要效法私有企业的金融改革措施,从而改善其政策干预的质量。(Balligand,1998,p.26)

他进一步解释道:"既不存在着一个市场规律,也不存在市场上那只看不见的手。"(Balligand,1998,p.26)因此,有必要为金融行业制定良好的行为准则并进行规范。

经合组织(OECD)也对自由市场表现出更谨慎的态度。虽然很多经合组织的出版物都公开反对利用市场力量,但我们早已达成共识的是,应该对不受任何限制的资本主义加以约束。经合组织同意罗蒂克(Rodrik,1997)的观点,认为一个经济体开放程度越大,其再集中管理所需要的社会成本就越大。因此,全球化带来的一个影响应该是增加社会保障。经合组织总结了这一论断并提出:"因此,逐渐增长的国际贸易和投资是提高公共社会保障体系效率的

一个次要原因,而并非降低总体保障水平的根本要素。"(OECD,1998a,p.58-59)

全球化被描述为既积极又消极的力量。全球化带来的影响是消极还是积极很大程度上依赖于全球化的客体是否具有的某种特定优势,取决于其地理和职业方面的特性:是位于北方高经济增长的地区还是在南方一个落后的脆弱的经济体;是一个高技术知识的制造业者还是一名下岗失业人员。也取决于一个人的正义感和基本价值观:是参与抗议企业全球化还是成为一个聚敛财富的自由贸易鼓吹者。

全球化和国际化

因为很多作者经常忽视这两个术语之间的差异或互相换用,我们必须区分一下全球化和国际化这两个概念。舒尔特(Scholte)认为,在概念上全球关系与国际关系是截然不同的:"国际关系是地区间(interterritorial)关系,全球关系则是超地区(supraterritorial)关系。全球关系是远距离跨国界(cross-border)交流,而国际关系则是无距离的跨国界(trans-border)交流。因此全球经济与国际经济是不同的,全球政治与国际政治也是不同的,不一而足。国际性植根于地域之内,而全球性则超越了地理的概念。"(Scholte,2000,p.49)

斯克莱尔简要地指出,"说到全球化概念大于国际化之处,全球化意味着资本家(或任何全球化力量)试图超越民族性而去追求国际性"(Sklair,2001,p.16),并借此区分了国际化与全球化的概念。他仅把"全球"这个术语限定在全球化过程之内,该过程包括"建立一个无国界的全球经济,并把全部的企业管理以及企业活动完全去民族化,同时完全摒弃经济民族主义"(Sklair,2001,p.3)。

在本书中,我们使用"全球化"这个术语来表示新自由主义思想及其主张的政策,而这些政策都是努力增加跨国企业的利润、加强其实力的。类似的战略也促使政府机构获得经济优势,使其具有

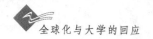
全球化与大学的回应

更强的竞争力。这经常导致各民族文化的趋同,以及提倡所谓的"全球最佳惯例(world best practice)",而这种思想也被认为是促进世界经济增长的最佳策略。然而像互联网这样的全球化工具,使得主张新自由主义全球化的人和反对自由贸易的组织能够进行交流探讨。同时,这些全球化工具使世界变小,均匀地压缩了时间和空间。这些工具不是总会产生负面的效果,比如导致收入差距加大,无法改善世界贫困人口的艰难处境,或者无法使组织结构精简以及无法促进个人更快、更有效地工作。这些工具也许会在一定程度上提高生产力,然而穷人和工人并没有从中获得很多的利益。

通常国际化过程包括制定国家与地区、国与国之间进行进一步的文化和外交交流的协议,比如建立像欧盟这样的组织。它代表了想法和人才的积极交流并促使世界变得更宽容。理想状态下的国际化应该是世界不会由单一文化或经济体系主宰,而是一个文化与民族多样性都被接受和重视的多元世界。促进国际化的组织,(如联合国及其下属机构等),更倾向于在民族国家中实现平等代表制和人道主义的目标。然而个别主宰机构,比如联合国安理会,仍然存在。尽管如此,主权意识的增强以及在平等的基础上倾听来自所有国家的声音这些理念都广泛获得了认同。

欧洲的发展显示出了全球化和国际化的元素。例如,在过去的十年中,政治、文化和学术因素一直在推动国际化。然而最近经济因素取得了主导的地位,正如豪格(Haug)提出,总体趋势是从合作转变为竞争。1999年的《博洛尼亚宣言》(Bologna Declaration)反映出了这些因素,强调学生与教师的流动性、竞争力、教学质量以及欧洲高等教育的吸引力(van der Wende,2001)。欧洲经济共同体的国家,包括常任成员国、新加入的成员国以及渴望加入的国家,开始制定实现这些目标的政策。其中一个突出的结构变化是实施一个本科—研究生项目(本硕连读)和在各成员国以及欧洲范围内建立质量保证体系。范德温德(van der Wende)强调了实现国际化的方法具有多样性:"英语国家选择了一个明显的(有时甚至是野蛮的)竞争方式来对高等教育进行国际化;相反,大多数欧洲国家好像在追求一个更合作的方式"(van der Wende,2001,p.255)。后者的方法更符合欧洲大陆的学者和管理者的学术和文化价值观。

经合组织鼓励大学把国际化当成融入全球经济体系的准备。这表明以前国际化是被视为一种提倡宽容以及国际主义的方式,而现在则将国际化视为全球化。(OECD,1996)

提倡国际主义应该被看成是资本主义为进入21世纪所做的准备。如果让政府政策支持实现这些目标,则高等教育机构的教育方针必须能够进一步适应政府和私立机构的经济政策。大学必须在其教学内容、方法和目标上变成更适应行业与市场的需求。(OECD,1996,p.11)

很明显,经合组织是一个倾向于新自由主义全球化并鼓励在教育服务方面进行跨国合作的机构。因此,对于像国际化和全球化这样的术语我们有必要认识其内在的含义和目标并对其进行特殊的解读。经合组织的目标是促进经济增长和自由贸易,使大学在教育方面进行进一步交流。因此,这些术语交互使用对经合组织是有利的。我们认为,全球化代表着新自由主义的、以市场为导向的力量,以产生一个无国界的世界;国际化代表着国家之间能够具有更大的宽容性以及能进行更广泛的思想交流。

全球化和国际化之间类似的互换使用也出现在有关大学的文章中。斯科特指出过去大学并非国际组织,而且在培养宽容性和思想交流方面也一直都不是。他建议国际主义这样的字眼不能只理解其表面含义。在西欧,大学是在民族国家不存在的环境内作为特殊机构出现的,因此它们不可能算是真正的国际机构。斯科特说现在大学是一个民族的、全新的机构:

> 现在,在20世纪末,大学面临着一个新的环境——在这样的环境中,国际主义旧有的新帝国主义概念根本没有消亡,并已经换上了新的全球化的面具。这些进程……不能被简单地视为重复旧的仍由西方错误主宰的国际主义,而是由现代信息技术创造的新的国际主义。全球化不能被简单视为国际化的一种高级形式,不应把它们的关系看成是线性的或简单累积

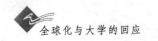

的，而是实际辩证的。在某种意义上新的全球化也许是旧的国际化的敌人。如果的确是这样，大学的作用就更具争议性。（Scott，1998，p. 124）

在全世界的各大学中，有无数的研究项目试图来进行国际交流以实现更大的包容。这些项目作为真正实现国际化的表现应该得到赞许，然而最近开始的大学从招收留学生而获得收入的项目不应该被看成是一种国际化现象，而只是大学新自由主义全球化进程的一部分。一些大学参与了这两种类型的项目：一种项目是教师/学生交流，以及本着合作与国际化精神向第三世界国家的学生提供奖学金，另一种类型的项目是靠招收留学生来获得收入。

全球化和大学

当考察全球化对大学的影响时，必须承认最近发生的一些国家从民族国家转变为全球市场中新的竞争者这样的趋势。这种新的竞争状况创造了前所未有的大规模全球市场，并鼓励公立大学依市场法则行事（Lingard & Rizvi，1998；Sassen 2000）。因此教育中体现的社会公共政策在逐渐减少，而日益成为经济政策的一部分。在过去的20年中，政府试图迫使大学变得更企业化、更具竞争力，而这已经影响了大学的资金来源和它所进行的有关研究种类、学生概况、教师工作量、院际关系等方面的管理。

政府要求大学在全球市场范围内为国家利益服务，强调高等教育的实际应用价值。结果，学生开始以一种更现实的眼光来看待大学，把它们当作是实现其经济目标的工具。主要的经济方面的要求包括在大学和企业之间建立合作关系，认识到高等教育产品可以很容易地跨越国界从而创造出一个无国界的高等教育体系。这给了大学很大的优势，使它们像跨国公司一样结成联盟，并在全球范围内通过互联网技术开展网络教育。

在澳大利亚，全球化对大学的影响非常典型。经过十年的政府政策松动，澳大利亚以市场为导向改革了高等教育体系。这种模式并不是在所有的国家都存在，不过其他如英国、加拿大、新西兰以及美国等国家在一定程度上遵循了这个模式。从20世纪80年代中期到90年代，澳大利亚政府及其立法机构采取了无数措施促使高等教育成本私人化。1985年劳动党政府结束了给来自第三世界的学生提供奖学金的留学生项目，反过来鼓励大学向留学生收取全部学费。这样做本质上是政策的放宽，允许大学单独开辟市场，招收各国特别是来自相邻亚洲国家的留学生，并且收取自行制定的费用。这些措施导致澳大利亚成为所有国家中留学生比例增长最快的国家之一。从1994年到1998年，在澳大利亚大学学习的留学生人数增加了一倍（从41244人增加到84304人），并且每年都持续增长。2001年在澳大利亚学习的留学生接近十万人。另外，1989年一些研究生课程也开始收费；到1994年研究生的课程成为全面收费的项目。1998年澳大利亚联合政府（自由及民族政党）允许大学向一小部分澳大利亚私立大学本科生收费。重要的是，政府同时降低了对学生个人的资助，并对其进行严格的收入审查。从1984年到1996年无法获得政府资助的学生比例几乎增加了一倍，从35.1%上升到61.9%（Marginson,1997a）。

由于这些措施，在道金斯（Dawkins,前工党教育部长）实施改革后的十年间，高等教育收入中（高等教育贷款及其他费用）由学生贡献的比例从3%上升到超过24%，政府贡献的比例从91%下降到62%（Marginson,1997a）。然而，从1988年到1998年，学生入学率增加超过45%，而每个全日制学生实际的资助却下降大约15%（Marginson,1997a,p.220）。从1998年以来，政府的资助进一步下降了。目前政府资助只占很多大学资金来源的50%。同样，管理层也在方式、结构、理顺行政管理的理念、对开支的进一步控制以及灵活的人事政策等方面发生了变化。

由于这些发展，马金森（Marginson）和肯西丁（Considine）提出澳大利亚的大学"在20世纪90年代比过去40年改变得都多"（Marginson and Considine,2000,p.54）。他们也提出"新自由主义政策在澳大利亚比在美国更具有活力。该政策在澳大利亚财务限制更严格,竞争改革也更深入"(Marginson and Considine,2000,p.54)。很多研究人员同意并相信学术传统正在被市场因素取代。科迪(Coady),墨尔本的哲学教授,解释这些新的措施威胁到了"诸如诚信、学术文明、注重思想内涵以及对真理理想的奉献精神等学术道德"(Coady,1996,p.51)。

在英语国家这些担忧也特别得到了回应。比如在谈及公司化对加拿大公立大学的影响时,波尔斯特(Polster)提出由于奖惩措施的原因,学者可能更倾向于与企业界建立可以得到回报的联系,从而忽视了个人的真正学术兴趣。另外她警告说:

> 与企业的联系不应该只是大学的附属物。与企业联系建立之后不应只是一个旧式大学加这些联系(的模式)。与企业的联系应该是深入到大学之内的,所产生的质的变化也应该遍及大学的各个方面,包括大学文化、运作方式、资助体系、奖励机制等等。(Polster,2000,p.183)

图蒂弗(Tudiver,另一位加拿大学者),提出:

> 像公司般经营大学改变了大学的本质。依赖市场意味着重新定义相关性。高等教育塑造的社会价值被经济条件所取代。研究与教学被狭隘的市场观念所评价,利润成了决定提供何种服务和产品的指导原则……大学要求其教职员工扩大销售而不是追求真理,倾向选择具有很强市场潜力而非有理论或基础研究价值的项目,工作的内在价值与其创造利益的潜力相比变得无关紧要。(Tudiver,1999,p.168)

同样在美国,普莱斯(Press)和沃什伯恩(Washburn)指出,商业资助项目的出现使与经济利益无关的研究项目无人问津。他们认为大学管理者同样也是资本家,根本不重视那些对市场不甚关心、从事艺术研究的学者和教师。人文学科被"忽视、贬低乃至被迫缩减"是由于"采用市场模式的大学"更偏爱那些"赚钱、研究钱或者能搞来钱"的学科(Press,Washburn,2000,p.52)。同样,密约斯(Miyoshi)阐述了大学的功能是如何变成企业管理模式以及"不折不扣地降低了其公共以及批判作用的"(Miyoshi,1998,p. 263)。他进一步研究了濒临消失的"从费希特以及洪堡,经过纽曼和阿诺德,甚至到托斯坦恩·凡勃伦的传统,大学被认为是民族文化、历史、身份认同以及管理方式的一部分,是建设与维护统一的民族国家进程的核心"(Miyoshi,1998,p. 262)。

实际上大学企业化的明显后果是教师工作量的增加。1993年澳大利亚学者每周工作平均48小时,比20世纪70年代增加了大约三个小时(McInnis,1996)。科德雷克(Coaldrake)和斯泰德曼(Stedman)的报告中说,从1993到1998年随着学生入学率的上升(17％),大学资源变得逐渐紧张,然而教师的数量却保持不变甚至略有减少(Coaldrake and Stadman,1999)。1999年麦金尼斯(McInnis,2000)调查研究大学教师发现,在过去的五年中,总体工作时间上升了1.5小时。他还在报告中指出,总体满意率从76％骤降至51％,而工作导致的压力却从52％上升到56％的水平。他注意到大学教师总体提到了士气低落以及工作条件恶化(McInnis,2000)。这些发现被澳大利亚国家高等教育联合会(the National Tertiary Education Union)所证实,该机构发现教师平均每周工作52.8个小时。另外,教职工普遍反映从1996年以来工作量有所增加,这些教职工所在的院系中教职工人数不断减少。

也许"企业化"大学最典型特点是认为学院合议制度已经不合时宜。结果,成功被夸大并被赋予个人色彩,以适应企业化机构的需求。企业化大学带来的另一个潜在后果是对学术自由的损害。与半世纪前相比,很明显,滥用学术自由的现象在英美国家中正愈演愈烈,而且形式更为不同。研究的商业化以及学界与企业的协作关系正在限制公众分享科学研究的成果(Graham,2000;Oliveri,2000)。当教师试图公开对企业合作方不利的结果时,大学管理者不会支持科研人员,并让他们保持缄默(Currie,2001a)。如果教师挑战这些非强制性的保密政策并发表他们的发现,就会遭到解雇或停职。企业合作方试图在与大学的合同中增加保密协议,延迟公开研究结果,直到他们获得专利或保证获得其他除知识产权以外的权利。

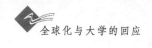

纽森研究了加拿大大学中相似的变化,揭示出对于教师的边缘化"我们必须理解为,是植根于更为复杂的变化之中,而并非仅仅由于大学管理者采纳了公司化的管理模式这样的简单变化"(Newson,1992,pp.239-240)。她指出这些变化以及大学和企业的联系是互相交织在一起的。然而,并非所有研究人员都反对这些与企业的联系;相反他们从来自企业的、不断增加的资助其领域研究和开发的资金中受益。这种教师的分化是全球化的另一个结果。随着工作方式的灵活度增加,某些教师收入不菲,而其他人的收入则仅能糊口。斯劳特(Slaughter)在其书中写道,在美国的大学中由于资金削减,简单讲就是那些遵循市场规则的人被奉为能人,而没有进入市场的人还在为生计奔波,从而导致学者的分化并弱化了所谓的社会契约关系。(Slanghter,1993)

很多研究者也提及不断增加的兼职与临时工作合同。罗兹(Rhoades)谈到私有化管理层是如何重新定义学术行业的:

> 当管理层试图改革、重塑、重新安排、重新设计或者重新组织学院和大学时,教学研究工作的性质和地位被重新协商确定……大学管理者在塑造和控制学术工作者的组成、分布、活动以及工作成果等方面寻求更大的灵活性。这些努力预示着会给教师的报酬结构、工作保障、兼职与全职的比例、制订课程规划的技术应用、业余安排以及知识产权都带来影响。(Rhoades,1998,p.3)

对教师终身制的批评和提议取消终身教职,是管理者和立法者在使用其权力改革学术工作的另一典型例子。20世纪90年代,在美国和英国的很多大学终身教职都被取消了。当前,在美国的大学里获得终身教职后进行定期审核的做法已经相当普遍,这给管理者对其雇员的聘用带来了很大的灵活性。罗兹称管理层的权力很大而且还在扩大,造成了美国从事学术研究行业的人的等级分化。他也指出教师不再参与大学预算的分配决策,特别提到教师也不再购买或开发新的教育技术。罗兹以加入工会的教师为重点,深入研究了工会是否就权利、管理以及围绕教育技术的应用等问题与校方进行了谈判。

纽森谈及了多伦多的约克大学长达八周的罢工，指出管理层强迫教师和一般工作人员使用新技术是其中核心的问题（Newson，1998）。罢工的教职工对包括管理层蛮横的公司式管理方式，以及校园文化日趋商业化和公司体制对研究和教学的影响这些方面表示担忧。作为结束罢工达成协议的一部分，教师获得了在学校使用新技术更大的自主权，并拥有了开发在线课程的相关知识产权。然而大多数教师没有意识到在线课程的知识产权和应用新技术对于他们的工作到底意味着什么。

在全球范围内很多大学正努力挤上网络教育——大学全球化的标志——的快车。在一篇题为《教育的全球化》（*The Globalization of Education*）的文章中，朗路易斯（Langlois）、利托夫（Litoff）和以阿卡（Iiacqua）提出了一个在美国的一所学院和两所白俄罗斯的大学中使用互联网的联合项目。项目的协作者把使用互联网及互动教学描述成对白俄罗斯学生施以强有力的民主影响的工具，这在文化上带有明显的偏见，即认为美国式的学习模式会比白俄罗斯的教学模式更加优越。该例子是教育机构通过网络教学进行文化互相渗透的典型例子（Marginson & Mollis, 1999/2000）。

从互联网诞生伊始，大学开始在研究和教学中开始应用信息通信技术。哈利（Harley），伯克利的"数字化时代的高等教育"研究项目的领导者，介绍了在这个"不确定的未来"，大学面临的一些挑战以及提出的若干模式："我们都意识到了在过去几年中出现的一系列不同的网络教育模式——建立盈利机构，在公司中参股，参与大学联盟，签订授权协议，以及最近的麻省理工开放课件计划"（Harley, 2001, p.12）。

哈利没有把网络教育看成是万能钥匙，预测寄宿制高等教育仍然会有很大市场，而且他也希望能把通信技术创造性地融合到课程中来，无论是现场还是非现场授课。当然，像其他全球化的实践一样，网络教育也有支持者和反对者。有趣的是在哈利发表文章后不久，纽约大学在线和其他在线公司，比如 Virtual Temple 和 UMUC 在线等，被其大学所关闭。卡尔森（Carlson）和卡内维尔

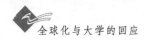

(Carnevale)2001年在一篇题为《热议纽约大学在线终结》(Debating the Demise of NYUonline)的文章中探讨了合营公司是否会由于经济衰退而继续走下坡路,或者纽约大学在线的覆灭是否只是因为管理不善。纽约大学已经为之投资了2500万美元,并决定不会对这样一家亏损的企业追加投资。文章也注意到在其他大学,网络教育的入学率持续健康地在增长,比如宾州州立大学和马里兰大学。在凤凰城大学,入学率几乎翻了一番,但是仍然要经过一些年头才能真正得知大学对网络教育的投资是否会得到回报。

在荷兰,全球化对大学政策的影响与英美国家形成鲜明对比,但是我们必须注意他们的政策并非代表欧洲大陆政策的总体趋势。与英美国家的政府一样,荷兰政府也十分了解高等教育对经济的重要性。两份政策文件,《无国界学习》(Borderless Learning,2001)以及《迈向开放的高等教育体制》(Towards an Open Higher Education System,2000),提及了1997年里斯本欧洲理事会的决议,强调知识创新以及社会凝聚力是使欧洲成为世界最具有活力和竞争力的地区的主要原因。那次会议后,荷兰政府雄心勃勃试图使荷兰大学成为欧洲一流大学,并持续对知识经济的发展作出贡献。政策中也强调了非经济因素的作用,其中核心的理念是平等、开放和效率。采取的相关政策、相关提案和已经实行的措施都反映了荷兰政府的双重方针。在政府日程表上核心的议题是实施本—硕连读结构,建立认证机制,建设足够的信息通信基础设施,增加教学灵活性,提高教学研究水平。这些议题大多数可以被认为是结合了经济与非经济的政策,而其中某一种政策可能比其他政策更关键。

当考察已经制定的和那些实际已实施的政策时发现,荷兰政府一直坚守着已经实施了近20年的传统政策。这些政策包括"远程遥控"以及计划与调控措施,显示政府是非常认真地履行了对高等教育负责的角色。虽然政府管理控制着高等教育体系的各个方面,但是同时也给各大学以相当大的自主权。市场机制在这些政策中有所体现,但并不如在英美国家那样广泛而深入。学生学费的增加以及录取资格的变化意味着学生必须承担更大比例的高等教育费用,高等教育机构也希望能从非政府组织中获得更大比例的收入。另外,由于高等教育资助体系的变化,拨给大学的款项逐渐由特定的绩效表现措施来决定,比如毕业生数以及博士学位完成情况,而并非只是依赖招生数量。引入这些机制表明在高等教育中体现出了新自由主义的倾向。然而大多数变化仅仅是采用循序渐进的方式迈向新自由主义模式的表现。在某种程度上,大学内的各项提案都会被以协商决策为主的这种公司化决策模式所否定。总之,荷兰的例子表明,在某些国家经济全球化倾向并非是主导力量,经济因素也同时伴随着文化以及学术传统的因素。因此,这些影响(包括负面的),并不像许多英语国家那样巨大而深入。

  本章主要集中探讨全球化的负面影响,而全球化在欧洲大陆的发展显示整体上其负面影响还较小。本章集中讨论大学引进公司化管理及其对传统大学价值的潜在威胁,集中指出学院合议制的衰落以及公司管理文化的兴起。大学管理者正在借鉴公司管理的"最佳实践",包括不同形式的责任机制以及灵活聘用的政策,而这些正导致教师士气下降以及人们对传统大学未来的深切忧虑。

  然而,全球化也有积极影响和益处——新技术在高等教育中改变了交流的过程。迅速的信息交换缩短了世界的距离。互联网——这个全球网络——的发展促进了教学和研究的合作,学生和学者流动性扩大。整个世界都将获益于国际知识交流,同时在一个多元化的世界里,思想也变得更加开放并更加具有包容性。另外,公立与私立研究机构之间的合作也可以使问题得以迅速解决,找到相应的解决方案。同时,技术的应用也加快了科学发现的速度。

  如果我们不加任何质疑地抗拒、适应或全盘接纳全球化,应用全球化的工具既可以是建设性的也可以是毁灭性的。本书暗含的主题是:全球化并非不可战胜的力量。然而在某些方面——更物质的、更结构化的方面——毋庸置疑全球化是实际存在的。例如,各国经济正逐渐融入全球经济中;互联网使通信变得更迅捷,压缩了时间和空间;而英语也正成为世界语言;一些电视网络正在覆盖世界每一个角落。

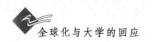

学者们可以站在质疑全球化意识形态的最前沿,从经济、政治以及文化角度分析全球化中各种杂糅、复杂的因素以及这些因素对大学的影响。我们收集了实验性的数据以期从中发现全球化是如何渗透到大学中去的。我们也期望研究各大学是否同时发生有趋同和分化的趋势,还有就是学者们,就其工作组织和结构而言,他们是正变得更个性化还是日趋雷同。最重要的是,我们希望了解学者们是正在适应还是在抵制个别的全球化实践。

案 例 研 究

案例研究是一种在基础的层面上研究大学教师是如何对特定的全球化趋势作出反应的方法。通过相关文件、统计数据、报告以及过去和现在的纪录[3],我们可以了解大学在各自的国家背景下的真实面目。这就引出了下列的问题:大学所处的环境是如何改变它们的回应的?在各大学,主要的受访人审阅了我们的案例研究,这增加了我们的信心,表明我们对这些大学做出了相对准确的描述。对其所在大学的情况,受访人也给出了他们个人的观点和想法。因此就一些全球化实践如何影响四所大学而言,这是一个定性的、系统的研究。但就这些大学中的所有管理者和教学科研人员是如何看待全球化实践影响的问题而言,这并非一个确定性的研究;就问题和回答的比例而言,它也并非一个综合性调查。由于时间限制,我们无法访问学生或一般的工作人员。然而我们所呈现给读者的是一幅真实的图景:各大学中教学科研人员和行政管理人员是如何面对他们大学中快速发生的变化的?

每个大学中我们都访问了大概 31 到 37 人。第二章详细说明了访谈对象,指出了有关的研究方法,还讨论了大学相关环境。通过访问不同的资深管理者以及教学科研人员,有可能确定个人的职位、学术领域、年龄或性别这些因素是否会影响他们的回答。目标是考查教学科研人员和行政管理人员对他们所处的不断变化的环境反应是否相同。

在研究之初我们的感觉是,欧洲的大学与美国的大学相比,对这些全球化实践的反应实际是不同的。但是对于事实是否真的如此我们充满疑惑。如果真的是这样,为什么欧洲的大学会有如此不同的反应?为什么一些大学更倾向于接受全球化?为什么一些大学视全球化趋势为必然而另外一些大学抵制它?一些大学是否宁愿坚持他们的传统而不愿意走上全球化之路?那些拒绝全球化的大学,如果它们不采纳某些全球化的惯例是否会变得前途渺茫?

本书概览

第二章介绍了本研究的背景,简要概述了所研究的每个国家的有关制度,介绍了各个大学的情况并讨论了研究方法和实际案例(案例的详细情况请参见附录Ⅰ)。从第三章到第七章各章都从理论和实践两方面分别深入研究了全球化的每一种实践。

第三章分析了有关大学对私有化、竞争和企业化管理等问题的反馈。全球化影响了所研究的全部四所大学。在每一所大学里研究资金的竞争都日趋白热化,大多数受访者都表示在变得更加企业化方面,他们受到了鼓励。大学私有化的程度越来越高,接受私有化成了大学毋庸置疑的选择,甚至意愿比想象的更积极。在欧洲大陆,公立大学和竞争性的私立大学之间有着明显的不同。而特文特大学,作为企业型公立大学,却也采用了私有化的改革措施。在所有四所大学中,市场改革被人们视为既有优点又有缺点。在波士顿学院私有化改革措施已经深入其中,而特文特大学也在进行着私有化改革。对私有化改革的抵制仍然强烈,变化也不均衡,公立大学特征和私立大学特征并存将是未来时代的潮流。

第四章以全球化的政治方向作为出发点,对有关全球化实践和新自由主义思想的大学管理问题作了探讨,并附带分析了大学中

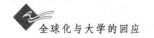

日益强调管理的趋势(McBurnie,2001)。关键问题是强调管理的思想是否导致大学管理日益趋同化,这里强调管理的思想包括加强行政领导、工具理性以及大学中的集中决策。运用复杂的分析框架,本章从各国历史上发布的国家报告和四个案例研究中得出的结论毋庸置疑:大学日益强调管理。然而由于传统的存在,大学之间的差异仍然很明显。

第五章探讨了大学管理中的变化,还有由此导致的有关责任制的变革。这种变革通常会赋予大学更大的自主权。本章分析了全球化的有关发展变化对各国及其高校政策、对教师和行政人员日常工作所产生的影响。人们为什么日益关注教学质量的确保?大学正在对哪些管理因素承担更多责任而对哪些管理因素却日渐忽视?分析中两个核心要素是政策和实践之间的落差,以及在高等教育工作者关系中责任机制所带来的活力。本章总结了各国的相关发展,介绍了四所大学体制中的相关惯例。受访者也被问及他们如何应对责任机制,以及他们是否期望当前状况发生变化。

私有化的进一步的后果是与大学中实行更灵活的聘用体制相关的。英语国家的大学采用了全球化的实践,增加了兼职工作人员的数量并降低了教职人员的工作保障,但欧洲的大学却保留了大学事业单位的传统和教师终身雇佣制。第六章回顾了有关教师终身制和长期聘用制的相关问题,介绍了有关大学对是否应该保留终身教职等重要原则问题的反馈。本章也深入研究了为什么受访者认为保留教师终身制是重要的,以及废除终身教职可能带来的后果。

也许大学要面对的最大变化是人们对在教学和研究中应用新技术的日益关注。第七章深入探讨了新技术对这些大学产生的影响。教育技术应该被视为全球化进程的工具还是灵丹妙药?无论从教师还是学生的角度看,网络学习和网络教学都将产生新的教学模式。互动性(interactivity)将取代教学中实际的互动(interaction)。在四所大学中都出台了关于鼓励使用技术设备的强有力的政策。然而同样明显的是,设备可以很快更新,但思想却不那么容易更新。大多数教师对技术革命所带来的双重影响仍然心存疑问。

大学面临的危险是在多媒体出版巨头强大的营销攻势下,大学将迅速被远远甩在后头。对这些巨头来说,网络教育只是电子商务的获利方式之一。

　　第八章总结了我们的相关发现,罗列出全球化及其对大学产生的影响之间的内在关系。虽然人们并不认为新自由主义全球化是不可避免的,然而我们也认为某些全球化趋势将持续下去,所以大学不得不调整其策略以适应一个不断变化的全球环境。最后提出的问题是关于大学未来在社会中所扮演的角色。很多学者希望大学保留其注重核心基础研究的传统价值,保留倡导学术自由、批判性思维以及社会批评的功能。同时教师也希望大学,通过参与企业和应用研究来服务地区及社区,为世界创造新知识,积极接受变化以适应全球一体化趋势。

注　释

1. 在2000年和2001年之间,发生了在西雅图反对世界贸易组织、在华盛顿反对世界银行、在墨尔本反对世界经济论坛、在魁北克反对北美自由贸易区以及在日内瓦反对八国峰会的大规模示威,其中大多数游行示威是以和平的方式进行的,只有在警方挑衅的时候才演变成暴力冲突。
2. 由于本身经常受到美国和某些西欧主要富裕国家的影响,世界银行和国际货币基金组织在何种程度上算是国际组织饱受质疑。
3. 其中之一是波特切尔(Burtchaell)对波士顿学院的研究(Burtchaell,1998),另一项是克拉克(Clark)对特文特大学的研究(Clark,1998)。

第二章 研究的背景与研究设计

通过深入访问来自法国、荷兰、挪威和美国的四所大学的学者和管理者,本研究项目收集了大量定性研究数据并对其进行了分析。由于每所大学都有人有机会参与到研究之中,这就使得我们对本研究的形式结构和实际操作,以及大学内的具体环境是如何反映全球化趋势有了更深刻的理解。将有关澳大利亚的数据来与这四个国家进行对比研究,结果显示英语国家,而非欧洲国家,才是全球化趋势的主导者。我们有必要强调本研究并非一个严格意义上的比较研究,这是因为我们没有为了使本研究的结果具有统计学或解释性的比较意义,而对所选的大学或者受访者进行特别的筛选(见 Ragin,1987;Goedegebuure& van Vught,1994)。然而,仍然可以通过这些数据对某些趋势进行比较研究。

对国家制度的比较

相似的经济与社会发展水平

这个简单的比较是针对五个属于经济合作发展组织(简称经合组织)的成员国来进行的。这些国家大体上都是高收入、高生活水平的工业化国家,并且根据经合组织 1998 年的数据,这些国家的人均国内生产总值("GDP")均处于中上等水平。表 2.1 运用两种标准比较了各国的人均收入,即各国的货币汇率与它们的购买力平价(Purchasing power parity)。例如,以货币汇率为标准,挪威的人均 GDP 是最高的,而若以购买力平价为标准,美国则拥有最高的人均 GDP。另一方面,以货币汇率为标准,澳大利亚的人均 GDP 是最低的,但是若基于购买力平价计算,它则略高于法国。总之,这个表格显示了这五个国家较高的生活水平。

表 2.1　1998 年人均 GDP　　　　　　　　　（单位:美元）

国　家	以货币汇率为标准	以购买力平价为标准
挪威	33174	27391
美国	32184	32184
荷兰	24921	24141
法国	23954	21132
澳大利亚	19900	24192

来源:经济合作发展组织(经合组织),1998 年。

2000 年,这些国家的经济增长率相似:美国较高,为 5%,挪威最低,为 2.7%,法国为 3.1%,荷兰为 4%,澳大利亚是 4.7%。另外,这些国家的通货膨胀率同样不高,均低于 4%。但它们的人口规模却相差很大:美国的人口为 2.78 亿,法国人口为 5950 万,澳大利亚为 1930 万,荷兰为 1590 万,而挪威的人口是 450 万。然而,它们的人口增长率均低于替代出生率(即移民人口贡献给一国的人口增长率)。以百分比表示的话,澳大利亚的人口增长率为 0.99%,美国的人口增长率为 0.90%,荷兰的人口增长率为 0.55%,挪威的人口增长率为 0.49%,法国的人口增长率则为 0.37%。

另外一个经常用来判断国民生活水平的标准是其国民的平均寿命,表 2.2 显示,各个国家的男性女性之间的寿命差别都很小。1999 年,男性与女性的寿命最高值和最低值间的差距是两到三年。有趣的是,在男性方面,澳大利亚人的平均寿命最长,达到 75.6 岁,而美国人的平均寿命则最短,仅有 73.6 岁。在女性方面,法国人的平均寿命最长,达到 82.3 岁,美国人是最低的,仅为 79.4 岁。

此外,这些国家的国民均有很高的文化水平,有不同程度的福利制度,以及以两党或多党竞争选举制度为基础的民主政府形式。在被调查的国家之中,有三个国家是君主立宪制政府(澳大利亚[1]、挪威和荷兰),两个国家是共和政体(法国和美国)。在三个欧洲国家中,存在着一些不同的政党,包括共产党、自由民主党、保守党、绿党/环保主义政党以及民族主义或者排外主义的政党、极端右翼政党。由于按选择次序投票制度(亦称为"得票最多者当选"制)和比例代表制度,美国和澳大利亚基本上是两党制政体。而在澳大利亚,第三党派能发挥更大的政治平衡作用。另外,相比较于欧洲国家的政党,美国和澳大利亚的政党更加注重经济权力。

表 2.2　人口平均寿命(1997 年)

	女性	男性
澳大利亚	81.3	75.6
法国	82.3	74.6
挪威	81.0	75.4
荷兰	80.6	75.2
美国	79.4	73.6

来源:经济合作发展组织(经合组织),2000 年。

普及高等教育

根据特罗(Trow)的说法,普及高等教育指的是一种使得某一适龄人群中有超过 15% 的人接受了高等教育的制度(Trow,1996)。目前这个比率则已接近某一适龄人群的 25%。美国普及高等教育已经有超过 30 年的历史,而欧洲国家在过去的 20 年中,也开始普及高等教育。并且在一些欧洲国家,从高中毕业并进入高等院校学习的学生所占的比率已经超过了美国。1998 年,各个国家的高等教育净入学率分别是:挪威 62%,美国 58%,澳大利亚和荷兰都是 53%,而法国则是 52%(经合组织,1998b)。表 2.3 则显示了另外一种衡量入学率的标准,这种标准主要针对年龄在 25 岁到 64 岁之间的人群。这个标准同样显示出这些国家的入学率是很相似的,最高的和最低的入学率之间仅仅相差 3 个百分点,即美国最高,为 26.6%,而挪威最低,为 23.7%。

表 2.3 25—64 岁年龄段的高等教育的入学率(1999 年)

国　家	入学率(%)
美国	26.6
澳大利亚	25.8
荷兰	24.2
法国	24.0
挪威	23.7

来源：经济合作与发展组织(经合组织),2000 年。

最近,逐渐升高的高等教育入学率使得各个国家的政策更加注重提高效率和完成率,例如,法国的签约制,澳大利亚采取的合并与院校认证制度,挪威的资助模式等(Wagner,1996)。在 20 世纪 70 年代,美国引入了用者自付和竞争政策。1989 年,澳大利亚通过了"高等教育成本分担制度"(HECS),允许学生在有适当的收入后再支付学费。然而,在过去十年中,学费一直在增长,而支付这些学费所需要的适当的收入却在一直减少。现在,学费是公共费用中最高的费用之一,从每年 2500 澳元到 5000 澳元不等。并且,只有低收入者才可以获得政府的生活费用助学金。在 20 世纪 80 年代,荷兰开始每年收取更高的学费,增长速度约为每年 100 荷兰盾,到 1994 年学费已达每年 2250 荷兰盾。1996 年到 1998 年间,费用又增加了 500 荷兰盾,到 1998 年时,学费已经达到每年 2750 荷兰盾,或者根据 1998 年的货币汇率,约合每年 1380 美元。此外,学生可以获得政府的助学金和贷款作为生活费和学费支出。与澳大利亚和美国相比,荷兰的学费相对较低。在挪威,高等教育基本上仍然是免学费的。在法国,学校收取的费用也较低,并且政府也提供生活津贴。

在过去的十年中,实际上全世界的高等教育入学率增加了一倍。然而,只有新加坡和挪威的公费资助是保持同步增加的。挪威可以向学生提供奖学金或者贷款,而这些钱由学生在毕业后偿还。相反,美国加州大学从加利福尼亚州政府获得的资助却很低,仅仅相当于其财政收入的 23%。毫无疑问,在美国以前被称为"州立"的大学现在则应被称为"州助"大学(Aitkin,2000)。

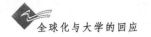
全球化与大学的回应

不同的经济和社会政策

尽管这些国家在生活水平、生活质量以及高等教育的入学率方面存在着很多相似之处,但是它们的经济和社会政策仍然存在着差异。从美国来看,中央情报局(简称中情局)研究了一个国家的经济对日益逼近的全球化的适应情况(CIA,2001,Web site)。它称"美国是世界上最大的经济体,并且也拥有最强的科技实力。在这个市场经济体中,大部分的决策是由个人和私营企业进行的,并且政府主要是在私有市场采购其所需要的商品和服务"。它认为法国"正处在从以普遍的政府所有和政府干预为特征的经济向更多地依赖市场机制的经济转变的过程之中"(CIA,2001,Web site)。报告批评了法国优厚的失业和退休福利制度以及将周工作时间的标准减少到35个小时的规定。

报告同样也批评了挪威,称之为是将市场活动与政府干预结合起来的福利资本主义的繁荣经济的堡垒。相反,荷兰则获得了积极的评价,报告称它是一个繁荣和开放的经济体,拥有稳定的工业关系,适度的通货膨胀率以及相当大的财政盈余。报告称赞了荷兰在2001年执行的综合税制改革,这项税制改革旨在降低对高收入所得税的税收水平,并将这一财政负担转移到消费者身上。最后,报告称澳大利亚拥有与美国相似的经济政策,称其"是一个繁荣的西方式的资本主义经济体,人均GDP的水平与四个占优势地位的西欧经济体相当"(中情局官方网站,2001)。中情局称尽管受到了亚洲金融危机以及全球性经济低迷的影响,澳大利亚的经济改革仍然使得澳大利亚有相当高的经济增长率。

从中情局的描述中我们很容易看出,欧洲的经济政策并未像美国和澳大利亚的经济政策那样转向极右(Kim & Fording,1998)。例如,在法国,左翼和右翼政党均赞成对市场加以调控:"法国的选民,不管左翼还是右翼,对全球化均有一种天生的不信任感"(The Economist,2001c,p.42)。1993年,保守主义的总理巴拉迪(Balladur)说:"什么是市场?它是一种弱肉强食,是一种自然法则。而什么是文明呢?就是对抗自然的斗争"(The Economist,2001c,p.42)。"盯住它,驯服它,使之人性化,并且使之文明化"(The Economist,2001c,p.42)。最近,法国总统希拉克也说:"我们的民主政治显然不能仅仅充当全球化的旁观者。我们必须跟着它,驯服它,使之人性化,文明化"(The Economist,2001c,p.42)。年轻时曾是一个托洛茨基分子的总理若斯潘(Jospin),也称法国应当开展一场反对全球化的群众运动。

荷兰和挪威的政治家并不经常表达出他们对全球化的不满,他们不愿取消本国的福利政策。在一篇讨论法国如何抵制全球化和美国化的文章中,劳迪(Lawday)说,"你不可能看到法国将其学校、监狱、铁路和巴黎地铁均交到私营企业手中去经营"(Lawday,2001,p.3)。这些学校、监狱、铁路和地铁在荷兰和挪威均是由政府经营的。而与此同时,澳大利亚和美国则已经使监狱和铁路私有化了,并且鼓励私立学校的发展。此外,在美国,大学私立化正大行其道,而在澳大利亚也开始出现了一部分私立大学。

在这些国家内,根据当前的经济情况以及执政党的不同,公共部门私有化运动也有所不同。例如,在2001年,法国和挪威国内在政治方向上是社会民主主义的。表2.4显示了1990年和1996年这些国家对公共部门的投资占GDP的百分比水平较高。在1990年到1996年这段时期内,荷兰和挪威的水平稍有下降,使得它们接近了经合组织的平均水平。澳大利亚和美国明显地处于经合组织的平均水平之下。1996年以来,由于政治立场以及经济条件的变化,荷兰的政府开支更进一步减少了(中情局官方网站,2001)。

表2.4 政府开支占GDP的百分比(%)

国　家	1990	1996
法国	49.8	54.5
荷兰	54.0	49.9
挪威	53.8	49.9
经合组织的平均水平	46.1	47.1
澳大利亚	34.7	36.6
美国	33.3	33.3

来源:国际货币基金组织(简称IMF),引自《世界经济研究》(The World Economy Survey,1998)。

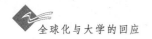

尽管政府正逐渐转向第三条道路*,某些方面的福利政策正在消失,我们所比较的三个欧洲国家仍然致力于成为福利国家。第三条道路是介于信奉自由市场资本主义与大政府计划经济之间的一条道路。在冷战时期,瑞典展示了其介于美国式资本主义与苏联式共产主义之间所走的第三条道路。然而,新的第三条道路是介于瑞典与美国之间的一条道路。按照第三条道路的支持者安东尼·吉登斯(Authouy Giddens)的说法,第三条道路是随着传统阶级政治的衰落,以及自由主义的社会民主政府面对全球市场时的困境而产生发展的。"吉登斯同样区分了第三条道路与旧左派关于混合经济的思想,在美国之外混合经济思想指国家对工业企业拥有所有权,而第三条道路则允许国家干预经济,以期在一个私人所有和管理的经济体内帮助个人获得发展"(Dionne, 1998, p.6)。正如迪奥纳所言,"一个简单的事实是,以美国自由主义和欧洲社会民主主义为突出代表的调控型国家,在全球市场内很难如其所愿地去行事"(Dionne,1998,p.6)。

法国总理、社会党人利昂内尔·若斯潘采取了一种政府管理型的、社会主义式的行政体制,并保留了较强的国家调控机制。正如詹姆士(James)在1998年所写,"尽管他努力准备接受来自右翼的一些观点,比如国家工业私有化,若斯潘先生仍然嘲笑资本主义是'一种处于运动状态的,但却并不知道要去向何方的力量'。他认为,国家的角色是提供必要的指导并且保护平等和正义这些基本的价值"(James, 1998, p.1)。最近,若斯潘称如果没有国家的指导,将会出现"不平等的加剧,社会纽带被侵蚀,我们的环境受到威胁,我们的文化财富逐渐丧失,以及没有一个可以预见的未来"(James, 1998, pp.1-7)。

挪威是西欧国家中否决成为欧盟成员国的少数国家之一。特达捷夫(Tjeldvoll)和霍特(Holtet)称这并不表示其对欧洲的抵制,这只是挪威人的自信和保持自己独特文化愿望的表现。特达捷夫称,"就在2000年之前,在全球化市场经济意识形态的强大影响下,挪威仍然

---

* 第三条道路(the third road):在当代是指一种适应科技、经济、社会、阶级和生存环境等各方面全球性变化的"中间偏左"的社会民主主义政治哲学或理论。它最早至少可以追溯到德国社会民主党理论家伯恩斯坦那里,此后经常被社会民主党人和欧洲社会主义者所使用,以显示自己的观点与美国自由市场资本主义和苏联社会主义模式的差异。——译者注

是一个与众不同的福利国家"(Tjeldvoll,1998,p.1)。尽管关于是否坚持福利国家的原则,挪威在政治上意见保持一致,但保守主义政党、改革主义政党和工党的非正式联盟逐渐地开始了新自由主义的市场改革。例如,现在政府正在考虑出售其国有石油公司的一部分给私人;而且教育部长也公开表示,他比较喜欢美国模式。这些政策直接导致了大学私有化,竞争加剧,并且使得获得大学终身教职更加困难。

挪威是世界上国库财政收入超过财政开支的少数国家之一,从而使得政府在实施社会政策方面拥有更大的经济空间。相反,荷兰既没有财政盈余也没有外债,而澳大利亚、法国和美国则有相当大比例的外债。另外,这些国家失业率的差距也不大,均低于10%。在2000年,挪威、荷兰和美国的失业率处在2%到4%之间,澳大利亚的失业率为6.4%,法国的失业率则为9.7%。

大部分国家的科技应用水平都很高,只有法国相对比较低(中情局官方网站,2001)。使用因特网的人口比率最高的国家是美国(53%)和挪威(52%),紧随其后的是荷兰(43%)和澳大利亚(40%),法国则是最低的(15%)。另外,由于美国的人口最多,互联网提供商的数量在美国也是最多的(7800),紧随其后的是澳大利亚(264)、法国(62)、荷兰(52)和挪威(13),这些国家的人口规模也相对较小。

表2.5 显示了欧洲国家和英语国家之间对高等教育的公共投资和私人投资方面的进一步的差距,该表格也显示出私有化对高等教育的影响。例如,在欧洲国家,来自公共资助的资金所占的百分比比较高(挪威97%;荷兰87%;以及法国85%),高于英语国家(澳大利亚58%;以及美国51%),后者不得不越来越多地依靠私人投资。

表2.5 高等教育中的公共资金和私人资金的分布(1997年)(%)

国家	公共资金	私有资金
挪威	93.0	7.0
荷兰	87.0	13.0
法国	85.0	15.0
澳大利亚	58.0	42.0
美国	51.0	49.0

来源:经济合作与发展组织,2000年。

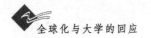

高等教育政策与管理结构的差别

当谈到高等教育的管理时,麦克丹尼尔(McDaniel)强调,过去所说的欧洲大陆、盎格鲁—撒克逊或美国模式之间差别并不大。他发现,澳大利亚、挪威和美国的高等教育管理很相似,均是"明显分散式的管理",而法国的高等教育管理则稍微不同,是"明显集中式的管理"。乔德格伯尔(Goedegebuure)和范·沃特(van Vught)1994 年在对政府的管理模式进行比较之后,同样得出了相似的结论。例如,在法国,高等教育机构更多是直接由国家管理,而很少依赖激励性资金支持。尽管在本研究中,国家激励性资金支持和公共拨款正在变得越来越有吸引力,但是各国也均出台了有关竞争和投资私有化方面极具特色的政策。

一项关于 20 个国家的大学是否拥有自主权的研究发现,在英语国家中,政府在对大学实施干预和施加直接影响方面权力并不大(Anderson & Johnson, 1998)。因而在这些国家中,大学是半公立的,且常常以一种半公立半私有企业的方式运作;这种企业型大学处于政府的行政系统管理之外,但并不完全是私有的营利性机构。不过,这些大学仍然处于政府的责任范围之内,并被要求去游说议会议员以争取公共资金。相反,在欧洲国家中,政府在干预方面所拥有的权威则更明显。本研究的对象国包括澳大利亚、法国和美国,结果反馈从低到中间水平之间。例如,对于"政府在大学的运作方面施加了明显的影响"这一观点,在美国同意的比例是 27%;澳大利亚为 35%,法国为 43%。对于"政府拥有干预的法定权力"的观点,在美国同意率为 30%,澳大利亚为 32%,法国为 78%。在本研究中,几乎所有的国家都有朝向放松政府管理、引入更多市场竞争这样的趋势变化。目前,有报告显示一些国家使用了"远程遥控机制"来增加政府在大学发展战略领域的影响。例如,在卡耐基研究中,关于"在重要的学术政策方面,存在着过多的政府干预"这个观点,在澳大利亚的同意率排名第二(Glassick, 1997)。

特纳(Turner)采用案例研究的方式,考察了大学对欧洲高等教育的资金来源方式发生变化的反应,并确认了本书所探讨的有关问题确实有着显著的变化趋势,比如外界力量是如何改变大学学术工作性质的。他发现,外界的资金来源对大学内部结构具有深远的影响,由于责任被转移给了院系以及教师个人,从而造成了大学更强调管理并给教师带来了额外的工作负担。另外,由于历史和政治背景的不同,各大学的反应也不同,有的遵循,有的反对或者抵制这些政策方针。

在近期关于高等教育的评估中,经合组织(1998b)鼓励在其成员国内进行逐渐全球化的实践。这些实践包括实施质量保证机制、企业式的管理实践(财务管理和战略性大学评级)、企业化的实践(尤其是与产业和就业相联系,这能够增加学生与工作环境的接触机会),以及在教学实践中应用科技。另外,评估报告同样揭示了美国大学发展的内在动力,注意到它们都拥有较迅速的决策过程、积极有效的管理方式以及灵活的人事政策。尽管褒扬了一些大学的企业化实践,该评估报告同样对将大学完全交由市场力量来左右这一做法表示怀疑:"但是,利润的最大化并不是教育的目的,并且很有必要认真考虑采用企业的做法是否与教育机构应提供多方面服务的目标相一致。"(OECP组织,1998b, p.77)。

进行案例研究各国的高等教育体系

本节对作为案例研究国家的高等教育体系结构进行了总体概括。作为案例研究的国家包括欧洲大陆的法国、荷兰和挪威还有北美洲的美国。在美国,就大学的公立和私立以及学校类型而言,情况最复杂。由于经合组织之类的国际组织不断施加压力,以及媒体不断深入报道,还有就是当下普遍的趋势的影响,我们有必要去考察一下各国采用的相关制度和各国受全球化影响的程度。

法国

在法国,高等教育体系是多样化的,有不同层次和类型的高等院校,并且大部分属于官僚式、集中管理、国有的公共机构体系的一部

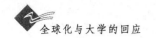

分。法国有90所大学,超过174所高职学院,无数大学级别的技术与职业学院(这些学院常常附属于大学),非大学的科技学院,以及少数私立的大学层级的学院。大约90%的学生,或者说190万中有140万人,就读于公立大学。所有通过高中毕业会考的学生都会自动获得高等教育机构的入校资格,并支付从125美元到750美元不等的报名费。私立学院大多是商业学院和专门的职业学院,招收一些法国学生和留学生。根据法国科学技术政策(2001),在过去的四年中,政府在科技方面的财政支出增加了6.8%,这使法国在经合组织国家中,在科技研发方面的支出名列第四位,并且2001年在公共部门开支方面也列在第二位。

1981年,法国第五共和国历史上第一个左翼联盟上台,并且一直致力于民主化、民众参与以及高等教育改革。在1968年5月的骚乱之后,政府开始扩大研究基地,让大学对周边区域和产业开放。另外,它也开始了本科和博士生教育的改革,并且在大学层面上重新构建行政管理体系。有趣的是,社会主义者和非社会主义者均认为,法国国内的高等教育体系的效率需要得到显著的提高(Neave,1991,pp.68-69)。

1984年《高等教育指导法》(Higher Education Guideline Law)赋予大学在研究活动方面拥有自主权和独立权。然而,由于始终由教育部来任命大学教学研究人员和行政/技术人员,并给他们终身公务员身份,政府拨给大学有限的资金限制了这项自主权力。尽管如此,随着"合同聘用制以及1993年开始的新的拨款政策"的实施,法国的大学在制定政策和战略方针方面将会有更大的自主权。

根据凯塞(Kaiser)和尼夫(Neave)1994年提出的观点,有关高等教育的法律法规在过去25年中经常变化。1968年的《高等教育方针法》(The Law of Orientation for Higher Education)强调了三个因素:大学自主权、多学科性、学生和教职工的参与。该法改革了教职员工的组织结构并要求建立一个负责学校管理的代表委员会,这些举措给予大学一个新的定位(The Law of Orientation for Higher Education, Chapter 4)。另外,为了方便大学管理,还设立了三个理事会:行政委员会、科学委员会、学习和大学生活委员会。每个委员会都包括了教学研究人员、学生、行政/技术/工人/服务人员(简称行技工服人员),以及来自外界的代表。其中最重要的是行政委员会,例如在阿维侬大学中,行政委员会包括了 18 名教学研究人员,9 名学生,4 名行技工服人员,以及 9 名外界代表,总共 40 名成员。每个委员会都由副校长负责主持,而校长则要全部三个委员会联合选举产生。选举出的校长有五年任期,并且在此任期之后不能连任。校长拥有财政和行政权力,并且是学校对外界以及在政府教育部的代表。合同制、员工职位以及大学发展规划都要在教育部进行讨论、优选后通过。另外,每所院校及其教职员工均拥有一个主要是由教学研究人员和来自大学不同部门的代表组成的委员会来选举系主任和管理者。外界的代表则从地方政府、商界、工会、科学和文化组织、公共服务组织以及学校中进行甄选。

1991 年 5 月,法国通过了一个改革和发展项目——"2000 年大学发展计划"(Programme Universities,2000),对于高等教育部门,主要希望达到以下目标:

使得更多的学生接受高等教育,并且为他们提供食宿。

为适应经济需求调整高等教育政策,在高等教育的所有组成部分和层次上发展以职业教育为导向的教育计划。

努力使高等教育机构融入区域发展之中,并促进区域发展。

为全面加入欧洲联盟做好准备,并且为成为欧盟成员国后随之面临的知识和教育方面的竞争做好准备。(CEPES,1993;Kaiser & Neave, 1994)。

制定这些目标和实施上述政策主要是由于社会普遍缺乏高级技师/工程师(欧洲高等教育中心,1993)。然而,有限的职业发展空间使得实现这些目标充满了挑战。招生比例失调使得职业学院的招生变得十分困难,而大学则人满为患,挤满了越来越多各种各样水平各异的学生,而且这些学生的素质并不一定适合一流的高等院校。因此,法国的大学正面对着多少有些自相矛盾的功能:一方面把没有资格或者按照学生实际水平无法进入不同类别院校的学生都招收进来;另一方面还要努力保持较高的研究水平,同时教育并培训高级研究人员

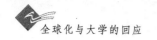

(Kaiser & Neave,1994)。

在1985年,法国教育部开始对大学进行外界评估,并建立了国家评估委员会,到1994年时,所有的大学都至少接受过一次评估(Abecassis,1994)。这些评估的目的是为了改进教学和管理方式。另外,教育部也要求大学在1998年到1999年间建立一套内部教学评估机制。然而,任何试图监督教学科研人员的制度在法国都有可能遭到抵制(Abecassis,1994,Chapter 5)。

荷兰

荷兰拥有独特的社会和福利制度,并且最近也成功地将这些制度融入大力倡导新自由主义、削减高等教育成本的大环境之中。针对税收制度和大学体制的改革是由内而外地进行的,没有产生大的冲突,也没有损害国家经济发展、出口或者福利方面的权益(中情局官方网站,2001)。

在荷兰国内,高等教育包括高等职业教育和大学教育,其中有59所高等职业教育院校和14所大学,还有一所提供远程教育的开放大学。从1993年开始,所有的高等教育均根据一部法律,即《高等教育研究法案》(the Higher Education and Research Act)进行管理。尽管各大学各自有权决定自己的教学和考试制度,这部法律还是提供了一个各大学都可以参考进行运作的法律框架。和挪威一样,荷兰的大学遵循的是洪堡传统模式,教授有着很大的权力,也就是说,正教授在各个研究单位占据主导地位,并在教学与研究之间起到纽带的作用。另外,与法国和挪威一样,荷兰的大学中大部分教职工是在国内聘用的,只有5%的人来自于国外(Geurts, Maassen, & van Vught, 1996)。

荷兰的大学教育同法国和挪威的相似,学生只要通过了高中毕业考试,就能够接受大学教育。学生可以获得为期四年的政府助学金,并且可以通过申请贷款来支付生活费用。最初,学生所获得的助学金是一种贷款,但是如果他们达到了某些成绩标准,这些贷款就会变为无需偿还的补助。例如,如果一个学生在六年内毕业了,为期四年的贷款就会被一笔勾销,学生只需要偿还超过四年的那两年的贷款。以学习成绩为基础发放助学金是一种全球化的趋势,其目的在于提高学生成绩和大学教育的效率。

在1997年,大约25.9万名学生进入到高等院校接受教育,这些学校为他们提供理论和实践方面的培训,其中大约16.9万名学生寻求接受理论教育,而理论教育中也可能包括某些实践和与工作相关的内容。在1980年到1991年之间,学生的入学率先是增长,然后逐渐降低并且最终稳定下来。18岁到23岁年龄段人群的入学率从1980年的29.3%增长到1996年的50.2%。与此同时,其他欧洲国家也在经历相似的入学率的增长。例如,荷兰18岁到23岁年龄段的入学率增长是最快的,从1980年的32.2%增长到1996年的71.1%。同样,法国入学率的增长与荷兰相似,从1980年的25.3%增长到1996年的52.2%(Boezerooy, 1999)。

在第二次世界大战结束后的30年中,荷兰的大学都坚持开放招生和教育平等政策。在20世纪80年代和90年代,政策目标转变为提高教学质量和注重扩大学校间的差异。开放招生仍然是政府的基本目标,但是增加大学自主权的变革给各所大学带来了更大的责任,这种责任成为大学追求差异化和开发培育每一个利基市场的动力(Geurts, Maassen, & van Vught, 1996)。荷兰政府的政策文件《高等教育:自治与质量》(Higher Education: Autonomy and Quality, 1985)用赋予大学自主权这种方式取代了传统的"管理"战略。扩大自主权举措在实施过程中具体包括进行一次性拨款、人事政策权力下放、采取新的财政预算计划(Vossensteyn & Dobson, 1999)。

另外一个重要的变化是随着1997年9月1日《大学管理现代化法案》(University Government Modernization Act)的施行而发生的。这项法案加强了大学管理者的地位。每所大学都由一个执行委员会负责管理,该执委会由一个监督委员会设立,而这个监督委员会则是由教育部任命产生的。这种改革削弱了大学校务委员会的权力。校务委员会是由教职工和学生参与进来管理学校的机构。例如,大学的财政预算不再由校务委员会审议批准,而是由监督委员会来批准(见《大学管理现代化法案》第四章)。

在全球化进程中大学获得的资金已经减少了,这就迫使大学提高其管理效率。从1980年到1996年之间,博则罗伊(Boezerooy)调查了

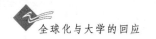

九个欧洲国家的 GDP 水平及其中高等教育支出所占的百分比,发现大多数国家的高等教育支出随着入学率的增长而相应增加。荷兰是唯一一个财政支出明显减少的国家,大学的公共投资降低了约 40%,即从 1980 年占 GDP 的 1.9% 降低到 1996 年的 1.16%。另外,1985 年到 1997 年之间,大学的教职人员和非教职人员的人数比例呈下降趋势(分别减少了 3% 和 1%)。一份关于调查高等教育市场分类机制的报告称,荷兰高等教育中公共资源投资所占的比例是 80%。"由学费提供的资金比例虽然很小,但是正在增加。另外,教师合同规定的待遇由私人提供的资金比例正在增加"(Kaiser etc,1999,p.87)。

挪威

与一些英语国家不同,挪威的大学并没有走私有化的道路。不过最近,政府已开始引导高等教育体系朝市场机制发展,从而导致了对大学的公共投资略有减少(Tonder & Aamodt, 1993)。然而,高等教育仍然是一项公共事业并且是由公共投资支持的。在挪威,高等教育被认为是一项社会权利,因而应向所有符合资格的人开放并且免费。另外,学生在读书时可以通过无息贷款来支付生活费用。

在过去的十年之中,挪威进行了一系列的改革,其中包括:

挪威网络计划(Norway Network)
1995 年 5 月 12 日的法案,第 22 号,《关于大学与高等教育》(On Universities and Higher Education)
大学管理的标准化原则
对于基层单位的重组

在 1994 年,随着 98 所国立学院重新组合成为 26 所高校,学院与大学的部门和机构之间建立起了结构性的联系。挪威网络计划是由挪威教育部建立的,用以提高效率以及在各院校之间引入系统的合作项目。参与这个计划的院校包括 4 所大学、6 所专科学院以及 26 所地方学院。政府鼓励大学在所限定的领域内开展研究,同时继续在其他领域进行专门性研究。此外,国家范围内学分互认和招生制度也进行了简化与标准化,以方便学生在不同大学和项目之间的流动。1995

年,新的法规规定要建立具有决定权的、独立的领导机构,由小规模的包括外界代表的执行委员会构成[2],理顺了决策程序和事务管理。大学实施了一些以提高效率为目标的改革:如通过目标管理与行动计划坚持标准化的原则;实施问责机制,如进行评估和绩效管理;以及扩大单位规模,如对基层单位进行重新合并(Kyvik & Odegard,1990)。

根据波列克利(Bleiklie)的观点,在过去十年中引入的最有影响力的高等教育政策是"新公共管理政策(new public management)",这使得大学得以以企业的方式进行运作和管理(Bleiklie,1996)。然而,奥斯陆大学的一项案例研究总结说,新公共管理政策,即便是强制性的,也不大会取得成功,因为它对于内部组织形式与大学工作方式所施加的影响是微乎其微的。尽管如此,新公共管理政策仍通过国家对成本效率、责任、评估以及监督等方面的强制要求,改变了国家与学校之间的权力分配关系,使得大学的自主权减小了:"新公共管理政策推崇这样一种理念,即分散责任和强化集中管理可以同时实现"(Bleiklie,1996,p.20)。此外,实施挪威网络计划和新公共管理政策被认为是高等教育体系内由分散向集中结构转化的重要指标。在一篇针对挪威高等教育的评论中,经合组织特别强调了这一点,指出"政府仍拥有实质性的权力,特别是在财政预算方面。随着政府的整体教育政策转向以注重实际效果,政府以实际效果为依据来给大学制订计划和编制预算,公众要求大学注重实际教学效果以及展现更高透明度的压力将会不断变大"(经合组织,1997,p.8)。

在20世纪90年代进行制度改革之前,与许多国家一样,挪威的大学科研人员也享有很大的自主权。然而,随着入学学生数量增加以及经济条件的约束,大学实施的责任机制以及相关的政府管控限制了他们曾经享有的自主权。尽管这样,依世界平均标准来看,挪威的大学教师对于其日常工作仍拥有相当大的自由度和控制权。但是在各大学已经发生了变化并将继续发生改变的是,大学在其基础研究以及基于学者兴趣的前沿研究方面所能够获得的经费数量,而这些经费主要来源于政府教育部、各研究理事会、合同项目以及产业界。一项关于高等教育的研究发现,在20世纪80年代至90年代,有些学科所获经费减少,而另外一些学科,如有关科技、数学和自然资源等学科的研

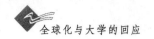

究,却得到了像石油工业这样的外部资金来源的资助(Kyvik & Odegard,1990)。

挪威的大学也面临着来自学生人数不断增加和各种改革等因素的挑战,并导致了以研究生学位的完成率为前提的有条件的资金投入方式,还有就是来自政府更大力度的干预,包括政府指定优先发展的研究领域(Aamodt, Kyvik, & Skoie, 1991)。上述这些改变均反映出教师的工作环境已经变差,而这一点我们同样也可以从学生对教职工的比率发生变化这一现象中看出来。事实是从1979年的7.8名学生对1名教师增加为1993年的约8.3名学生对1名教师,而到了20世纪90年代,这个比率更进一步增大了(Bleiklie, 1996)。根据基维克(Kyvik)的研究,从1987年到1997年,学生的总人数增加了约70%,从大约44000人增加到将近83000人,与此同时,每个学生平均获得的教育经费则减少了约6%(Kyvik, 2000)。不断扩大的学生数量,尤其是在人文和社会科学领域,对学生—教师比率产生了消极的影响。例如,在奥斯陆大学,学生与教师的比率大幅增加到1998年的14.6比1。

在20世纪60年代中期,一些教授发起了一场以事务决策民主化为目标的运动。虽然这个运动发生在1968年到1969年奥斯陆大学的学生骚乱之前,但是直到1972年这场运动的结果才开始影响该大学的制度,当时的变化是决定以经过选举产生的委员会为基础进行决策,从而取代了以前的教授独裁体制。后来其他的大学也纷纷效仿。1990年一项官方法案获得通过,该法案涵盖了挪威决定保持民主决策机制的所有四所大学和六所学院。法案也同样给予了大学更大的自主权,比如大学可自行决定教学与研究的内容,可自行任命教授等,而这些方面之前一直处在政府的管理之下。

1985年10月,经合组织的评估小组考察了挪威的大学,并且得出结论:挪威的大学正在朝符合国际潮流的方向发展。评估专家指出:"最近通过的法案已经带来了有关管理方式的合理化的改革,这使得虽然大学管理机关规模较小,但却有了更多的外部参与,同时行政权力也增大了……一个重要的、难以回避的挑战是,要确保在现代化的管理实践中,将管理与执行的行政领导方式与大学决策的直接民主模

式相互结合起来。"(经合组织,1997,p.10)

根据基维克的观点,在当前管理体系内大学领导者的管理职责普遍较少,但却扮演着较强的政治性角色。同时他们正面临着越来越大的压力,即要求他们转变为管理型的领导者。基维克总结说:"尽管挪威高等教育机构在过去十年间经历了巨大的改革和变化,碰到过前所未有的挑战,但是大学的主导趋势是[教师]在工作角色和工作表现方面只有细微的变化,没有什么显著的变化。"(Kyvik,2000,p.68)

美国

根据德巴茨(DeBats)和沃德(Ward)的观点,美国高等教育体系最重要的特点是它规模大(3885所院校)、结构复杂多样以及拥有庞大的私立院校体系。美国的教育体系包括职业与社区学院、文法学院、公立与私立大学,以及高水平的综合性研究大学。1997年,美国《高等教育年鉴》(*The Chronicle of Higher Education Almanac*)报告,美国有1657所公立大学、1625所非营利性私立大学和603所营利性的私立大学。1998年,在18至24岁的适龄人群中,入学率达到36.6%。尽管私立大学的数量要多于公立大学,在1.48亿人(占其中大约78%)中仍有1.15亿人进入了公立大学。2000年,在私立大学接受四年制高等教育的花费(包括学杂费、住宿费、膳食费)是8万至10万美元,而公立大学的费用是3万至4.5万美元(Kong,2000)。这些花费可以通过奖学金、贷款,以及成本核销税费抵免,不过通常普通学生仍需要自己负担相当大一笔大学学费。

在20世纪70年代,美国政府在公立高等院校中引入市场机制,将资助直接给予学生而不是给予学院,从而使学生成为高等教育的"消费者"(Slaughter & Leslie,1997)。此外,1980年的《拜伊—多尔法》(Bayh-Dole Act)鼓励大学向市场化发展,允许大学和小型企业利用联邦研发基金进行发明创新。斯劳特(1998)称20世纪80年代制定的其他的相关法律法规促进了大学之间的竞争,并且也鼓励对有关公立大学的政策放松管制,促进了大学的私有化以及商业化进程。在美国,这些推动大学和学院朝学术资本主义(academic capitalism)方向发展的改革措施力度要远远超过在英国和澳大利亚的相应改革措

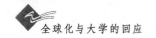

施。然而与这些国家不同的是,美国联邦政府对于高等教育政策的影响力是很有限的,因为这些改革措施是通过各州政府层层渗透下去的,而不是像20世纪80年代初的英国和20世纪80年代末的澳大利亚那样,是通过政府发布白皮书的形式来实施的。在美国,各个州都独立行事,自主决定是否实施改革高等教育体制的法律法规。有不少州建立了一整套质量评估体系、标准化教学评价体系和基于教学成果的财政预算制度。在20世纪80年代和90年代之间,政府开始更加积极地对教学活动进行管理,并且在高校系统内引入了更多的竞争机制。

尽管在一些像加州和纽约州这样较大的州,高等教育仍拥有一套类似于法国和德国这样的国家教育体制,但是这些州内的各所大学或学院仍然拥有相当大的自主权。其中有许多大学最初是作为私立学院而建立的,它们拥有自己的管理机制。尽管如此,与英国的"公司"模式大学相类似,所有美国的高等院校,不论公立还是私立,都以独立机构作为其基本属性。但是各个大学也通常都设有一个"缓冲地带"(buffer layer),比如设立一个不受学院教职人员控制的董事会或者理事会。大学大部分重要的财政决策由这个董事会做出,同时其高级管理人员(校长与副校长)负责进行日常工作决策。近一段时期,有些当选的大学领导有非学院背景,他们可能来自商业界、军界或者政府部门。在通常情况下,教授会可以平衡校长的权力,然而在许多大学,这一机构的权力被限定在仅提供咨询意见的范围之内。不过在教职工以及院系层面,教授会仍然有着相当大的自主权,可以决定人事聘用、授予终身教职以及决定课程教学内容。但是,在财政决策、制定教学大纲以及授予终身教职等方面的权力则逐渐由教授会转移到了管理层和董事会。大学董事在决定教学大纲以及人事聘用方面也显示出越来越重要的地位。很多大学都有多重利益相关者,包括董事、教职人员以及非教职人员、家长和学生、校友以及政府机构——他们都想对决策施加自己的影响。

对几所大学的介绍

我们选择了几所大学来研究全球化及其对高等教育机构的影响。我们将关注点集中于四所大学，审视它们对全球化的冲击做出反应时，各自表现出的相似和不同之处。波士顿学院是位于美国的一所中等规模（12500名学生）的私立教会大学。由于在20世纪70年代初期它几近破产，如今这所大学管理非常严格。阿维侬大学是法国的一所小规模（有7100名当地和附近地区的学生）的人文艺术类大学，是一所主要面向本科生教育的大学。奥斯陆大学是一所规模很大（34400名学生）的大学，位于挪威首都奥斯陆，是一所研究型的大学。特文特大学是一所位于荷兰的小规模的（5500名学生）企业性大学，建有技术以及社会科学等学科。与阿维侬大学相比，奥斯陆大学和特文特大学拥有很大的自主权，能够决定它们的未来发展方向，但是和波士顿学院相比，它们的自主权又明显偏小，因为波士顿学院在吸纳私人资金资助方面有较强的能力。然而，特文特大学对政府拨款的依赖也越来越少，逐渐变为一所"企业性质"的大学，主要通过研究和咨询合同来获得更多的资助。阿维侬大学和奥斯陆大学的教师正开始逐渐融入当地社区的经济之中，并靠为社区服务获得利益，然而，相较于波士顿学院和特文特大学，它们的传统并没有发生质的改变。

在介绍和阐述我们的研究成果之前，有必要先概括介绍一下每所大学的背景。我们将从欧洲的公立大学（阿维侬大学、特文特大学和奥斯陆大学）开始，以美国私立大学波士顿学院结束。正如之前所说，旧式的欧洲大陆模式和美国模式之间的差别如今已经缩小，因为各所学校都相互吸取了不同模式的特点。有趣的是，其中两所大学（阿维侬大学和波士顿学院）可以将其渊源追溯至巴黎大学，而另外两所大学（奥斯陆大学和特文特大学）遵循的是洪堡所开创的德国式研究模式。另外，洪堡的传统通过约翰·霍普金斯大学影响了许多美国的研究型大学，当然也毫无疑问地对波士顿学院产生了影响，使其从一所

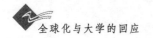

主要进行本科教育的文科学院发展成为一所研究型综合大学。

阿维侬大学

这所学院最初是在 14 世纪罗马教皇居于阿维侬时建立的,然而它只存在到法国大革命时期,之后便被废止了。因此,现在的阿维侬大学是一所年轻的大学,在第二次世界大战后才刚刚获得重建。从 1962 年直到最近,它一直是其他大学保护下的一个附属分支,依靠市政府和大区政府提供财政支持。学术方面,它是规模更大、历史更悠久的、享有盛名的埃克斯—马赛大学的一个分校。如今,它与埃克斯—马赛大学以及蒙彼利埃大学相互竞争,招收来自法国西南部的学生。由于受到强大的竞争对手的挤压,同时也因为来自阿维侬市区的生源数量(这对其生存至关重要)有限,阿维侬大学始终是法国 90 所大学中最年轻和最小的大学之一,这也可以被认为是一种优势。经过 13 个年头,到 1998 年,它的在校学生数量已从大约 2500 人增加到 6480 人。另外,由于政府意识到所设置的教师岗位不足,该校学生对教师的比例与规模较大的大学相比也有所改善,从 1991 年的 26 名学生比 1 名教师变为 1997 年的 24.7 名学生比 1 名教师。

十年前来拜访阿维侬大学需要步行相当长的一段路,因为所有的设施都分散在阿维侬市政府所提供的老旧建筑物中。有的位于中世纪的老城墙内,而另一些则坐落于城市之郊。然而今天,阿维侬大学拥有一大片校区。这里曾经是一所建立于 13 世纪的医院的所在地,位于城墙之内,周围被铺满沙砾的广场和枫树所包围。现在阿维侬大学的法律、人文以及社会科学等院系拥有几乎全新的校园。自然科学的院系则在相邻的旧建筑内,靠近刚刚翻修过的医院。理工和信息技术学科的校园则在旧城之外,这片校区得到了市政厅的大笔资助,以求将其打造成为科技园区,并吸引研究所和高科技公司在此落户。旧的医院经过喷砂处理,其古典的石质外表面得以恢复,而内部则是全新的,配有应用了现代科技的现代的设施以及教学设备。在翻修过的医院旁边是一座全新的由玻璃、钢筋和混凝土建成的大楼,里面有现代化的图书馆、剧场、学生活动中心和餐厅。另外,教职工第一次拥有了办公室、电话、互联网和电子邮件系统,这些设施都是公用的。阿维

依大学拥有法国最美丽、位置最好的校园,并且它的基础设施已经达到了相当高的水平,而且使用起来非常方便,而这些条件通常只能在师资力量强大、资金雄厚的国外大学才能见到。

除了相对而言规模较小和校园设施比较新外,阿维依大学的其他突出特点还包括:

虽然学校能够从一份全国教师名单上选择聘用哪些教师,但由于工作岗位的数量是由教育部决定的,所以相对而言,该校对自己教职工的薪酬预算缺乏自主权;

同其他法国的大学一样,该校与各国家级科学研究中心、相关技术培训中心以及高级政府培训项目相比,在资金来源、教学设施条件以及所进行的最前沿的研究上还存在着巨大的差异;

用于学生的管理经费处于中等水平(每人只有几百美元),这些学生大部分都来自本地,虽然对学生食堂的补贴比较大,不过学生的住宿条件还是相对较差;

在内部管理制度上实行民主选举制,极少有人有管理上的特权;

教师都属于公务员,工作稳定并且有比较高的收入,只在有限的正式课内时间进行教学工作,而且教师几乎不承担行政或者为学生服务的责任;

学校与国家之间是一种新型的合同关系,用合同形式指导未来数年内学校的发展,这在部分程度上摆脱了过去那种在行政机关体制下形成的僵化和单一的体制。

教师主要是法国公民,并拥有公务员地位,他们的聘用和提升是由国家指定权威的委员会依据相关指导方针政策决定的。自1968年以后,在法国兴起了大学向美国模式发展的运动,但是法国大学的结构仍然主要采取一种机关体制、公共服务的模式。在过去两年中,新的政策已经出台,并创造了相当一部分教师岗位。助教是一种聘任期两年的职位,并且主要提供给已经完成毕业论文的研究生。助教已逐渐成为大学中一种新的非终身制的教师类别,与讲师拥有相同的工作量(192个课时)。法国的高等教育体制源于法国大革命的民主传统,

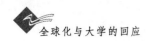
全球化与大学的回应

因而延续了一种优良的学院模式。然而,由于没有像荷兰及挪威的大学那么大的自主权,在财政预算方面法国高等院校拥有的权力要小得多,并且在人员聘用和教学方面进行决策的权力也很小。

特文特大学

特文特大学是荷兰13所大学中最年轻的大学之一,1961年它建立于荷兰东部临近德国边境的一片经济衰落的地区。学校的生存发展需要与所在地区的情况相结合,学校的目标是重新恢复当地经济的活力。有趣的是,特文特大学关注的一个主要问题是劳动力市场的需求问题,以求确保其毕业生在找工作时不会遇到困难。这也是一所很特别的大学,它鼓励学生将自然科学与社会科学结合起来,同时进行专业与辅修课程,并且开展跨学科的研究。

在阐述自己的目标时,特文特大学称自己是"一所从事教育和学术研究的企业型大学,在理工学科和社会学科两方面都开设培训课程"(University of Twente, 1998, p. 9)。与此相似,克拉克也使用了"企业型"(Clark, 1998)这个词语来形容特文特大学,将其列入成功地将自己转型为充满活力的企业型大学的五所欧洲大学之一。在荷兰,这种转变为企业型大学的思想可以追溯到20世纪80年代早期,在当时特文特大学成功地与本地的产业界建立了联系。同时,特文特大学也渴望成为信息通信技术的领导者,并专注于远程信息处理以及计算机辅助教学的专门研究。这些都显示出该校的实用主义传统以及迅速开发利基市场寻找机会的决心。

多年来,特文特大学的执行委员会一直试图对各部门进行重组。在1998年的年度报告中,它建议整合10个院系并且促使其后勤部门结构更合理(将15个核心后勤部门减少到8个),以提高效率并降低成本。2001年,执行委员会制定出一项雄心勃勃的计划,准备将院系的数量从10个减少到5个。考虑到这个问题很棘手,这些计划最终能否落实仍有待观察。特文特大学始终关注并致力于教学质量评估,其中也包括各种各样的责任机制,这些机制有的是由外部的国家级机构来督促实施,有些则在全校范围内部或者仅在教职工内部进行。在财政预算权力下放方面,特文特大学有很长的历史,从20世纪90年代早期,特文特大学就开始以产出(而非投入)为基础重新分配其教育预算资金。特文特大学还采用了一种内部使用收费制度,使教职工能够意识到确实存在办公室、讲堂、图书馆以及计算机设备使用的财政成本(Jongbloed & van de Knoop, 1999)。

在研究方面,特文特大学同样采取了一些与先进的英美大学相似的竞争性措施。在20世纪90年代末期,该校就制定了一项包括评选学术带头人及优秀研究中心的计划,学校为评选出的学术带头人和优秀研究中心提供额外的经费。特文特大学同样根据校外资金来源的方式在内部分配研究经费,部分指标包括博士毕业生的数量、招收学生的数量以及所获得的竞争性国家助学金额度。这都意味着最多产的研究领域能够得到相应多数量的研究经费,也使得内部经费和通过国家预算分配的资金同样都需要靠竞争来获得。

1997年,荷兰教育文化和科技部倡导发起了关于大学治理和管理的重要改革举措,通过了所谓的《大学管理现代化法案》(Modernization of the Universities Governance Act)。尽管这些变革措施都是从外部施加给各所大学的,然而它们看来确实很适合荷兰大学内浓厚的企业文化氛围(de Boer, Denters, & Goedegebuure, 2000)。从1997年到1998年之间,特文特大学设立了新的管理机构,建立了一个监督委员会和一个由执行委员会和系主任组成的核心管理小组。这个管理小组不是一个法律实体,不过它在新的管理背景下的确拥有实权。自2001年以来,由包括校长在内的五个成员组成的执行委员会的权力已经得到了加强。[3] 1997年12月,特文特大学校务委员会解散,取代它的是新成立的核心教职工委员会和核心学生委员会。与之前的校务委员会相比,这些由代表组成的顾问性质的委员会丧失了像制订财政预算等一些权力。对于这些委员会实行分立的结果所进行的重新评估促成了一项倡议,即在两年内要组成一个联合委员会——"新型的大学校务委员会"。当然,这并没有恢复大学委员会在20世纪70年代和80年代的"民主的大学"时期所拥有的权力。

特文特大学入学率在20世纪80年代持续增长,随后在1993年学生数量略微减少到6383人,在1998年进而减少到5515人。尽管1998年政府投入的公共资金减少了,特文特大学依然保持着学生与教

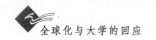
全球化与大学的回应

师相对较低的比率,即17.5比1。截至2000年,大部分教职员工(80%)是专职终身制公务员,他们也为自己能够提供高质量的教育服务,以及能在教育方法中进行创新而感到自豪。特文特大学被视为是远程教育方面的先驱者:"近年来在荷兰,经评比特文特大学的教育质量一直位居前列。这些成果在1999年1月得到了确认,在由一份荷兰周刊(*HP/De Tijd*)进行的一次关于大学教育质量的调查中,特文特大学在总分为4分的评比中得到3.3分,只有马斯特里赫特大学的得分能与之并驾齐驱"(University of Twente,1998,p.16)。

奥斯陆大学

奥斯陆大学是挪威四所公立大学中历史最悠久的一所,位于挪威首都奥斯陆。1811年,丹麦君主弗里德里克六世授权在挪威建立一所大学,即在奥斯陆建立了皇家弗里德里克大学。当时有71名学生和6位教师。1931年,大学的名字改为奥斯陆大学。最初,奥斯陆大学有四个学科——神学、法学、医学以及哲学。1861年,哲学系被分为艺术系、数学与自然科学系。1959年,牙科学院成立,1963年,社会科学系成立,然后在1996年又成立了教育系。

大学教育对挪威人是免费的,但是对外国人而言,除非有奖学金,否则学费是很昂贵的,而且生活费用也很高。教职工都是终身制的公务员,并且由大学任命。1998年,奥斯陆大学在校学生总数有34450人,学生与教职工的比率为20名学生比1名教师。如果教师包括研究人员的话,这个比率就降为14.6比1。

该大学的精神与使命源自于洪堡传统,强调致力于纯粹的学术研究,以及能够自由地批判一切既有的真理和社会制度(University of Oslo,1995)。另外,学校也给予教授很大的自主权,很多人更愿意在大学内研究自己感兴趣的问题,而不是过多地投入到社会问题或者应用研究之中。

奥斯陆大学管理制度中的一个普遍的特点是,很多决策和行政程序都是以教职员工为基础的,这一特点在校级、院级和系级各个层面上都可以看出来。每一个层级都有相应的行政领导。根据特达捷夫的观点,奥斯陆大学是十分民主的,至少每隔三年就会进行一次重要学术职位的选举(Tjeldvoll,1998)。学校董事会和校务委员会都具有特定的组织结构,以确保校内每个群体都在其中有自己的代表。自1996年以来,学校董事会被要求吸收来自国家政府机关和企业界的外部代表:"根据政府的说法,在学校董事会中融入外部代表是为了使大学承担解决现实生活中的问题这类责任的一种手段"(Tjeldvoll,1998,p.119)。学校董事会决定大部分战略性的研究课题。而拥有越来越多的可分配资金的国家研究理事会,现在能够对挪威各所大学的战略研究方向施加更大的影响。

波士顿学院

1540年,依纳爵(Ighatius)和他的九位同伴建立了耶稣会(the Society of Jesus),并从1547年开始进行教育方面的传教工作,在世界许多地方成立了学校和学院。有趣的是,耶稣会的创立者都是巴黎大学毕业的硕士生,因而当时他们的教学方法和教学大纲同样都遵循着巴黎大学当时的模式。1863年,耶稣会在美国建立了波士顿学院,位于波士顿城的南部。它开始时是一所规模较小的学院,像有轨电车一般处于耶稣会的严格控制之下,并向外来移民的后裔,尤其是那些来自贫困社区的移民的后裔提供天主教教育。传统的耶稣会教学大纲是以人文教育为基础的,并且十分强调哲学以及对学生在德育和智育方面的培养。

随着时间的推移,正如波特切尔(Burtchaell)在《光芒的覆灭》(The Dying of the Lights)一书中描述的那样,波士顿学院在许多方面都发生了变化。他认为许多学院和大学都已逐渐从基督教会中脱离出来,变得世俗化并且失去了它们原先对宗派理念的关注。波特切尔注意到,1951年"耶稣会会士牢固地把持着艺术与科学学院、研究生院以及整个波士顿学院。系主任中有12人是耶稣会会士,两人为一般的基督教徒(在护理专业与商务管理专业)"(Burtchaell,1998,p.576)。哲学被认为是耶稣会教育中必不可少的一部分。学生在他们学习的最后两年内都被要求修10门哲学课程(28个学分)。1971年,这方面的课程减少为两门(6个学分),并且可以在学生在读期间的任何时间完成。从1942年到1964年间,95%的学生是天主教徒,在第

全球化与大学的回应

二次世界大战之前41%的教职员工是耶稣会会士,并且在一般教职工中有93%是天主教徒。然而,1964年到1965年间耶稣会会士数量开始出现了下降的趋势,仅占到教职员工的21%(Burtchaell,1998, pp.578-579)。

1913年,学院搬迁到了切斯纳特希尔(Chestnut Hill),坐落在波士顿与牛顿城(Newton)的交界地带,并从一个走读式的学校变为一所寄宿式学校。为此,学院建起了学生宿舍,并且开始面向波士顿之外乃至其他的州进行招生。1970年,波士顿学院在本科生教育层面已经实现了男女同校,而研究生院则已经开始招收女学生。到1975年,学院本科生中有5065名女生和4779名男生。到1998年,74%的学生住在校园内。这其中有8%是亚裔学生,4%为黑人,5%为西班牙裔,白人学生则占80%,另外3%是外国留学生。全校只有28%的学生来自马萨诸塞州,并且本科生中有53%为女生。随着学费的上涨,波士顿学院开始吸引越来越多不同类型的学生群体,包括来自富裕家庭的学生,并且在招生条件方面也变得越来越挑剔。在20世纪90年代末,学费和住宿费每年将近3万美元(1998—1999年学杂费用共为21304美元)。新设立的大学奖学金、联邦政府的助学金以及学生贷款使得经济状况一般的学生也能够进入波士顿学院学习。有46%的本科生接受每年每人平均约16614美元的资助。

在《美国新闻与世界报道》(News and World Report,1999)所列出的美国全国228所能够提供整套本科、硕士和博士学科体系完整的学位教育,并且以学术研究为主的大学中,波士顿学院位列第36名。这个排行榜以大学很多方面的特点为依据,其中一项就是对生源的选择。在1997年到1998年间,由于在16455名本科入学申请者中仅仅招收了6455人,波士顿学院被评为"最挑剔的"学校。另外一个评价教学质量的指标是学生与教职工的比例,该校的比例为13名学生比1名教师。1996年,学院的全日制在校学生总共有12561人,包括9528名本科生和3033名研究生。全职的教职工有615人,其中正教授占21%,相比之下美国全国的平均水平仅为14%。1993年到1994年,教职员工的薪酬位于全国所有高校最高的10%之内,尽管女性教职工的收入仅是男性教职工的85%。

波士顿学院在过去的 30 年中所发生的另外一个变化是,核心管理部门越来越严格地掌控了学校的预算和主要决策权力。20 世纪 70 年代初期的预算情况不稳定促使学院董事会引入更多的专业管理人员,同时这也使得学院副校长的数量大增,也使得行政管理方式更加专业化了。

1990 年,标准普尔将波士顿学院的评级升至 A⁺ 级,显示了该校在财务管理运作方面的卓越业绩。1986 年,《巴伦大学指南》(*Barron's Guide to Colleges*)将报考波士顿学院从"很有竞争性",提升到第二高等级——"极具竞争性",显示了学院在挑选新生方面的突出表现。1972 年 9 月 5 日,多纳德·莫南(Fr. J. Donald Monan)成为波士顿学院的校长,同时也继承了前任所留下的 3000 万美元债务以及 600 万美元的捐款。到 1996 年他任期结束的时候,则留下了 3.5 亿美元的债务以及多达 5 亿美元的捐款。而到 2000 年时,捐款总额则达到了大约 10 亿美元。以各种可量化的标准衡量,莫南校长的任期都被认为是十分成功的。

波特切尔特别指出,波士顿学院全日制学生的招生规模比其他 28 个耶稣会学校更大,全校本科生中有 79% 为天主教徒。与其他的耶稣会大学相比,波士顿学院获得博士学位的学生数量更多。尽管人数不断减少,耶稣会会士仍然是校园的一道风景。1998 年,44 位学校董事中有 9 位耶稣会会士,另外全校教职工中有 48 位耶稣会会士,其中包括 18 位行政人员和 30 位专职教师。学校里共有 130 位耶稣会寄宿学生。在哲学系和神学系中耶稣会会士所占数量比较多,分别占各学院的大约 1/4。

自 1972 年以来,波士顿学院的校园显著扩大了,从占地 112 英亩、拥有 59 幢建筑物发展到占地 185 英亩和 90 幢建筑物。1996 年,阿格拉工程(Agora Project)完成,它使得波士顿学院成为美国第一所能在宿舍为本科生提供各种通信设施的学校,包括互联网、语音邮件和电子邮件、有线电视以及电话服务。

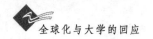
全球化与大学的回应

对方法论的描述

本研究属于定性研究,其依据是对专业学院(教育、应用语言以及/或者法律)、大学自然科学以及社会科学(文科)学科中的一小部分高层管理人员以及大概相同数量的教学人员进行的131次访问。这些访问是1998年到1999年之间通过面对面访谈的方式进行的,而且几乎是由简·柯里一个人负责所有的访问工作,以保证所提出的访谈问题的连续性和调查的深度。这些受访者包括来自波士顿学院的37人,阿维侬大学32人,奥斯陆大学31人,以及特文特大学的31人。接受访问的教学人员包括教授和讲师,其中男性多于女性,尤其是在阿维侬大学和特文特大学,而在波士顿学院和奥斯陆大学,受访者的男女比例则更平衡一些(见附录Ⅰ关于各个大学的调查取样的详细介绍)。

这些访谈的时间长度从三十分钟到一个小时不等。受访者们都很亲切地抽出时间接受我们的访谈,我们对此十分感谢。受访者在回答问题时没有表现出犹豫的态度,因为他们得到了我们的保证,即他们的回答将是匿名的。受访者也都签署了表示愿意接受访谈的协议,而且他们也被允许可以在任何时候退出这项研究。这些受访者是根据他们所在的大学、职位或岗位(高层的行政管理者,或者属于某一学术或者专业领域)、性别和年龄(年轻=45岁以下,年长=45岁及以上)加以区别的。每位受访者均得到了一份关于他们所在大学的《趋势报告》,并且同意这些报告中的内容可以被引用。

接着我们使用了NUD.IST软件来分析访谈所得的数据,同时我们将人数统计方面的信息输入到Excel表格之中,然后这些数据信息也被加入到NUD.IST之中。一些研究小组的成员针对受访者的回答设计了反馈代码,这些代码与NUD.IST软件相配合,使得受访者的回答与其个人信息数据能够有效地联系起来。所使用的个人信息要素包括性别、级别、学科以及职位或位置,它们与每个人对问题的回答形成相关列表。令人惊奇的是,这些相关分析几乎没有显示出差异,说明受访者对所提问题的回答具有一致性。

对数字的使用也相应产生了一个问题,即是否能够从中进行归纳概括。从本项研究中进行归纳概括是不太可能的,因为某些类别的数量很少,而且这些受访样本并不一定具有代表性。我们的表格记录的只是对问题的回答,而不是回答问题的人,因而总数可能并不一定与受访者人数相一致。

另外,在本书中还直接引用了调查参与者的话语,从而使得研究结果具有更多的深度和意涵。这些参与者均被问到了相似的20个问题,涉及的领域包括管理、责任、竞争与筹资以及采用的新技术,最后几个问题是关于终身聘任制以及大学前景的。当然,根据所在国家和大学的背景不同,这些问题会有细微的差异(见附录Ⅱ关于《访谈协议》)。例如,在阿维侬大学进行的访谈是以法语进行的,在编辑之前将其翻译成英语,而在其他三所大学所进行的访问则是用英语进行的。

接下来的五章在结构上基本相似,呈现出大学对全球化实践所作出的反应的研究结果。每一章都对一个特定方面进行研究,首先评价了文献与理论的地位,然后分析了这四个国家以及每所大学分别采取的政策,最后给出了经过实践经验证明的结论,并且探讨了各大学之间对这些全球化实践的反应的差异。我们将从第三章开始讨论私有化、竞争以及企业化管理。

注 释

1. 澳大利亚,自1901年开始就是英联邦中的一个独立国家。尽管澳大利亚的国家元首是英国君主,但它通常并不被认为是一个君主制国家。澳大利亚曾经为了成为一个共和国而举行过公民投票,不过最近的一次在1999年的尝试仍以失败而告终。
2. 这是对先前1990年制定的一部法律的概括。
3. 根据国家高等教育法律,荷兰的大学校务委员会是由三名成员组成的,包括校长。特文特大学请求教育部长将成员人数增加到五人,并且这一改变经过了五年的试行期。

第三章 私有化、竞争与企业化管理

导言：公立与私立不断变化的周期与界限

当下关于高等教育作用不断发生变化、公立相对于私立而言孰优孰劣的争论，显得很复杂而且也很激烈。在这样的背景下，关于大学应该是公立还是私立的争论，其含义本身就是模糊不清的，尤其当我们要用这样的定义来探讨传统大学的时候。当公权机构寻求使公立高等院校像私有企业那样在市场中运作时，政府所设想的私有化是什么形式的呢？政府、大学、学生，以及其他利益相关方需要提供什么，又会从中获得什么利益呢？私有化将会给大学传统价值和当前大学的作用及其责任带来什么影响呢？私有化趋势是不可避免、不可逆转的吗？私有化趋势会是有益的吗？探讨这些问题似乎合乎情理，但实际上它们都纷繁复杂。媒体对于大学是否面临危机这一问题的回应是，它们开始不断指责政府对大学削减资金并努力使大学私有化，这在下面这些媒体标题中显而易见：《终身制的弊端》、《摧毁象牙塔》、《削减文科的计划》、《金钱危机》、《大学火上房，议员仍胡忙》以及《大学的危机》。澳大利亚参议院的报告对政府的改革则提出了另外一种批评：

> 虽然公立大学在作用、期望以及理念等方面所发生的变化是复杂的，但其中没有哪一点能说明大学走上衰落的道路是必然的、不可避免的。相反，危机反映出政府在深思熟虑后对于竞争、市场、准企业式的管理结构以及实践等方面所做出的政

策抉择,导致学术的非专业化,以及[对"没有耐心的"私有资金的越来越强的依赖]。(Democrats, supplementary Report cited in Senate Starding Committee on Education, 2001, pp. 381, 384-385)

政府向曾经备受保护的公立大学施加让其私有化的压力,有时候这种做法被批评在公立和私立两方面都造成了极其糟糕的局面。而这些批评常常表现在对私有化可行性的广泛质疑方面,这一点在下面的引文中是显而易见的:

> 大学并非是主要生产私有商品的私营机构。先不说来自政府的财政投入,大学是依据法律建立的,创造各式各样的公共产品和个人产品,并且其核心的职责是教学与研究。因此,大学是国家基础设施的一部分,并履行重要的公共职责。(Marginson, cited in Senate Standing Committee on Education, 2001, p. 99)

虽然玛吉森(Marginson)认为大学应该是公立的,但下面这段引语的观点则恰恰相反:

> 大学是私立的。从法律上和经济上讲,它们都属于私立的非盈利部门,是私立的自治团体,由议会建立……它们既不由政府拥有也不受政府控制。而政府则希望既拥有又控制大学,给大学公立机构的所有责任,却不给予其任何利益。(McNicol, 2001, p. 15)

也许时代在变化,而一种包括私立和公立大学所有优点的新型的混合大学模式正在出现。

> 如果你想知道未来怎么样,那么就看看大学吧。从广义上说,尽管听起来有点奇怪,但这就是公立机构组织和管理将采用的方式。在大学中,你管理这些专业人士,这些人士同时又与各种社会团体以及校外同行保持着联系。他们对自己工作的认识远远超过他们进行的日常工作本身,他们的工作还包括

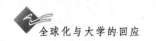
全球化与大学的回应

教学、培养职业精神,并且为国家增加智力资本。所有这些都不可能在一个传统的体制内完成,而这正是我们的公立大学发展的方向。(McKew,2001,p.42)

本章首先会探讨公立与私立定义之间存在的模糊性和争议性,以及它们对高等教育所产生的影响。接下来,本章将通过案例研究审视私有化、竞争和企业化管理对四所大学造成影响的定性论据,尤其是关注这些影响的差异,还有就是来自四所大学的反馈的相似点。最后,这一章还解答了这些研究结果的意义,以及政府改革者最近所做出的让大学私有化的不懈努力,还研究了其不可避免的趋势。

公立与私立之间的界限不断变化

毫无疑问,20世纪的最后25年是大学私有化的黄金时代,全球化的巨大力量与普遍的公共政策变革交织在一起。这也积极地推动了新规范的建立以及结构性的改革,而这一点通常是以牺牲公共利益为代价的。公共政策的改革者正试图按照特定的方向、他们的设想以及依据规范的指导方针来改变大学的现实状况。

私立大学所推崇的价值将成为制定大学政策和计划的指导规范以及评判改革成功与否的标准,而公立大学则将日益萎缩,并得到越来越少的信任。通过外部采购、出售公共资产、建立市场或准市场、重新分配竞争性资源以及放弃官僚式的计划决策或协作管理方式,管理公立大学的改革者们运用私有企业的模式逐渐消除了来自政府的管制。传统的道德观,如诚信自觉的专业精神、合理的等级结构、社会公义以及公共服务,都将被消费者个人利益、个人主义以及企业创新精神这些价值所取代。

尽管最近公共政策优先发展的方向已经有了改变,这些私有化的努力已经对高等教育造成实质性的影响,而且改革的力度尚未出现减弱的趋势。在2001年9月11日的恐怖袭击事件之后,意料之外的巨大变化似乎已经显现,这个变化就是从私有化实践转向重新评估公立大学和政府的作用。

这样一种变化本来应该是在意料之中并可以预测的。赫斯曼(Hirschman)关于公共政策的周期循环的理论认为,在公有与私有价值之间存在着代际交替。对其中一种价值的过度热情常常会导致一种方向抵消性的运动,随着时间变化,会转而倾向于另外一个极端。因而,至少在西方国家中,民众的意愿是从20世纪30年代和40年代初的集体主义,转向20世纪50年代盛行的注重个人生活以及塑造公民社会(civic society),然后在60年代末70年代初又回归公众积极参与国家事务的潮流,其后紧接着又是再发现个人价值和非国家领域价值的又一次循环。也许在美国发生的恐怖袭击事件会引起向集体主义价值观一侧的再一次转移。尽管这样,美国国内的民意在不到一年时间内发生的这样大的变化是非同寻常的。

2000年,在竞选美国总统期间,乔治·W.布什着重强调了美国崇尚机构私营、奉行新自由主义的国家主旨,内容包括减税,精简联邦政府,向各州的决策制定者下放权力,以及对庞大的政府官僚机关的不信任态度。然而在2001年9月11日五角大楼和世贸中心大楼遭受恐怖袭击之后,华盛顿的关注重点发生了戏剧性的改变,布什及其幕僚强调获得公众的信任以及采取政府行动,并且追求国民的共同利益。甚至在美国国外,也发生了从"独自行事"转向通过国际协调合作来进行打击恐怖主义行动这样的变化。

20世纪90年代的大部分时间,在美国政治问题并不如商业及通信问题那样重要,而外部世界的情况对美国人来说更是无足轻重。而现在,超过一半的美国人认为外交事务是"极其重要的"。2001年1月,持此观点的民众比例为17%。针对恐怖主义的斗争增强了国家机关的权威和威望,从而也改变了政治氛围。而且令人吃惊的是在民众当中也出现了对政府更广泛的信任态度(*The Economist*,2001b,p.39)。

《经济学家》同样评论道,在2001年9月11日之前,当美国政府以"不可避免"为借口决心推行私有化时,他们实际上是逃避了自己的责任,这些责任包括要更多还是更少的公立机构、是强调公

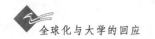

共价值还是私有价值之间进行民主的选择:"至关重要的一点是,国际经济的一体化使得选择的范围更宽,因为它使得资源分配更加深入。当政府以全球化为借口来逃避责任时,民主也再一次受到了严重打击"(*The Economist*,2001a,p.30)。

还有其他一些迹象也表明,很多国家又重新找回了资源是公共的这样的观念,例如,包括法国在内的许多国家都不断地提出反对新自由主义、反对全球化这样的议题。这些国家日益表现出对适度的、具有调整作用的类似"托宾税"浓厚的兴趣("托宾税"是政府针对国际投机性的金融资产转移所征收的税)。另外,尽管有美国布什政府的反对,欧洲国家的主要领导人还是率先签署了关于控制温室效应的《京都议定书》(The Kyoto Protocol)。另外一种迹象是中左翼政府在英国、法国、德国以及其他欧洲大部分国家,还有加拿大、新西兰等国普遍受到青睐。最后,在日本、韩国、中国、新加坡以及相当多的经合组织国家的大学中,最近所强调的重点已经转向要求增加政府拨款,而学生的学费却并没有显著地增长。其中一个例证就是最近北京大学作出的典型的、具有代表性的决定,该校决定减少其旨在私有部门筹集资金的实验性企业项目,这是国家公共财政重新加大投资的结果(Lawrence,2001,p.38)。

然而,如果就此推断私有化和市场竞争的时代已经结束则是幼稚和愚蠢的。最近,世界贸易组织(World Trade Organization)(简称世贸组织)的一项协定要求开始推行新一轮的贸易自由化运动,其中包括接受中国为正式成员,这显示出全球化以及新自由主义的力量仍然是十分强大的。越来越清楚的是,新自由主义和全球化的变化与过程,比许多拥护者与反对者所设想的更复杂、更曲折,同时也更加具有不确定性。

只有通过实际经验,我们才能够清楚地理解私有化趋势的各种局限性以及它的复杂性。费根鲍姆(Feigenbaum)、赫尼格(Henig)和哈内特(Hamnett)评论说,实施私有化政策过程中有四个独立的角度,而我们没有必要在每个特定政策领域都引入所有这四个方面。而且,这个私有化模型很特殊、很复杂,但并不完整,在有关所有权或控制权等方面没有法律上的正式规定,也没有涵盖关键的执行标准等问题,而这些问题包括成本削减、提高效率的措施、质量控制以及绩效评估等。上述这些都是本书特别关注的方面。对私有化进一步分类就涉及所有权问题,这又引出了一个对我们的研究很有效、也很有帮助的视角,这个视角是定性的,也带有政治色彩,例如探讨政府的改革者在推行私有化时表现出的各种意图和动机。这些动机和目标可以根据改革者的愿望,以及难度水平而进行归类,从务实的到策略性的,再到战略性的逐一进行。其中最雄心勃勃的战略性私有化形式,像长期精简政府规模并削弱其职能,改变公众的预期,以及阻碍改革方向的政治联盟的能力,因为实际实施这些措施极其困难,所以很少出现。与此相反,以左翼和右翼政府的共同目标为基础的最具务实色彩的改革(比如节约开支、适应变化的环境,或者效仿别国的重大改革举措)则是普遍且长期存在的。与此同时,策略性的私有化举措常常是短期的并带有党派色彩的政治性举措,其目的则是为了吸引选票、回报支持者或者分化反对者的阵营。譬如说,在战略性的私有化过程中常存在重大的改革举措,例如出售公有住房的产权,将工程外包给私人建筑商并让其从中获益,放松管制以降低政府监管力度,以及采用使用者付费方式以逐渐降低公共服务的必要性(Feigenbaum 等,1999)。

表 3.1 政策从公有向私有形式转变的若干重要方面

各方面	公立	私立	私有化的例证
资金来源	政府付费/公立免费	个人付费	使用者付费
实施	公务员	私有企业	外部采购
责任	法律/规范	消费者意识	放松管制
管理	正式程序	市场/管理	消费者选择

来源:Feigenbaum, Henig and Hamnett 1999, p. 10

大学与私有化:新瓶装新酒,但还在用旧的酒窖吗?

在这场关于公立和私立的争论中,大学扮演着一种很新奇却又模糊的角色。私有化的某些方面与某些有限目标是有关联的,但全面或者战略性的私有化是否可以,或是否可能得以实施仍然令人怀疑,即便政府十分希望如此。而且至今为止没有人真正尝试过。然而,奇普曼(Chipman)表示大学私有化或许会存在一些困难:"据我所知,世界上没有任何政府已将教育私有化。但是对教育私有化的要求至少与民航、电信服务业、能源与供水以及医院的私有化要求同样强烈。这种要求还没有得到实现的原因是因为存在这样一种观念,即在民主政治中试图以改革者的姿态去赢取一个选区的选票,无异于一种政治自绝行为"(Chipman,2000,p.17)。

更进一步说,高等教育似乎是一个公有与私有各种因素并存、相互交替甚至杂糅的领域。在过去几十年中,推动私有化的实践变得趋于务实,而且是策略性的而非战略性的,更多地被应用于适应短期政治措施、选举,以及财政预算等目标,而非进行长期的结构性改革。并且,这样的私有化进程几乎从未涉及资产出售或者从公共所有权与管理权向完全私有化转移这样的举措。有趣的是,通过将新的以市场为导向的企业行为装进旧的作为公立机构的大学的酒瓶里,就会创造出来一个与设想中的"市场社会主义"相似的体系,而"市场社会主义"的理念曾经普遍盛行于西欧社会民主党以及东欧的改良社会主义者当中。尽管完全出售公立大学在法律上和实践上都存在可能性,但政府官员们普遍倾向于保持公共部门和私有部门都对高等教育体系和机构拥有所有权和控制权,他们对高等教育施行新的改革措施仅仅是出于实用的、"再加工"的原因,而不是试图另起炉灶。

私有化努力可能带来何种结果取决于多重因素,尤其是资源是否充足以及与改革相关的智力因素。不过还是有许多公立大学由于管理不力以及缺乏资金而在改革中失败了。相反,一些著名的历史悠久的学校例如美国顶级私立大学,仍然保持着高水平的教学质量,并且通过内部的交叉补贴式奖学金重新把教育机会分配给智力较差的学生。尽管想经营好先前一直管理良好且有充足资金来源的公立大学仍存在着风险,然而公立大学私有化在某些条件下还是有利的。本书中我们分析了这种复杂性和模糊性的各个方面。

很显然代价是很高的。对于政府和公立大学而言,在适当的条件下实用主义的私有化、市场竞争以及企业化管理可能都会被证明是正确的。然而,如果不能很好地实施,或者政策制定者仅仅关心节约开支,而忽视教学质量和公平性等大学价值的话,改革的代价可能是高昂的(Seddon & Marginson,2001)。

考虑到传统大学悠久而光辉的历史,特别是与人类社会其他组织形式相比,大学具有非同一般的国际化特征和历史延续性,对于深化改革以使大学更加全球化是否有必要人们似乎并不确定(OECD,1987)。因为没有受到中断,欧洲中世纪开始的文化创新得以延续至今。即便有一种理想的模式,各大学也存在不同的规模、形式以及权力结构:公立或私立、静态或动态、高质量或一般水平、自由的无政府主义式的或半独裁式的,等等。实际上并不存在着一张适合所有大学的普罗克拉斯提之床(Procrustean bed)。

在当代,私有化、市场化以及企业化的运行方式已经成为公共政策实施的显著特征,并且在所有民族国家的公立大学中这些因素都在不断增加。"新公共管理政策"的改革者推断,如果大学服务的消费者,比如学生和研究成果的使用者,能被看做是大学客户的话,大学同样可以采用私立机构的模式运营。公立大学应该采取类似企业的运营方式这一假设,使公立和私立大学之间的区别更明晰了。私立大学的成功经验是否适用于公立大学呢?另外,如果私有的、企业化的模式和价值观,可能在缺少与教职员工协商配合的情况下被强加实施,那么传统的大学价值,包括诚信和职业自主权,会不会一起消失呢?某些一般性的管理程序,例如开发项目、明确策略方法、政策沟通、员工培养或者绩效评估等,是普遍适用于所有组织机构的。然而,并不存在着一种可以适用于所有组织机构的管理模式。一般而言,在20世纪八九十年代,公立和私立之间的界限变得模糊。现在,公立机构中包括很多混合类型的组织。而且,大学在本质上也被认为是越来越成为混合型的机构了(Considine,2001b)。另外,各个高校,包括公立学院,在追求影响力、吸纳最好的学生以及获得外部资助方面已经很明显地融入了竞争意识,尽管这种竞争意识常常还是显得很有限。而许多私立大学,即使是美国的一些私立大学,也都已逐步转变成为非营利性机构,开始将资本主义观念以及竞争放在次要地位,转而追求传统的大学价值,如学术自由、独立自治、提倡终身制以及集体进行

全球化与大学的回应

教学决策等。即便如此,它们同时也依然在努力扩大其影响力和受尊重程度,并且努力在国内和国际的高等教育市场的竞争中生存下来。

总之,相似的趋势正在澳大利亚、加拿大、美国、英国、西欧以及东亚等国的高等教育改革政策中变得越来越明显(Albrow, 1993; Considine, 2001a, b; Friedman, 2000; Katzenstein, 1985; Korean Ministry of Education, 2001; Lijphart, 1984; Lcwi, 2001; Scharpf, 1987; Scholte, 2000; Schwartz, 1994; Yoneyazawa & Yoshida, 2001)。从20世纪六七十年代直到八九十年代,一个戏剧性的转变发生了,高等教育从一种先前被广泛吹捧的,以慷慨的、政府资助的、有计划的大规模扩张及民主政策为特征的经合组织提倡的模式,进而转向一种新的"理想模式"(这种模式的特点是制度严格、大力削减成本、鼓励私人投资、以市场为导向、缓慢扩张,同时实施多样化决策的模式)。这些变化对高等教育制度、大学以及教职员工的影响可能是深远的,这些变化也可能根据不同的历史、政治、文化因素而被逐渐削弱并得到修改,这一点也在我们这些个案研究中很明显地显现出来。

案例研究:私有化、竞争、企业化管理的优势与劣势

在过去的二十年中,高等教育体系全球化改革进程的关键因素,体现在追求私有化、引入竞争机制以及实现企业化管理三个方面,而且主要发生在三块大陆上,尤其是在所有属于经合组织的各个国家的大学中。为此,政府尝试过各种手段,这些手段包括引入准市场机制、进行竞争性招标、对自身竞争力进行评估、追加投资、对公共服务设施进行外部采购、出售公共资产,以及对新老竞争者都给予鼓励。许多国家的政府都曾寻求一种将降低成本、提高效率、增强灵活性、强调反应灵敏以及鼓励创新相结合起来的方式。然而,在现有的公立与私立相互并存的竞争性高等教育体系中,像日本和美国的体系,都对当下大学极力追求收益的企业化行为给予充分的鼓励。而在澳大利亚和

英国这样的国家,大学主要是通过固有渠道获得资金的公立教育体系,中央政府建立市场或者准市场机制,目的主要是引入私立机构的管理和筹资模式,同时取消或者减少既有的固定投资方式而改由竞标方式重新分配资金(Curry & Newson, 1998; DeAngelis, 1996; Marginson & Considine, 2000)。

然而,对资金(例如研究资金)的竞争,常常加剧了大学之间的竞争,并且也导致了大学内部各个院系以及教职员工之间的矛盾。实施改革的前提是高等教育体系内部竞争加剧将促使体系内各个单位都提高生产效率。而实质上在大学内部,这种推动力意味着学术研究机构被要求、期待或者命令去发表更多的论文,培养出更多博士生,并且从外部获得更多的资金支持。与此同时,资金会更多地被分配到少数重点的"优秀研究中心"。而这些重点研究中心常常已经拥有庞大且专业的研究队伍,尤其是这些研究队伍还能够经常参与国际和大学之间合作。结果,单个的研究人员、不是很成功的研究团队就被迫从各种各样的私有渠道来寻求资金,通常是与私营机构建立合作关系,以保证他们的大项目或者长期研究项目得以继续。总之,这种大学的声誉、吸引力以及生命力取决于其企业化的程度。

面向私有化:资金的削减与竞争的压力

我们分别对四所大学的受访者都问了不一样但彼此有关的问题,这些问题都是关于私有化过程、引入竞争机制的时间表及其产生的效果的。阿维侬大学和奥斯陆大学基本上是传统的公立大学,针对他们的问题是中央政府是否削减了现有的财政预算,而特文特大学和波士顿学院则被问到学校的管理层是否要求他们从外部渠道寻求更多的资金。通过我们对这些回答的比较,可以看出所有的四所大学均受到了全球化竞争进程的影响。这些回答从百分比上看主要是肯定性的;也就是说,确实存在着政府资金削减,或者他们确实被要求从外部寻求更多的资金的情况。在这一点上,奥斯陆大学的受访者中肯定回答的百分比是61%,阿维侬大学的百分比是73%,波士顿学院是76%,而特文特大学肯定回答的人数是最多的,

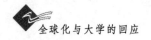
全球化与大学的回应

其百分比是97%。

表 3.2 筹资竞争的压力(百分比及人数)

问题:你是否被要求寻求更多的资金? 政府削减了你们的资金吗?

大学	是	否/不同结果	不知道	回答总人数
阿维侬大学	73%	25%	2%	100%(48人)
波士顿学院	76%	24%	0	100%(37人)
奥斯陆大学	0	32%	8%	100%(38人)
特文特大学	97%	3%	0	100%(31人)

阿维侬大学

阿维侬大学的例子中的回答最复杂,也显得最矛盾,这主要是由于其建校时间不长,而校园最近又刚刚合并,还有就是它正处在从一所地方性、市立的大学向一所规模不断扩大的全国性大学转变的过程中。并且,正如其他欧洲大陆国家的教育体制一样,阿维侬大学的资金安排主要包含两个部分的预算:稍大的一部分直接由中央政府管理的员工薪金,另一稍小的部分则由大学自主管理。许多研究项目都分别由存在竞争关系的公共或私人资金资助。由于是拥有强大传统的公立大学,以及相当富有活力的教职工会和学生会的存在,我们没期望在这所大学看到产生私有化、竞争及企业化管理的趋势,尽管某些趋势已经初露端倪(Charle, 1994; DeAngelis, 1998; Musselin, 2001)。

从不同渠道获取资金这种情况发生了很多变化,直接导致了受访者回答的多样化。譬如在过去五年中,教育部增加了对教育的投资,而与此同时,地方政府则削减了大学工作人员的薪金,其他一些大学也不同程度地减少了用于研究的资金。此外,由于要建设并且维护大学校内新的建筑和各种基础设施,还有就是由于人才的流失,大学的运行成本最近也在不断地攀升。总而言之,尽管政府增加了对较小规模大学的拨款,有许多院系似乎正在感受到资金减少的冲击,也感受到了随之而来的要求其从其他来源获取资金的必要。阿维侬大学两名高层的观察者注意到了这种复杂情况:

不，政府对大学的提供的资金并没有减少，因为给我们的资金原本就很少。但是现在开始多一点了。我认为没有哪所法国的大学资金真的被削减了，即便由于诸如学生数量减少之类的原因，这种情况在逻辑上或许存在。我认为政府的政策并不是要削减大学的资金。然而，地方的县市级政府却终止了对大学的拨款，也停止了任命教师。两年前，在我们学校工作的教职工中有18人是由他们支付工资的，现在他们都被解雇了，这使得情况变得大不一样了。(阿维侬大学，资深男性教师，自然科学)

不，在过去的五六年当中，政府显著地增加了对大学的贷款和资金。在过去，大笔的款项一般全部分配给大的学校，但是从四年前开始，校长们创立了众所周知的十校集团，这个集团包括在法国获得资金最少的十所最小的大学。在向教育部进行抗议之后，由于政府越来越意识到这些小规模大学的重要作用，政府对这些大学的资金投入也开始增加。在1984年的改革之前，我们没有属于自己的真正预算，而是依赖于艾克斯大学。现在我们为自己学校的地位感到骄傲，而在过去，我们却对此感到羞耻。(阿维侬大学，资深男性管理人员)

奥斯陆大学

同样在挪威，政府拨付的资金仍然是起关键作用的，而且全国只有一所小型的、与商业有关的私立学院。此外，由于挪威庞大的石油储备以及国有部门明智的投资决策，政府的预算状况始终保持稳定。然而政府对大学的拨款却有略微下降，同时也小幅推动了大学间的竞争程度和大学内企业化实践。然而，与法国不同的是，挪威仍然致力于高等教育公立。当前的教育政策是依据挪威的政治传统而制定的，下面的评论敏锐地观察到了挪威政策既矛盾却又符合逻辑的本质。

在很大程度上，政府对促进大学竞争的推动被另外一项重要的政策计划所打乱了，而该计划主要正是要更好地协调其对高等教育的投资计划。根据挪威网络计划的方针，每所大学都朝某一个专门的领域发展，而这种方针在某种程度上也削弱了大学之间的竞争。建立"挪威网络"的设想就是要实现一种合理的专业分

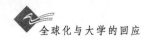

工,使得政府可以在全国范围内将资金投给最好的院系和最好的师资队伍。在过去五年到十年中这或许是有关挪威的奇闻之一。同时,这也是一个将所有市场机制付诸实施并进行尝试的综合性计划,并且是与典型的社会民主主义理念相结合的计划。在该计划中,所有政策都是根据全国统一的方案非常平稳地、非常好地落实和实施的——这是传统的社会民主主义方式——让我们制订计划吧。(奥斯陆大学,资深男性教师,社会科学)

绝大多数的回答都显示大学的资金被削减了。即便这种削减是不等的,对每个人的影响也不一样,但对很多人来说这仍令他们非常不安。很显然,这其中存在着某些原则上的团结一致,不过同样也存在着典型的狭隘地方观念和强词夺理的辩解。

在挪威,我们没有一个全国性的政策,只有地区政策[在奥斯陆],而这种政策对我们并不利。因为学校规模最大,所以肯定有缺陷。挪威人不喜欢城市,而且在奥斯陆并不是任何东西都受欢迎。即使在各个大学中,奥斯陆大学也不受青睐。(奥斯陆大学,资深男性教师,社会科学)

很大程度上,削减资金和我并不相干。我有国王颁发的证书任命我为教授。所以谁想辞退我,谁就要上法庭。(奥斯陆大学,资深男性教师,自然科学)

特文特大学

与之相反,荷兰和美国一直都以制定针对私有化和企业式创新的政策而闻名于世。尤其是荷兰,它采纳了一种真正将新自由主义改革和传统的社会民主主义的优厚福利政策相结合起来的模式。美国有很多著名的,而且常常是宗教性的私立学院和大学,从而为招生创造了一个竞争性的市场。因而,我们期待这两个国家都会接受最近形成的全球化市场的大潮(Clark,1998;DeBats & Ward,1999)。当来自特文特大学的受访者被问及大学的管理是否要求他们从外部获得资金时,31名受访者中有28人回答"是",而且回答并未因为性别、级别以及院系的不同而有明显的区别。

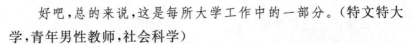

好吧,总的来说,这是每所大学工作中的一部分。(特文特大学,青年男性教师,社会科学)

我认为直到最近我们受到的压力可以说没什么变化,但是一旦资金的分配与招生人数的变化挂钩,压力就会变得越来越大。在过去几年中,我们招收的学生人数有所下降,这就意味着学校要求我们从别处获得资金的压力将会更大。(特文特大学,青年男性教师,社会科学)

波士顿学院

同样在美国,波士顿学院有相当高比例的回答也是肯定性的,这表示大学要求教师从外部寻求研究资金。一些受访者认为与其说这是一种压力,倒不如说是一种激励。还有许多人则认为这就是一种生活方式,是美国充满竞争的教育体系中必不可少的内容之一。

确实存在着很大的压力,但是这不是那种"不成则败"型的情况。我曾经听说,在其他大学的教职工会议上,他们总是不停地喊一个口号,这就是——"钱,钱,钱"。在这里有一种期待,即你要积极地去争取获得资助。一旦积极活动起来,你的这些行动就将得到很大的回报。(波士顿学院,青年女性教师,专业学院)

除非我们通过直接或者间接的途径获得资金来支持我们的中心,否则这个中心将会无法生存。(波士顿学院,资深男性教师,专业学院)

除非我们有钱,否则将无法进行任何研究,所以我们才会申请资金赞助。波士顿学院绝对是非常好的,他们能拿出至少30%,也许更多,甚至多达50%的资金。学校保证说如果你能筹到这么多钱,他们就能相应配套这么多。(波士顿学院,资深女性教师,自然科学)

这样做是受到鼓励的。我一直在为我所做的事寻找赞助。我从未被人要求这样做,这完全是个人自愿的。(波士顿学院,资深男性教师,专业学院)

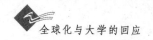

资金削减的后果是什么?

所有参与调查的受访者还被问到了有关削减资金所带来的后果的问题。问题主要是关于要求在获得更多的外部资源或者在如何应对资金削减方面大学采取了何种变革措施?阿维侬大学和奥斯陆大学都经历了小幅度的资金削减,来自这两所大学的受访者大致分为三类:一类建议大学从其他途径获得资源;一类希望大学以其他方式来应对资金的削减问题;最后一类则对之毫不知情。受访者的回答中提到的外部资源主要有两种来源:产业界与私人企业。然而,这些资金来源本身也是很有限的。

阿维侬大学

> 我们尝试了与私有企业签订研究承包合同。但是至于教学方面,我们没有任何增加资金的办法,研究合同仅仅是为实验室带来额外的资金。(阿维侬大学,资深男性教师,自然科学)

很多受访者认为用于教学的资金应该来自于政府,并且也可以通过开设职业课程来实现这一目标。然而,这并不总能获得成功。例如,有人曾经提议在阿维侬大学开设旅游课程,但这并没有得到商务部的支持。单个的教研人员,比如研究性实验室的主任,主要从某一产业寻求资金。其他的资金来源包括欧盟、国内其他的政府部门,以及阿维侬市政府。不过,所有这些来源都有潜在的风险或者某种局限性。

> 毫无疑问,与外部资金来源单位签订研究承包合同值得努力争取。但是与此同时,这又显得有点复杂,因为对方不应该干预或者指定研究的内容。所以我们必须具有自己的判断力。(阿维侬大学,资深男性教师,专业学院)

在美国、澳大利亚、英国和加拿大的大学中,都有很明显的结构重组趋势,但是这种趋势尚未影响到阿维侬大学。例如,当被问到是否有裁减教职员工时,回答者一致认为这种情况并没有发生。教师队伍还没有被认为出现冗余,也没有人被要求提前退休,同时也不存在像

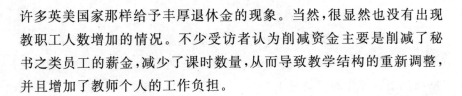
第三章 私有化、竞争与企业化管理

许多英美国家那样给予丰厚退休金的现象。当然,很显然也没有出现教职工人数增加的情况。不少受访者认为削减资金主要是削减了秘书之类员工的薪金,减少了课时数量,从而导致教学结构的重新调整,并且增加了教师个人的工作负担。

> 我们尽力重新安排工作,并且砍掉任何多余的项目。但是这还是不够的,我们实际上非常担心今年能否达到收支平衡。我不知道将如何解决这个问题。(阿维侬大学,资深女性教师,自然科学)

对这所大学财务状况的担心看起来还在不断加剧,但是我们尚无法看到一项旨在获得外部资金的具有连贯性的政策。尤其有趣的是,受访者强调与美国或者澳大利亚的情况相比,法国本身的政治文化中所存在的改革障碍。

> 我们阿维侬大学的弱点是,与像美国或澳大利亚较大规模的大学相比,我们不知道去哪里寻找额外的资金来源。(阿维侬大学,资深女性管理人员,行政部门)

> 在我们国民教育的思想里其实根本没有这种做法。通常的情况是,政府拨款给我们,而我们必须想方设法用所得的钱干点事。如果我们不继续这种做法,这将是与法国大学的逻辑背道而驰的,这更接近于企业的思维逻辑。(阿维侬大学,资深男性管理人员,行政部门)

在阿维侬大学,资金的削减已经导致了裁减行政人员和某些预算的削减,并且迫使人们尝试(这种尝试常常是天真而不成熟的)从外部获得资金,尤其是通过签订一些研究承包合同。即便如此,很多人还是犹豫的,并且意识到他们是多么不熟悉这个充斥了商业活动的勇敢新世界*。

---

* 阿道司·赫胥黎(Aldous Huxley)的《美丽新世界》是 20 世纪最经典的反乌托邦文学之一,与乔治·奥威尔的《1984》、扎米亚京的《我们》并称为"反乌托邦"三书,在国内外思想界影响深远。书中引用了广博的生物学、心理学知识,为我们描绘了虚构的福特纪元 632 年即公元 2532 年的社会。这是一个人从出生到死亡都受着控制的社会,在这个"美丽新世界"里,由于社会与生物控制技术的发展,人类已经沦为垄断基因公司和政治人物手中的玩偶。这种统治甚至从基因和胎儿阶段就开始了。——译者注

奥斯陆大学

与此相似,在挪威的奥斯陆大学,削减资金已经带来了很多的后果,譬如,在所有可能的项目上都开始收费,以私人资金来资助研究,裁撤某些岗位或者停止雇佣新员工,教师工作变得更繁重,并也削减了某些课程。另外直到今日,裁减现有的教职员工还一直没有提上议事日程来。

关于如何变得更加企业化,我们系有长期的经验。但是另外一个系却是十分传统的,他们对[我们的做法]持批评态度,因为他们认为这不是一所大学应该做的事,[例如]开设收费的硕士研究生课程。(奥斯陆大学,资深女性教师,专业学院)

我们有一些项目规模很大,并且也需要更多的资金,教师们个人都已经开始积极地在市场中寻求资金。(奥斯陆大学,资深男性教师,社会科学)

由于一些专业的教师队伍年龄偏大,很多人都将退休,结果好像突然整个专业都垮了,因为我们无法找到接替这些教授的人。(奥斯陆大学,青年女性教师,自然科学)

他们想让裁撤合理化,同样也非常认真地开始谈论撤掉德语系的问题。这确实是很激烈的做法,因为这就等于割断了我们的文化传统。还没有开除相关的教师,但是他们已经开始谈论这个问题了。这简直是骇人听闻的事情,因为只有当你犯了罪,才能从自己的岗位上被开除。六年前,一位经过国王咨政会任命的教授,在没有受到司法审判的情况下是永远、永远不应被开除的。(奥斯陆大学,资深男性教师,自然科学)

最终我们还不得不做大量的行政性工作,因为现在要自己记录财务数据。学校已经没有相关的行政办公室来负责这件事了。有这么多行政工作要做,我们感到非常沮丧。(奥斯陆大学,青年女性教师,自然科学)

不断增强的企业化管理方式

同样在制度层面和思维方式层面上,受访者也被问到了他们所在的大学是否正在变得越来越企业化,还有是否在体制的基础上开始在市场上寻找外部的资金来源。在大多数情况下,答案是相似的,只在阿维侬大学和奥斯陆大学有少数人表示否定。而且,在阿维侬大学的肯定性回答中,存在着相当多的限制条件、困惑和迟疑。总而言之,大部分回答都显示所有的大学都朝向类似的企业化方向发展。表 3.3 显示了回答的分布情况,其中回答"是"的比率在特文特大学达到了 100%,而在阿维侬大学,这一比率只有 38%。

表 3.3 更多的企业化管理(比率和人数)

问题:你所在的大学是否变得更有企业性了?

大学	是	是的,但是	否/不知道	回答总数
阿维侬大学	38%	49%	13%	100%(39 人)
波士顿学院	82%	15%	3%	100%(33 人)
奥斯陆大学	89%	0	11%	100%(35 人)
特文特大学	100%	0	0	100%(20 人)

阿维侬大学

尽管有公立机构的机关官僚体制,而且大部分教职员工都更倾向于继续由公共/国家主导大学的局面,但是当加入了"是"和"是的,但是"的类别时,在阿维侬大学有 87% 的回答者都认为大学中类似企业化管理的措施正在增加,认为或许实施这些措施只是为了获得更多的资金来源。在这些回答者之中,49% 的人对他们的回答进行了条件限制,指出这一发展过程是不均衡的,因为由于其研究的领域特殊,某些院系或者个人对逐渐企业化的趋势准备得更充分些。剩下的 13% 的受访者,对越来越企业化的大学给予了"否/不知道"的回答,并且认为这实质上是一种对知识的求索,而不是单纯对金钱的追求。

企业化是必需的,因为我们仅仅依靠政府的资金不可能支撑下去。(阿维侬大学,资深男性教师,社会科学)

某些具有职业教育成分的特定院系正在变得越来越企业化。(阿维侬大学,资深女性教师,专业学院)

往往是规模大的大学能够获得最能赚钱的合同。而在阿维侬大学,规模不大就意味着我们不是一个主要的研究中心。(阿

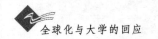

维侬大学,资深女性教师,专业学院)

有些人想尽办法去努力寻找教育部之外的资金来源,但这不会是文学系,而是自然科学、计算机以及应用技术等院系。一般而言,这些院系与商业以及企业的关系更密切,并且与我们相比他们在寻找资金来源方面遇到的困难也没有那么多。(阿维侬大学,资深男性教师,社会科学)

以下的言论是来自那些认为大学并没有变得更加企业化的受访者,其中很多人似乎不愿意看到一所企业化的大学,其中至少有一位高级管理人员。

从本质上说,教师并没有受过这种思维方式的训练。他们的角色是学术研究性的,所以这其实并不是他们的思维逻辑的一部分。(阿维侬大学,青年男性教师,专业学院)

大学所扮演的首先也是最重要的一个角色应该是探求知识和真理,而不是寻求资金来源。(阿维侬大学,资深男性教师,社会科学)

不,这种思维逻辑不是法国文化的一部分。(阿维侬大学,资深女性管理人员)

奥斯陆大学

奥斯陆大学拥有比法国大学更完善,也更易管理的公立教育体系,相比在阿维侬大学,固定式的拨款(formula funding)与凡事先作计划的方式更受到欢迎。尽管如此,大多数受访者注意到了政府推动大学提倡企业化管理的价值并鼓励企业式的行为方式,而且许多人也认为这些变化包含着很多的不利因素,只有一小部分人(11%)认为抑制这种趋势是有好处的或者是有必要的。

当然同时也存在着更多类似企业的鼓励因素。作为一个重要的研究经费的来源,现在研究理事会中的普遍趋势是通过所谓研究立项的方式来获取更多的资金。那种你仅仅需要提出一个好的申请,把它交上去,然后坐等最好的结果的时代已经基本上过去了。游戏规则已经改变了。(奥斯陆大学,资深男性教师,社

会科学)

现在你不得不适应研究理事会那些策略和计划。另外,经费也一直在削减、削减、削减。如果你不申请这些资金,就意味着没有什么钱,招不到博士生。所以在很多方面,尤其在研究方面,人们认为大学应当秉承学术自由的情况已经不复存在了。你可以有自己的思想,但是没有人会给你一分钱。(奥斯陆大学,青年女性教师,自然科学)

是,但也不是。我们中的许多人都在尽力抵制这种趋势,而且很多人也意识到一旦我们也参加到这场游戏当中,就会变得依赖于外界的资金来源了。(奥斯陆大学,资深女性教师,社会科学)

特文特大学

在特文特大学,所有的受访者都一致认为该大学正在采取越来越多的企业化管理方式。由于其艰难的创建过程,它正像人们期待的那样成为一所典型的、具有自身特色的企业性质的大学,并且现在也逐渐趋向于成熟。一些人毫不质疑地接受了这个观点,而另外一些人则指出了利用企业形式管理该大学时内部产生的某些令人烦恼的问题:

由于已经被认为我们是在荷兰最具企业色彩的大学,想更进一步就更加困难了。显然,和大多数教育体制一样,我们来自政府的拨款也没有增加,从而不得不从市场上寻找资金。我们的社会科学专业和工程专业都做得非常好,有很多的签约研究项目,也成立了很多企业。现在甚至有一种想法就是要将学生也培养成年轻的企业家。(特文特大学,资深男性教师,社会科学)

在我们学校教师的职责是一半时间用来教学,一半时间用来做研究。现在情况的发展趋势是他们越来越需要获得外部的资金以支付他们耗费一半时间用于研究工作的费用。学校不再能够支付教师所有的薪金。(特文特大学,青年男性教师,专业学院)

我们都承认大学变得越来越企业化是有必要的,然而与此同

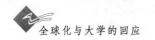

时,我们也都讨厌大学的企业模式。(特文特大学,青年男性教师,社会科学)

波士顿学院

我们认为在美国学术市场上,波士顿学院作为私立大学有着极具竞争力的地位,因而我们也期待它会给出与特文特大学相似的回答(DeBats & Ward,1999;Menand,2001)。根据受访者的回答,波士顿学院正在变得更加企业化,尤其是在研究方面。然而,这个过程是不均衡的,由于学科的不同,程度也不尽相同,而且也在很大程度上采纳了普遍接受的习惯做法。有意思的是,对企业化的弊端持批评意见的受访者人数与赞同其优点的受访者数目基本相等。这显示了在美国教育体制内存在相当多的矛盾和冲突。有许多学者看起来是保守和传统的,只推崇自己熟悉的做法和形式。然而,在现实的市场范围内,又存在着高度的矛盾关系。

> 我们一直在努力聘用更多的研究型人才,因而他们也得到了来自学校的很多支持,而且学校也鼓励他们自己去努力寻求更多的支持。(波士顿学院,资深男性教师,专业学院)

> 只是有一些朝那个方向的些许发展,这不算很大的变化。(波士顿学院,资深女性管理者,专业学院)

> 随着我们沿着食物链向上移动,也变得更加企业化了。(波士顿学院,资深男性教师,专业学院)

企业化管理的利与弊

受访者被问及了大学不断增强的企业化管理方式会带来哪些好处与弊端的问题。有人可能会认为处在公立体制中的大学会持几乎完全敌视的态度,而在荷兰和美国的教育体制内,更具竞争性和采用企业化管理方式的大学则会表现出完全的接受态度。与此相反,在每所大学,受访者都分成了认为企业化管理利大于弊和认为其弊大于利的两派。还有一些受访者认为需要在公共和私人投资之间寻求一种平衡,而另外一些人则意识到这是一种进退两难的局面。也有人认为

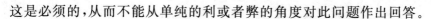

这是必须的,从而不能从单纯的利或者弊的角度对此问题作出回答。

在四所大学中,受访者所指出的有利之处是相似的,即能够增强财务的稳定性、增强大学的自主性、促进大学提高竞争力、提高教职员工的创造力水平,以及加强教职工、学生、市场和外界之间的关系。

> 我认为有利之处是我们将变得更具有国际观,并且更多地融入世界各国的教育体系之中。(波士顿学院,青年女性教师,专业学院)

> 即使你没能获得资金支持,完整地提出一项建议就是对理想目标的实地检验。如果人们认真地评判的话,你还是会得到一些很好的评价的。(波士顿学院,资深女性教师,自然科学)

> 这将导致更激烈的竞争,并且能够增加大学的工作成果及提高其创造力。(阿维侬大学,青年男性教师,自然科学)

> 这将给予我们相当强的激励,并能够帮助我们继续提高水平。(阿维侬大学,青年男性教师,专业学院)

> 我没有看到任何不适宜的方面。这根本不会以一种消极的方式影响教学;恰恰相反,这使得大学能够向外部世界更开放。(阿维侬大学,资深男性管理人员,行政部门)

阿维侬大学

许多阿维侬大学的受访者指出了其他的一些有利之处,例如通过与产业界的合作而获得商业上的认同,提高大学工作的效率,以及扩大教师的自由度。有不少受访者对受到条件限制的法国教育体制和开放型的英美国家的教育体制进行了比较。尤其是,有一位受访者认为如果大学的体制根植于除法国之外的其他欧洲国家的企业背景之中,大学采用企业化的思维逻辑将会是一种优势。这种评论代表了一种很少见的情况,即竟有人认为本民族独特的政治文化是不受欢迎的。然而,许多指出有利之处的受访者同样也谈到了不利之处,表示应当注意到与大学采用企业化管理思维逻辑会带来的局限性。

> [我欣赏某些]英美教育体系所具有的特点,它们能够自由地

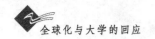

活动,并且能自由地与外界联系,而且尽管它们仍然是公立组织,但是也能够按照企业的模式进行运作。它们拥有一种开放的思想状态,而这正是法国教育体系中所缺少的。(阿维侬大学,资深男性教师,自然科学)

只要这种逻辑是更多地基于欧洲企业的模式,而非一种特殊的法国模式,我所看到的就完全是有利之处。问题存在于法国企业的运作方式,法国企业常常以一种非常专制的形式来运行,但如果想要改变这种情况,我们就不得不改变整个法国民族精神。(阿维侬大学,资深男性教师,社会科学)

受访者所指出的主要的弊端之一是商业与法国的社会/文化价值互不相容,或者说是公共服务理念与私人营利为目的格格不入。那些来自公立大学占主导地位的教育体系的受访者强调,更深层的弊端是对传统大学价值的威胁。

在法国我们看问题的方式是,大学是一种公立服务机构,因此,它并不真正能与企业的逻辑相一致。(阿维侬大学,青年男性教师,专业学院)

此外,一些受访者还指出了这样做可能丧失自由和创造力的风险。

是政府拨款使得我们能够产生更多的创新性和创造力。我们会更有余地,不需要听命于任何人,并且拥有更多的可供自由支配的资金。然而,如果我们仅仅只能从私有企业获得资金,这就迫使我们的研究必须有特定的方向,从而也就丧失了自己的自由。我们需要有保障的稳定的资源来保持这种自由。(阿维侬大学,资深男性教师,自然科学)

弊端是关于资金方面的,你始终面临失去自由的风险。我看不到向企业化转变,以及向商业界开放会有多少好处。(阿维侬大学,资深男性教师,社会科学)

某些受访者提出这样做可能会有一种长期的风险,即逐渐发展成一种不平等的、两极分化的教育体制。在这种体制内,由于采用了较高的以及差别学费制,从而导致越来越多的大学成为精英大学;同时有很多人担忧学术标准因此下降,还有就是高等教育也会越来越倾向于美国模式。尤其值得关注的是一个自称为自由主义者的人所提出的预防性措施:

> 我是一个自由派,并且完全赞成向企业化管理逻辑的转变。然而,我们同样应该采取一些预防措施。所以,如果这样做可以避免浪费,如果它能够作为一种激励因素促进我们的工作,我就同意;而如果它意味着逐渐采用"美国模式",我就不同意,这种模式给人的印象是教授得依赖于他们的学生,并且为了不被学生评定为"不合格的"老师,你就不得不给他们很高的分数。(阿维侬大学,资深男性教师,专业学院)

> 法国教育体制好的一方面是学生在所有的大学中支付的学费完全一样。如果我们发展成一种企业的思维逻辑,这将意味着学费会有所不同,因而一些大学的费用[将会]更加昂贵,而且某些大学将会被认为比另外一些学校地位更高等等。这对学生而言是一种障碍。所以我们需要保持与政府之间的联系,这点我宁愿把它称为一种纽带而不是依赖。(阿维侬大学,资深女性教师,自然科学)

下面的评论显示出需要在公共和私人资金方面保持一种平衡:

> 我认为不应该培养出一种百分之百的企业化逻辑,我们应当尝试使这两者结合起来。企业化管理的思想太过于看重财务收益的重要性。不过,积极的一方面是教师不得不有更多的主动性。(阿维侬大学,资深男性教师,自然科学)

最后,一些受访者表示无法设想大学能够按照企业的方式运作,而另外一些人虽然认为向企业化转变是有必要的,但却无法指出具体的利或弊。变革的思想已经生根发芽,可是现在大部分人对此表示拒绝,认为它不受欢迎或者与己毫不相关。

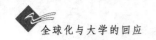
全球化与大学的回应

大学是公立大学,所以从这一点上看,关于我们是否应该发展一种企业化逻辑的问题根本不值得我们去费心,因为我还没有看到这会成为一种可能。教师处于大学的核心,他们构成了大学的基础,既然他们是公务员,这就意味着在一段时间内,大学仍将是公立的。(阿维侬大学,青年男性教师,社会科学)

奥斯陆大学

奥斯陆大学的大部分受访者认为企业化管理的观点对传统的大学价值是有害的,例如,会丧失基础研究以及进行以主观兴趣为导向的研究的自由。然而,一些人理所当然地认为教学工作仍然能避免受到这种商业化冲击的影响。

这将破坏大学所拥有的传统的学术价值。(奥斯陆大学,资深女性教师,专业学院)

我认为这会使大学不再是一所大学。我们不再能够参与到国际科学对话之中。因此很多这类[新的、应用性的、受到资助的]研究都是短期的,并且显得十分保守。而原来在基础研究中,你所关注的东西可能其使用者还没有出生呢。(奥斯陆大学,青年男性教师,自然科学)

我们花费如此多的时间用来写建议报告,复印,然后想方设法地去搞资金,以致我们忽视了大学最基本的责任。(奥斯陆大学,青年女性教师,自然科学)

我十分反对这种使大学变得更像企业的想法。为了从研究理事会获得新的战略性研究项目,你需要一个工作团队,并且成员最好是来自于世界各地。如果你们还有一个黑皮肤又有残疾的萨米族妇女作为同事,那就更有可能获得资助。(奥斯陆大学,资深女性教师,社会科学)

特文特大学

与奥斯陆大学相似,在特文特大学大部分受访者都强调企业化管理政策有着难以计数的缺陷,其中包括目光短浅、丧失创造性、缺少自由以及欠缺公平。

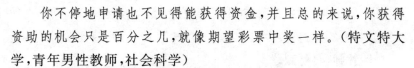

第三章 私有化、竞争与企业化管理

你不停地申请也不见得能获得资金,并且总的来说,你获得资助的机会只是百分之几,就像期望彩票中奖一样。(特文特大学,青年男性教师,社会科学)

如果你想研究未与某一产业相联系的课题,那么你想获得资助就会非常困难。而且这些项目常常是短期性的。(特文特大学,资深男性教师,自然科学)

总会存在这样一个矛盾,有时你想再去搞一点钱,而有时你想花时间来思考和写作。人们总觉得他们不得不在周末和节假日去做这些事,所以时间永远都不够。(特文特大学,资深男性教师,专业学院)

相比之下,也有一些人指出了有利之处。

你不得不持续关注与你的学科相关行业的发展情况并尽力保持领先地位,因为前沿学科的发展变化很快,所以让你的研究多有一点儿应用性是明智的。你同样可以从应用研究中提出基础课题来。(特文特大学,资深男性教师,自然科学)

我发现学生往往喜欢务实的研究,而如果你与产业部门保持联系,这就会变得有可能。(特文特大学,青年,男性,教师,专业学院)

有利之处是我们能获得更大的学术自由。如果可以获得政府拨款以外的资金,这将给予我们更大的经济自主权。(特文特大学,资深男性管理人员)

波士顿学院

波士顿学院的受访者也有类似的褒贬不一的观点。

我的专业领域中没有这种情况。没有外面的企业想资助我所从事的这种研究。(波士顿学院,青年女性教师,社会科学)

你可能成为别人思想的奴隶。(波士顿学院,资深男性教师,专业学院)

仅仅是把这些表格填下来就得花费大量时间。外界常常并没有足够的研究资金。(波士顿学院,资深女性教师,专业学院)

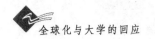

这里存在着利益冲突的可能性,因为教职工不再忠诚于大学,也不是忠诚于科学,而是忠诚于企业。(波士顿学院,资深男性教师,自然科学)

有一些的确使我很苦恼的事情。我们已经把更多的空间留给了研究工作,而且这也是从教学工作中挤出来的。所以在外部力量的强行推动下,教学不得不为研究让路。(波士顿学院,资深男性教师,自然科学)

很明显这些反馈内容观点杂糅且很复杂,其中还谈到了对大学忠诚的这个特殊因素。对大学忠诚的前提条件常常是大学进行了规模可观的市场化和企业化的举措,并得以生存下去。这些反馈表明建设性和批评性对话的空间还很大。

不断加剧的竞争

企业化管理的一个重要方面就是竞争,人们认为竞争可以通过淘汰不良产品以及提高产品质量,从而提高整个组织的质量水平。公立大学由于缺少竞争来推动其改革、扩大和发展,可能会因此变得缺少活力。在很多国家,教育主管部门正在将竞争机制引入公立学校以提高教育机构的质量。这些部门通过激励机制向公立大学施加影响,帮助其克服缺乏竞争的问题,这样就能遥控大学,而无需直接参与管理或者向其提供更多的资金。

受访者也被问到政府是否采取了使大学之间更具有竞争性的措施。表3.4显示了我们所收到的答案的差异性和复杂性,尤其是描述性答案和标准化答案之间的交叉关系,以及关于当前情况看法的高度分歧。而且这个问题的回答模式与之前问题的回答模式大不相同。在案例样本回馈的意见之间存在着根本性的分歧,但是这种分歧并不是按照传统的性别、年龄或者专业学科等界线来划分的。很多受访者都认为传统的、既有的、以研究为基础的、为了吸引最好的学生而形成的竞争关系,应当区别于最近引起争议的为了获得基础投资和争取生存而进行的属于市场经济性质的竞争关系。

表 3.4　更具竞争力（百分比和人数）

问题：你所在的大学是否变得更具竞争力？

大学	是的，这很好/还需要加强	已经如此	不清楚	不是，这很好/是的，很糟糕	答案总数
阿维侬大学	12%	43%	17%	28%	100%(42人)
波士顿学院	82%	12%	0	6%	100%(34人)
奥斯陆大学	18%	42%	15%	24%	99%(33人)
特文特大学	42%	29%	0	19%	100%(31人)

在奥斯陆大学和阿维侬大学，古老的、已被公认的竞争形式被许多人（几乎占人数的一半）认为是正常的和自然的，而最近的企业方式竞争的模式则被大多数人所反对，认为这在很大程度上不应该与学校有关。相比之下，波士顿学院和特文特大学曾经经历过竞争的压力并且普遍认为这种竞争是有利的。波士顿学院的受访者对竞争并不抱有敌意，而特文特大学一小部分立场坚定的受访者即便对温和的竞争也表现出了并不是很积极的态度，似乎是对企业化管理说"是"，但却又对充分竞争说"不"。下列的引语主要是关于大学的传统压力、自然压力以及竞争所带来的压力。

阿维侬大学

政府并非必须引进竞争，因为这是一种大学之间的自然现象。（阿维侬大学，资深男性教师，社会科学）

这种关于竞争的思想是法国大学在建立之初就排斥的东西，[尽管]它仍然存在。但是这不是国家所造成的，甚至并不为国家所鼓励。为了生存，较小的大学不得不在某一两个具体的领域领先。例如，阿维侬大学在通信工程、计算机以及戏剧等领域就十分出色。（阿维侬大学，资深男性管理人员）

在公立大学和私立大学之间并不存在竞争。在法国仅有少数的天主教大学，并且在两者之间存在着某种合作。然而，在地方大学和全国大学之间则存在着比较大的竞争。例如，阿维侬，作为一个很贫穷的工业区，是没办法与诸如马赛、里昂或者尼斯

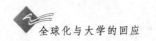

等城市的大学相比的——这些城市的大学规模要大得多。(阿维侬大学,资深男性管理人员)

奥斯陆大学
同样在奥斯陆大学,也存在一种适度水平的竞争,尤其是在研究领域。

我所从事的领域(分子生物学),是十分国际化的。研究者的远大抱负就是在最好的国际期刊上发表文章。这里并不存在挪威的生物学或者英美的生物学这种概念。(奥斯陆大学,青年女性教师,自然科学)

特文特大学
在特文特大学,竞争精神已经被许多人所接受了。

我认为竞争是一种自我促进,并不存在外部压力。(特文特大学,资深男性教师,自然科学)

不,我会说是系主任或者整个院系给教职工施加了压力。这种压力是体制本身所具有的。(特文特大学,资深男性教师,社会科学)

如果你没有感受到竞争,那么你就不属于这里。所以任何人都没有理由表示异议,甚至包括系主任。每个人都努力工作并且相互竞争,这就是我们的思维状态。这不是一个问题。(特文特大学,资深男性管理人员)

波士顿学院
在波士顿学院,这种体系似乎同样被大多数人所接受。

这所大学十分想成为一所在全国享有盛誉的研究型大学,但是不是所有的人都意识到它在教职工贷款、研究资助以及行政性奖学金方面还需要财政支持。(波士顿学院,资深男性教师,专业学院)

我不知道压力是否是有必要的。我认为每个人都喜欢它,竞争是无法阻止的。(波士顿学院,青年男性教师,自然科学)

竞争的不利之处

那些对竞争表达了否定意见的受访者认为引入竞争机制是不幸的,而没有引入竞争则是幸运的。有趣的是,一些受访者通过与其他教育体系的对比来证明自己的观点,他们常常为自己的立场精心准备充足的理由,而这些理由并不总是适合他们当地或者本国的体制。

阿维侬大学

我认为法国大学之间的竞争不是政府考虑的一项内容。在法国这里,我们十分赞同大学应具有民族特质的观点。(阿维侬大学,资深男性教师,自然科学)

奥斯陆大学

这种对大学的排行方法是一种十分英美式的思维方式,不是斯堪的纳维亚式的思维。(奥斯陆大学,资深男性教师,社会科学)

特文特大学

在荷兰过去的十到二十年之间,学术人员在发表著作方面[面临着]相当大的压力,所以我们已经从一种德国式的模式转向了一种美国式的模式。因而现状就是"不发表就淘汰",而文章的质量则没有受到足够的重视。而且现在你还需要找到合适的期刊发表,用荷兰语撰写并发表不算数,你需要用英语并且在国际性期刊上发表文章。(特文特大学,青年男性教师,社会科学)

确实有很大的[压力]。整个体制给教研人员施加了很大压力,以促使其更有竞争力。(特文特大学,资深男性教师,专业学院)

人们似乎对教学和研究的核心作用的兴趣没有那么大了。而对获得金钱和树立一种企业形象的兴趣则越来越浓厚。真是为了改变而改变。(特文特大学,资深男性教师,专业学院)

这是一种疯狂的行为,事情就这么简单。想要管理科学的整

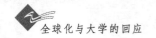

个想法都是狭隘的。我们仅仅是海洋中的一滴水。这里不该是受控制的场所。你必须紧随整个领域的发展动向,而待在一个地方是无法了解动向的。更好的办法是进行个人质量管理而非在研究项目的层面上进行控制。一切都是程序性工作,是官僚体制,也是浪费时间。在大学中效率并不是第一位的。(特文特大学,资深男性教师,专业学院)

波士顿学院

甚至在波士顿学院,对于认为竞争压力始终有益这样的观点,也存在一些温和且很有见地的不同意见。

> 我们引进有着出色成绩的新人,并且减轻他们的教学任务。对这种事情我已经看不下去了。那些承担教课任务的人毫无疑问用于写作的时间要少得多。而他们之间的差距将不断扩大。(波士顿学院,资深男性教师,专业学院)

当受访者认为竞争将改进体制时,他们常常假设认为所有的大学都处在同一水平线上。然而,上面引用的回答显示了情况并非如此,即特定的大学或者个人所拥有的优势是不平均的。例如,当各大学为争取来自企业部门的投资进行竞争时,那些距离富裕的工业区或者高科技区更近的大学就有优势。一般而言,学校越大,它就越有机会在任何领域进行竞争,因为其经济规模较大,并且有能力投入更多的资金进行广告和市场宣传。此外,大学所教授的课程也使大学的地位发生了变化。例如,开设职业教育以及类似的课程的大学往往比其他一些教授脱离市场的专业,如护理学、教育学、古典文学、语言学、哲学和社会科学的大学,更有优势。

竞争的益处

相比之下,一些受访者解释了竞争压力变大带来的益处,尤其是在公立大学内,这说明很多教师对某些改革措施持开明态度,但是对全面的、结构性改革却采取抵制态度。那些支持竞争的人希望引入企业化管理的逻辑,让研究更有竞争性,并且使大学更加以就业为导向。

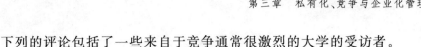

下列的评论包括了一些来自于竞争通常很激烈的大学的受访者。

阿维侬大学

不,政府采取的措施太少了,并且就我而言,几乎没有,因为这将有助于改变那些年龄在55岁之上的人的传统思维模式。大学的作用已经变化了,所以我不明白为什么他们不与时俱进。(阿维侬大学,青年男性教师,专业学院)

竞争可以是一种激励和改革大学的途径。(阿维侬大学,青年男性教师,社会科学)

所以,最好是保持大学作为公立机构的性质,[但是]应当拥有更多的财政手段,更多举措,激励机制,[以及]企业化管理。大学不应该由一群老态龙钟的人来管理,[我更]宁愿有一批30岁到40岁的年轻人来管理大学,他们有前进的渴望,并且不落后于时代。(阿维侬大学,资深男性教师,自然科学)

奥斯陆大学

在奥斯陆大学,一些受访者认为更多的竞争是受到欢迎的,但这些竞争举措应当在政府确实了解所要实施的方针政策后再引入落实。

我认为益处不仅仅是对那些挣了外快的人而言的,也是对教学和咨询工作而言的,或许把知识用在一些应用型项目中比放在一些没有人看的所谓的国际期刊上的豆腐块文章有更大的作用。(奥斯陆大学,资深女性教师,社会科学)

我认为益处是我们距离社会上以及行业内的现状更近了。我认为这是一件好事。(奥斯陆大学,资深男性学术人员,专业学院)

挪威人认为他们在所有事情上都是最棒的。事实上我认为他们并不具备[这种才能]。例如,如果你将挪威和瑞士做比较,瑞士和挪威的面积差不多大小,而瑞士将2.8%的国内生产总值投入了研究和开发。瑞士在物理、化学和医学等领域有20个诺贝尔奖得主。所以,我认为挪威政府并不明白竞争是什么。(奥斯陆大学,资深男性学术人员,自然科学)

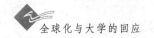

> 我认为政府并没有进步到可以理解这些问题[的程度]。在私有工业部门中,他们在谈论先进的所有者(advanced owner),而我认为挪威政府并不是一个先进的所有者。这是问题的一部分。(奥斯陆大学,青年男性学术人员,自然科学)

在特文特大学和波士顿学院,一些受访者感到了竞争的压力,并且发现它们其实是有益的。

特文特大学

> 为了生存,你不得不具有一定的竞争力。曾经有段时间,你可以坐下来认真地思考20年,最后终于发表一篇可以轰动世界的文章。但是现在情况可不是这样了。现在是团队合作,[并且是竞争性的,]你必须发表一定数量的论文。(特文特大学,资深男性管理人员)

波士顿学院

> 是的,绝对如此。这是通过如引入新的拥有出色履历的人才,并给予他们很好待遇来实现的。给他们丰厚的报酬,大幅减少他们的负担,并把他们看成是榜样。比如,"看他们的生活多么美好。如果你也能干得同样出色,你的生活也会和他们的一样好。"(波士顿学院,资深男性教师,专业学院)

> 答案毫无疑问是"是的",并且这也表现在授予终身职位的标准方面。评估教师们的终身职位资格的过程已经更多的是以他们的研究和发表的论文为依据了。(波士顿学院,资深男性教师,专业学院)

讨 论

在本项研究所包括的所有四所大学中,绝大多数工作在教学部门和管理部门的受访者都指出,战后时期曾普遍存在的由国家出资上学

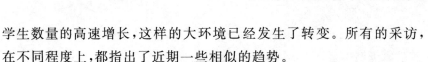

学生数量的高速增长,这样的大环境已经发生了转变。所有的采访,在不同程度上,都指出了近期一些相似的趋势。

- 政府教育拨款已经出现了某种程度的削减,体现在对公立和私立高等院校减少拨款。
- 出现了更激烈的竞争以及鼓励采用企业化运营形式,尤其是在招收学生和争取公共或私人的研究合同方面。
- 存在着越来越迫切的公共需求,要求在分享稀缺资源方面加强合作,同时要求开展更多能创收的活动。

从研究结果和文献来看,不同的利益集团基于不同的动机而进行了不同程度上的竞争和不同程度的私有化进程。由于各种各样的原因,很多欧洲国家的大学体系并不趋向于追求开始完全私有化或者全面竞争。这些原因可能包括公众对高税收制度容忍度更大一些,偏爱高质量的公共服务,对资本主义竞争的极端自由主义倾向采取抵制的态度,以及在公共服务领域中,工会组织或者相关利益集团基本上都被发动了起来。只有在荷兰,例如对特文特大学的调查所显示,存在着倾向私营和开展实质性竞争与改革的态度和做法,而在其他地方这种变化则是局部的,务实的,并且一旦没有取得效果就会立即被修正。

然而,引人注目的是,在完全私立的、非营利性的、耶稣会创办的波士顿学院,许多并不带有私有企业性质、非资本主义模式的实践活动,却得到了很大的支持。这些实践活动包括广泛设置终身职位,与教学部门进行工作方式和内容的协商,学术自治与学术自由,对新技术的应用进行专业性评判,根据需要允许学生跨学科学习,并且以学术上的成绩和一贯性为标准来对各学术领域提供支持。

在欧洲的大学中,传统的价值观和实践占有更重要的地位。任何大学都没有向学生收取全额学费,也没有将公共资产出售给私有企业,或者允许公立大学完全处于政府的控制之下。此外,对教学和某些研究的资助中占主要地位的是采用固定拨款的方式,而不是竞争性的市场竞标,并且高等院校几乎都没有引入或者系统地使用绩效指标。尽管如此,欧洲高等教育体系在权力下放,以及在大学层面上创造更大的自主权和实行问责制等方面,已经付出了很大的努力。或许

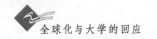

中央政府高度的控制限制了公立大学从外部引入私有化运作方式或者竞争机制的需求。与之相反,英语国家的政府在很久以前就建立了缓冲性的中间机构,大学也实行自我管理,政府拨款给这些学校,但是并不试图依照法规对其施加影响或者是完全控制大学。英语国家的教育改革者,由于不能仅仅依靠政府行政命令,因而不得不借助大学私立作为工具去实现他们的目标,例如削减公共开支和减少大学需要承担的相关公共责任。

很明显,最近在大学管理中所出现的商业化倾向和实行公司模式,并朝向更私有化和企业化发展的趋势,并不一定是背离公众的愿望的。当公立大学进行了私有化改革,但所有权仍然属于公有的话,就会导致一种混乱的情况。尽管也出现了一些私立大学并且受到了鼓励,但它们仍然属于少数,常常需要官方的保护。直到现在,仍没有出现将整个公立大学作为企业出售给私有企业的案例,然而几乎在所有的高等教育体系中都允许新的非营利性或者营利性的私立大学存在,并且与公立大学展开竞争。

政府为何不愿仿效对其他服务行业的做法,将大学出售或者使其私有化呢?是出于对政治上出现反弹的担心,抑或是由于可能出现教职员工和学生团体的联合抵制?不管原因是什么,这都造成了一种矛盾状态,即要想在公立高等院校内部进行一种以竞争性的、使用者付费的、削减成本为方向的改革,就要求许多教职员工被重新调动起来。许多教职工信任既有的公共服务程序,笃信诚信、职业精神、自治、学术自由以及免费教育这些理念。因而,这种强制带来的变化注定是艰难且不和谐的。

私有部门中的很多所谓的最佳惯例,例如全面质量管理——即一些事务性的、测试基准水平的活动——源自于各种不同的商业企业。然而实际上,当这些所谓的最佳惯例在大学里开始盛行时,常常是实际已经过时了。许多企业家正在减少企业中的等级制度,而大学则还在增加自己的等级制度,并且运行成本高昂。企业家们致力于实现和谐一致、权力下放、合作以及平等的关系,而大学则又重新运用起传统的管理工具。企业变得更加多样化,而大学则更加统一一致。企业家们放弃了计划与人力需求预测(man power projections),而大学却正

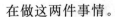

第三章 私有化、竞争与企业化管理

在做这两件事情。

现在有大量的证据表明,很多古老的大学价值在所有的四个研究案例中都继续存在,包括波士顿学院和已经企业化的特文特大学。然而,即使在奥斯陆大学和阿维侬大学,许多教职工也相信应进行一些与私有化有关的改革,比如多样化的私人投资、注重效率和效果,以及学术研究中不断加强竞争。

结　论

大学所面临的私有化的挑战是显而易见的。首先,如果大学要更加自信地面对未来,就需要加强企业化的实践,这种观点似乎是有道理的,尤其是对于传统的欧洲大陆教育体系。在阿维侬大学、奥斯陆大学和特文特大学,直到最近,依照传统欧洲大陆模式分配大学权力的特点仍然是依赖于中央一级的政府机构所提供的固定拨款。当政府部门不再愿意提供足够的资金给高等院校,或者不再信任高等院校时,大学及时做出调整以及反应的能力就受到了严重的限制。其次,教学和研究的传统价值牢固地根植于学术的核心地带,这些学术核心地带需要继续对大学的决策作出实质性贡献,尤其是考虑到就市场而言,有关营利机会的有价值的信息可以在大学中较低的层级上获得。所以,如果政府和高校领导要求大学取得成功,他们就需要给予教师优厚的报酬、足够的发展空间,以及对决策过程的参与权。

正如征服高卢时的罗马帝国,在高等教育领域中毫无疑问存在着全球化的力量,并且这种力量已经为正在进行的争论和竞争创造了一个新的全球性背景。像罗马一样,全球化可能最终获得完全胜利,虽然我们并不知道需要多久和花费多大代价。传统的关于大学的宗旨与价值的理念,以及法国、挪威以及荷兰固有的强大的公共服务模式,似乎将我们当代的罗马军团困在了港湾,至少现在是这样,也可能永远都是这样。2001年9月11日以来的民众的意愿重新建立起了人们对公共权威机构的信任,如果这种情绪取代了先前的私有化和对市场的崇拜的时髦浪潮的话,回归对国家信心的时代也许正在到来。显然,这一章所表述的研究结果显示出不同的历史和地区文化的强大力量,而这也可能是一种会阻挡促成趋同化和一体化的力量。

最后的这番话来自于一位有远见的法国受访者,他中肯地呼吁各种原则达成一种明智、混合的平衡。

> 在[法国的]教育体系中,所有三个词语(管理式的、官僚式的、学院式的)都是适用的。最好的和最坏的在我们这里都有。就其能够给予创新性和创造力以很大的空间这一点而言,这是一个非常好的体系。但同时它也受到来自政府官员的监管,不过这是种远程监管,所以我认为这是一种很棒的平衡,就像教师在法国的地位一样棒。他们可以自由地做自己想做的事情,但与此同时他们事业的发展也不断地受到外界评判。这种状况使他们有可能做出最优秀的工作,[但某些情况下,也可能是最糟糕的。]但是总的来说,这种自由为在其中工作的教师创造了更好的条件。
> (阿维侬大学,资深男性教师,自然科学)

第四章 大学管理

大学管理存在三种典型模式：美国模式、英国模式和欧洲大陆模式（Clark，1983），我们可以藉这三种模式来理解传统学术组织和管理形式。然而，自20世纪八九十年代以来，这些模式开始瓦解（Dill，2000）。在诸多如世界银行和经合组织这样的国际组织的激励下，各国政府都推行了改革政策，并推行了对学术机构的组织结构产生很大影响的新政策措施。

世界各国的大学都正面临着相似的情况，并开始日益关注类似的组织结构方案。另外，由于政治和经济的发展，高等教育体系间的差异正在逐步缩小。乔德格伯尔（Goedegebuure）、凯塞（Kaiser）等人指出，随着包括竞争、国家的政策松动和实行企业化管理在内的类似力量推动高等教育体系走向趋同，未来几年这些差异将会继续缩小。自20世纪80年代中期以来，各国政府开始鼓励通过包括变革管理体制组成、理顺大学内决策程序、提供给管理人员更大自主权、改变董事会和委员会的角色等系列举措来加强管理，使其从以决策和管理为导向变为以建议为导向的管理体制（Goedegebuure et al.，1994）。

传统的如英国和欧洲大陆的大学管理模式中，学院决策起着重要作用。而现在政府的教育部长和大学管理者都认为这些模式过于陈旧且不适合日新月异的环境。随之而来的是，众多大学开始采用公司式发展战略和组织结构以便于加强管理（Bauer，Askling，Marton，& Marton，1999）。这些极具竞争力的战略措施的关键在于它能够体现快速反应和灵活适应的特点，创造了新的大学管理模式。比如，一项经常被应用的组织设计方案是加强大学核心层和

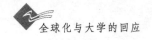

中层的行政领导能力,因此从这个角度而言,很多国家的学院决策结构或多或少地被重新定义了(参见 Trow,1994,柔性与刚性管理思想的区别)。另外在很多情况下,公司式垂直管理取代了传统的行政民主选举体制,这在一定程度上影响了学校董事会和学术委员会的权力。

毋庸置疑,大学的发展激发了新的矛盾。行政管理人员乐于接受这些改变,将其看做是扩大他们权力的方式,而大学教师和学生却对此保持沉默,有的则大声抗议。这些教师和学生感到外部机构和大学管理者打破了原来学校内的权力平衡,剥夺了教师和学生参与学校发展战略决策的权力与机会。他们认为这种权力失衡使未来大学的生存能力遭到了潜在的威胁。大学内权力本来就应是上轻下重的,这意味着以下两点:首先,大学教师和学生本就可以质疑学校的体制是否合理,虽然这可能很大程度上延迟政策的执行,更有可能使大学中的决策功能瘫痪。其次,大学教师,在某种程度上还有一部分学生,也掌握着有益于大学决策的重要信息。据迪尔(Dill)和彼得森·海姆(Peterson Helm)分析,大学的一个重要特点是教师拥有的重要专业技能是评价有关学校发展战略的各种提案是否具有可行性的关键(Dill and Peterson Helm,1998)。因此,鉴于教师在完成大学发展目标中的关键地位,忽视他们的意见可能会影响决策所需的信息来源和政策决定的执行情况。

诚然,能否提出一种最优化的大学管理模式是富有挑战性的。一方面,大学的行政能力需要加强以便应对外界的压力。特别在传统欧洲大陆体系中,大学的权力分配特点是核心层薄弱,因而严重限制了大学适应及应对变化的能力。另一方面,当要从组织机构底层挖掘出关于市场的宝贵信息时,传统的教育和研究赖以植根的学术核心地带更需要继续存在发展并为大学的决策做出充分贡献。如果政府和大学领导者的目标是想获得成功,那么大学必须考虑给予教授们充足的行事空间并让其参与到战略决策中来。未来大学命运如何,取决于其融合传统学术价值和新的管理方式的能力。

这自然而然就引出了这个问题,即成功的融合是由哪些因素来决定的。这要求对大学体制结构、背景和前几十年的变化进行详细考察。像大学着力强调的强化管理的全球化实践,类似的环境氛围的重大变化,都可能显著地影响这个融合过程。此外,背景不同的大学可能也会对同样的现象看法不同,即便这些大学都称自己采取的是欧洲大陆体制模式。

本章一开始解释了管理的概念,虽然概念复杂但却经常被人们使用,而且通常不同的人从不同的角度考察其意义会有所不同。其次,本章将阐述法国、荷兰和挪威的大学管理,指出其高等教育体制内的权力分配形式都属于欧洲大陆模式。然而,由于"大学是一个民族历史记忆的体现,没有一个国家的历史会与其邻国相同"(Neave & van Vught, 1991, pp. x-xi),因此综观各国高等教育体制,我们并不奇怪不同大学的组织结构、实践活动和惯例做法都各不相同。我们并没有把对美国大学管理模式的描述和分析列入在内,这是因为在美国并不存在单一的民族。反之,在美国每所私立大学内都有各自的管理体系,每个州特有的管理体系仅适用于本州的公立大学。尽管如此,本章后面将详述,大学内强调管理思想日益风行,已成为美国很多大学的流行趋势。特别是在波士顿学院,19世纪70年代该校教授委员会被废除,高层管理人员掌控了绝大部分财政和学术权力。尽管很多有关学术的决定仍由各系作出,但是关乎大学未来发展方向的主要政策决定却由少数高层人士做出。最后,本章将对阿维侬大学、奥斯陆大学、特文特大学和波士顿学院的案例进行研究,而波士顿学院案例是典型的起源于完全不同背景的管理结构形式。这就提出了一个问题:美国和欧洲的案例是否存在相似或迥异之处?然而,关键问题是强调管理作为一项全球化实践,是否会导致大学在管理方式上日益趋同?

管理:权力分配模式

所有的权力或决策体系都可以被划分至组织层级。高等教育体制中的层级通常是专断（arbitrary）[1]、和各自为政（interdependent）的，但是任何一个层级中权力平衡的变动都将影响到其他层级。尼夫指出，政府和大学之间职能日趋合理，在背景不同大学中校内大规模重新分配权力对权力平衡的影响可能完全不同（Neave,1988a）。德·葛鲁夫（De Groof），尼夫和斯维克（Svec）称大学内部权力分配的变化是新形式政府——大学关系的副产品（De Groof,Neave and Svec,1998）。总而言之，上层结构和中层结构间的变化将影响到下层结构。克拉克提供了关于不同层级间权力分配的进一步分析（Clark,1983）。

纵向考察

克拉克提出了权力分配三种组合模式的基本形式：欧洲大陆模式、美国模式、英国模式（Clark,1983）。尽管显得多少有些陈旧和过于简单，提出这些模式使我们对体制管理这个复杂问题有了一定的理解。在欧洲大陆模式中，传统上权力共同属于教师协会（faculty guild）和政府部门。教师协会的权力包括教授们拥有管理其下属的权力，继而这些教授们联合起来形成一个管理权更大的团体，在其中他们既专权独立又合作共事。行政权通常都要集中到政府手中。这种权力构成主要体现了正教授们和政府机构中官员们的利益。总体来说，在这种体制中，教授们管理低层而政府官员管理高层。然而，也许并不是事事都如此，比如说，政府可任命新任大学领导，教授们可能极大地影响政府决策，法国的案例就属于这种情况。

大学典型欧洲大陆模式的特征是大学及其教师拥有的自主权比较小，而掌握大权的教授们不愿意专业的管理人员介入，他们更喜欢挑选学院院长和系主任担当业余的管理人员，以便短期聘任和方便解聘。在传统等级制下的大学里政府机构在大学日常事务方面安排了自己的代表进行监督。在这种模式下，政府机构和核心权力机关不愿意在中间存在一个有自主权的第三方力量。大学这一层被认为是传递信息的"中间人（middleman）"。克拉克这样描述欧洲大陆模式权力分配的基本形式："因此，纵向来看，传统的欧洲大陆权力分配模式是将权力以教师协会的形式放在最底端,以政府部门的形式放在顶端,以回应教师协会的要求,而仅仅给处于中间者提供大学管理或理事形式的较小权力。"(Clark,1983,p.127)克拉克指出在20世纪70年代晚期和80年代早期,随着高等教育体制的扩张,由大学这一早已微弱的中层力量变得愈发疲软,在20世纪90年代,很多欧洲大陆模式的大学在这一层级上均发生了巨大变化(Bauer ea al.,1999;de Boer & Huisman,1999;Henkel,2000)。

传统的英国模式则是由不太受理事会影响的教师协会和大学层级上的行政管理人员一起构成的混合体。在这个模式中,大学是自主管理的公共机构并且不直接受命于政府机关。尽管来源于政府的大多数资金需通过大学基金委员会的准备金制度,但大学教授们仍享有很大权力。用克拉克精辟的话概括:"因此,纵向考察来看,英国大学的模式将主要的权力以教师协会的形式放置于底层,但相比欧洲大陆体制,英国大学更强调学院而非个人的作用。它给予中层以一定的权力,包括提供适度的管理和领导权力并允许非专业理事和专业教师来共同进行管理。传统上,政府机构几乎不掌握任何权力"(Clark,1983,p.128)。20世纪六七十年代,随着政府层级权力的逐步加强,这种理想的英国形式开始改变。20世纪八九十年代,如海尔西(Halsey)《学监统治的衰落》(*The Decline of the Donnish Dominion*)一书中所指出,改革从根本上改变了大学体制内部的权力分配。

美国模式是实行理事制度的教师组织与行政部门的综合体。然而,与理想的英国模式相比,美国模式中教师管理权力趋于弱化而理事和行政人员的影响则趋于增强。理事会有权任命行政人员来管理大学,同时行政人员也被给予相当大的行事自主权。与欧洲大陆模式和英国模式截然相反,正教授并不构成大学的基石。由于专业管理人员的影响日趋变大,美国的大学比欧洲和英国的大学更具官僚色彩。在这种模式下,政府机构的权力日益本地化,中央政府的影响力很小,或者说没有什么影响力。正如克拉克所言:"因此,纵观大学的权力分配,在美国大学的组织结构是以行政部

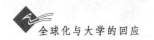

门和理事的形式发展成强大的中层力量。其次,权力在像系和多系学院这样的低层以教师协会和行政机关的形式日益扩大。从比较的观点来看,权力最弱的是政府层级。"(Clark,1983,p.130)

这三种权力分配集中地体现在纵向关系方面,即大学中不同组织层级之间的关系。正如前面阐述的,这非常重要,因为一个层级的职能和地位发生变化将影响体制中其他层级的权力平衡。然而,如横向考察时同一个层级中的权力平衡如何呢?德·伯尔(De Boer)和丹特斯(Denters)根据体制设计的标准化理论提出了一个包含四个方面的分类方案(De Boer and Denters,1999),其中之一就是纵向考察,因为与克拉克的方法重叠因此我们不再赘述。另一方面是"民主与监管",我们将在下一部分中讨论,本部分后续将阐述关于权力横向分布的两个方面。

横向考察Ⅰ

当考虑大学体制设计时,决定是否将权力分离非常重要。倾向于权力分离的观点认为权力垄断容易导致权力滥用,而集体决策得出的结论更能被普遍接受,此观点认为磋商与合作能提高决策的效果。然而,另一些观点则认为权力集中有利于在高等教育中保护学术、成就卓越的事业或者激活僵化的体制。在这方面,权力集中能够反应迅捷,避免联合决策带来的繁冗程序。然而克拉克认为权力集中并不能长久地起作用,因为周围的少数意见会很快滞塞组织的运转(Clark,1983)。

权力的横向分配在理论上有两种选择。基于权力合一的议会制是一种行政权源于立法机构并对其负责的管理形式(Liphart,1984)。另一种是基于权力分离的总统制,行政权与立法权彼此拥有高度的独立性。

这些选择以许多不同的方式出现。首先,在议会制度中,最高行政长官由选举决出或由立法机构任命。而在总统制度中,总统由民选产生或者由另外的首脑提名选出。将议会制度置于大学背景中,大学代表委员会、全体教师或代理理事会将选举或任命一位校长对其负责也可能被其解聘。相反,将总统制度放在大学环境中,校长能够独立于委员会或理事会而独立行使权力。在这种制度下，校长的权力与委员会或理事会的权力是截然分开的。

进一步地比较议会制和总统制可以深入到管理团队的成员关系。原则上，体现了权力分离的制度意味着行政权和立法权的相互独立，所以一个人不能同时在这两个机构任职，即不相容制。权力的融合意味着一个人可以同时供职于行政和立法机构（一元体制）。在一些国家，议会制度又确实规定了权力的互不相容（二元体制）。所以将议会制度在一元体制和二元体制之间进一步分类是完全可能的。根据这种理论，议会制度在行政权的独立程度上会有不同，例如，一个自主权相对高的行政权可划分为二元体制，而自主权相对低的行政权可归为一元体制。

在大学里，正如之前解释的那样，二元体制意味着校长和行政机关的其他成员不可能是理事会或大学委员会的成员。在严格意义上，校长甚至不能是委员会会议的主席。而在一元体制中，大学委员会或者理事会的成员也可以是行政机关的成员。

两种体制各有利弊。例如，在议会体制中就存在管理稳定性的问题。在大学管理中，当立法机构即大学委员会或理事会利用其权力解聘行政长官即校长的时候，校长职能经常被严重削弱，并且可能导致对大学尤其是长期战略发展问题产生消极的影响。相反，在总统体制中，当行政和立法机构不愿妥协的时候，无形之中就可能会出现僵局。章程性的规定对打破僵局可能是必要的；但如果缺乏这样的规定，僵局会让大学管理陷入瘫痪。

总统制与议会制的差异就在于权力分离与权力合一的不同。总统制和议会制是集权单中心体制的两种截然不同的选择。所以，横向考察的三种权力分配可以被分为：权力集中、权力合一（可分为权力的一元融合、权力的二元整合）和权力分离。

上述讨论对体制层面上的大学横向权力分配留下了四种可供选择的模式。与此类似，相近的模式能够被运用于大学的其他层面。这四种模式是：

权力集中意味着大学的最高领导是一位全权的管理者。即由一位校长掌握着行政和规章制定权。而在教师这一级，所有的权力

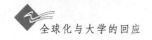

则归属于系主任。

权力的一元融合意味着理事会或委员会有权选择并罢免校长，并使校内各级行政官员对其负责。此外，行政官员还担任着立法机构的委员职务。

权力的二元融合意味着理事会或委员会有权选择或选举并罢免校长，同时使校内各级行政官员对其负责。但是校长不能同时兼任委员会或理事会委员职务。

权力分离要求校长和委员会或理事会的权力有一个清楚的界限，两者或多或少能够彼此独立。

横向考察 Ⅱ

有关大学管理体制设计的考虑因"单首脑制"（一个领导）和"双首脑制"（两个领导）结构的差异而变得更加复杂（Neave，1988b，p.111）。这涉及行使行政权力的范围。领导大学需要有两个相关的能力：在学科上的专业知识或在管理艺术方面具有一般的常识。在对大学管理的讨论中，普遍认为前一种技能为参与行政事务提供了条件。在单一领导制中，大学校长既是学术领导又是行政体系的领导。然而，在双首脑制体制中，学术领导和行政体系的领导相互独立。

这种双重结构存在于大多数欧洲大陆模式的高等教育体制中，并在大学管理中有很长的历史（Neave，1988b）。与学术层级平行的行政管理层级实行相关环节分离制的一个重要原因是要求国家来管理以确保政策实施某种程度的连贯性并为依法管理大学提供保证。所以，大学中最高行政领导通常由国家任命并加以不同的头衔如校长、学监、秘书长或主任。

管理：谁有资格管理？

根据德·伯尔和丹特斯的分类法，我们可以进行更深入的分析,并可涉及民主这个概念。民主的概念通常很模糊,并且几乎每个人都称之为是一种以"民治"为特征的体制,这种体制将政治权力归于民众。

这就提出了一个问题:谁是有资格来管理大学的人?通常的回答是要把管理权建立在利益相关的原则之上。每一个被某个集体决定所影响的成年人,在此项决定被做出的时候应直接或通过代表对该决定拥有发言权(Dahl,1989)。如果这个颇具迷惑性的简单标准被运用于大学环境中时,很难说在大学的各项决策中谁的利益会受到影响。

很明显,不同的民主体系因人民定义的不同而显著不同。出于实际目的,如果体制允许教师、非教职人员以及学生参与决策的时候,这样的体制就可以视之为民主。在这里决策是一个很宽泛的概念,其意义不仅仅局限于决策制度,也包括决策程序,如提出建议、安排议事日程、制订计划和设定方针。一个民主的大学体制要求教职人员、非教职人员和学生都有权[2]参与其中,即在一个广泛的背景中直接(或通过代表间接地)参与影响其命运的政策制定(Dahl,1989)。所以,制定大政方针时大学里没有人会被排除在外。这个包含原则非常特别,它与学院管理的实践相冲突(Bess,1992; Chapman,1983)。通常,学院管理体制是指共同决策,在教师和高层管理人员之间进行权力分配,而没有将非教职人员、学生和其他潜在的利益群体包括在内。

纵观几个世纪,民主的观念遭到过严厉的批评。许多反对者强烈反对大学民主,并强调不是每个人都具备管理所需要的专业技能和知识。他们认为政治权力应该交予那些德才兼备且特别具有管理才干的少数人。在20世纪60年代末和70年代,激烈的争论传达出这样的主张,大学民主的反对者认为资深教授们有专业的知识和经验来管理大学,至少能够管理学术事务。

这些有资格的管理人员通常被称为监事(guardian)。监事管理的倡导者主张普通的成员应该服从于少数具有才干、明智的管理者。监事制度本质的前提是认为人们不合格或不能够完全胜任管理自己之责。所以,民主制度与监事制度的根本不同就在于:谁更

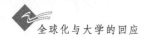

有资格管理？

在西方国家,普遍认为20世纪70年代是大学民主的黄金时期。在几个欧洲国家,大学管理已实行民主化,允许大学里所有有权参选的团体拥有平等的代表权(Daalder & Shils,1982)。然而,如果将更严格的民主定义运用于实践,那么历史上真正的大学民主是很少的。学校内决策权通常被赋予或者被移交给那些见多识广的或在相关方面有学问的人,或许至少被认为是这样的人。

大学中决策需要哪种专业知识呢？例如,在大学的组织结构中,要担此重任至少要有两个条件。第一,在专门学术领域的学者或专家,即学术权威。第二,具有一套"管理艺术"或权威的管理技能。学术自治的全部内涵就在于学者是大学权威性的根源,除此之外没有其他群体能够深深地植根于大学精髓之中。学术界争论是否有其他的、可能的合理来源已经很长时间了。即使两种观点可能会达成妥协,大学内部也极有可能产生争端,因为在大学这样的专业机构中,教授和行政人员都在寻求学校决策上的主导权(Bacharach,Bamberger & Conley,1991)。了解两种权力结构来源的差异对于理解大学管理是很重要的。大学中的"权力平衡"与"选择有资格的人来管理"这两个问题的解决需要具备管理大学的专业知识。

民主概念与监管概念之间的区别显示了在大学管理人员选择上存在根本不同的体制。在现代民主体制下,其特点就是人们选举出负有管理之责的人。除了在直接民主选举中做过短暂的尝试外,学术上的民主已经等同于代表制民主。在学术民主中,大学里的每个人被赋予选举权选出代表承担主要决策的责任。而另一种管理类型监管制,因为行政官员都是量才而用,这要求他们具备专业技能和/或管理技能。此外,这是指一种任者当权(ex officio)的体制,譬如在传统的理事会中只包括正教授。

然而,决策者是选举还是任命,这之间的差异是非常复杂的。首先,从这个角度上讲,自然会存在一种混合管理体制。在大学里,一些决策部门采取了如行政董事会这样的监管制,而其他决策部门则采取了诸如大学委员会这样的代表制。其次,就像尼夫指出的那样，即便是选举制在各个地方也可能彼此不同，并且通常还与参与选举的选民有关(Neave,1988b)。此外，关于不同的选举机制也有几种选择。任命官员的过程无论在形式上还是实践中，有时候也是非常复杂的。当政府考虑了民主选举的大学委员会的意见后任命大学校长时，或者当委员会有权提名校长人选时，这一体制又该属于哪一种呢？当提名即被任命成为不成文的规定时，事实上是谁在进行决策？

即使这些民主和监管的概念有缺陷，也有助于我们了解大学的管理结构。下一节我们将把这一理论运用于法国、荷兰和挪威的大学管理模式。

三个国家大学的结构

法国

众所周知，法国的高等教育有很长的历史。这一段漫长而动荡的历史已在法国的高等教育中留下深深的印记。在20世纪末，相对于其他体制而言，法国高等教育体制仍然高度集权化，其结构变化多样，这一切都源于法国大革命和拿破仑时期。

在法国大革命时期，旧制度下的社团，包括大学，都被废止。[3] 大约在1808年，拿破仑为法国的公共教育设立了独立、统一的机构——帝国大学。该大学分为16个学院或地区行政单位，后来增加到23个。在帝国大学之下，以前的大学没有被重建。相反，拿破仑将学院作为高等教育的基本单位，设立五个学院：神学院、法学院、医学院、文学院和科学院，他希望毕业生能成为受过良好教育的，能为国家的稳定和福利作出贡献的医生、行政管理者以及其他人才。这种学院分类一直到1968年才有所改变。

广义上来说，19世纪的学院由公共教育部管理，然而其职能彼此分离。在19世纪末，政府赋予了学院一定的自主权，允许其设立理事会和代表大会进行自我管理，允许他们选举学院领导并实行财政独立预算（van de Graaff & Furth，1978b）。在同一时期，大学作为一种组织机构得以重建，每一所大学都有理事会，由校长任主席，主要由学院院长和其他教师代表组成。然而，设立学院进行管理的观念早已深入人心，所以期望大学因为重建而统一起来的目的没有达到（van de Graaff & Furth，1978b）。

受到德国经验的启发，同时由于对技术人员的需要增加，法国建立了致力于研究和专业培训的新学院。这些学院与现有的、过于刻板以至于无法与"摩登时代"的要求格格不入的学院并行，在高等教育体系中拥有正式的地位。最近的"外来客"是大学技术研究所（University Institutes of Technology，"UITs"），它们在行政上独立于学院。

与很多国家的情况不同，法国的研究工作是在学院外部进行的。法国的教学和研究从来没有如洪堡的理想模式描述的那样联系在一起（Merrien & Musselin，1999）。传统上，大多数的研究是在研究院进行或至少最初是在诸如国家科学研究中心（National Center for Scientific Research，简称CNRS）这样的研究机构内进行。然而，研究机构却在像贷款、提供服务和设备等各个方面都影响了学院的研究工作。此外，大多数的研究者是国家研究机构的成员，也经常在大学中从事教学活动。如今，在法国关于教学和研究分离的讨论更像天方夜谭，在现实中根本不可能存在。

所以，主要由于历史的原因法国的教育体系分裂成了具有专门功能的各个部门（见Kaiser，2001，对该制度的具体分析）。根据范德格拉夫（van de Graaff）和弗斯（Furth）的分析，"研究主要是中央研究机构的责任，而传统的专业培训功能则交给了学院，通过传统的工程师学校的教育体制来招募行政和技术骨干"（van de Graaff and Furth，1978b，p.50）。法国教育体系分裂后的另一个显著特征是公立大学不再仅仅是上流社会的大学（Merrien & Musselin，1999）。

法国的大学是被克拉克称为采用欧洲大陆模式进行权力分配的典型例子。最高权力属于学院的专业人士和政府。至少到1968

年,两个重要的权力支柱是国家政府部门和教师协会。在制度层面,大学本身很难参与管理(Merrien & Musselin,1999)。

在行政管理上法国高等教育的中央集权制通常一成不变。很多重要的问题最终都交与政府内阁或其他政府机构来处理。然而,由于政府机构里权力垂直运行,行政管理上有很多断层,部长和高等教育主管主要行使政府指导的权力并仅对大学所有的事务具有形式上的权力。国家行政部门仅决定与大学管理结构、课程、学位要求和教师任命程序有关的事务。然而,大学里的正教授们对政府高层的决策具有相当的影响,因为他们在政府的两个高等教育顾问团中都处于很重要的位置,还在很多常务委员会中任委员(van de Graaff & Furth,1978b)。通常,大学教师也游走于政府部门之间,寻求教学资源和成为国家计划项目的专家或带头人。

在20世纪的大部分时间里,大学可以分为三个组织层级:教授、学院和大学本身。只有正教授才有权参与学院、大学或国家级的决策。德国大学的正教授能够获得并掌控大量的研究基金,相比之下,在法国"由于教授职位很少很难获得研究资源"(van de Graaff & Furth,1978,p.54),来自于政府的少量的研究资金由学院所控制。教授们最大的特权是自由安排时间和工作,这是一种典型的法国式的"在刻板的规定中,僵化的行政体制和无政府主义的自由"的结合的现象(Raymond Aron,转引自 van de Graaff & Furth,1978b,p.54)。

第二个层级是学院,几乎是专门由教授来管理。每一个学院都有包括正教授的理事会。此外,还有一个由教授、高级讲师和一小部分青年教师组成的顾问团。在这一体制下,理事会比其他两者权力更大。学院院长也是教授,通常在任职期限三年后重新进行选举;而许多院长在这一职位上待了很长的时间。尤其在巴黎地区,他们是强权人物。范德格拉夫和弗斯认为院长们是大学中央集权制必不可少的组成部分。

第三级是大学本身,即核心层,权力很小。唯一的机构是大学委员会,其权力微乎其微(van de Graaff & Furth,1978b)。这种体制下,委员会的权力很小,部分是由于没有经过推选的教授担任委员会的主席,还有就是这一机构的领导只是象征性的,并没有实权。因此,学院、院长和政府处理了大学大部分的重要事务。

1968年以前,法国的大学曾包括了许多学院,其中学院院长掌握着实际权力:"在他们之下,各个系及其他形式的单位没有权力和财政预算。在他们之上,是作为国家公务员的校长,他是大学委员会的主席,但只是一个象征性的代表"(Prost,转引自 Merrien & Musselin,1999,p. 223)。在学院里,决策由学院或严格地说是由教授们作出。

1968年是法国高等教育的转折点。在五月份学生大规模的抗议和骚乱之后,新任命的教育部部长埃德加·福尔出台了新的法案并于当年九月在议会通过。这项改革法案,名为《高等教育方针法》,有三个目标:促进跨学科合作,扩大参与面,分散权力(或者说是增加大学自主权)(Merrien & Musselin, 1999; Mignot Gerard, 2000)。下一节将着重阐述第二和第三个目标。

1968年法案详细阐述了针对不同决策机构,大学有关其组织结构、作用和责任的方针政策。这些新建立的委员会由各个团体的代表组成,包括资深教师和青年教师、研究人员、学生、非教职人员和代表公众的校外人士。[4] 一个典型的80人的大学委员会由20名资深教师、12名青年教师、4名研究人员、25名学生、5名非教职人员和14名校外人士构成。1968年以前盛行的学院管理模式转变成了民主代表制。然而,在实践中,教职人员尤其是资深教师往往主宰了委员会。此外,研究事项归于一个独立的科学委员会的管理,该委员会只包括教职人员,其中大部分是资深教师。

1968年《高等教育方针法》引进了校长制,旨在加强大学的核心管理层。大学委员会选举校长,通常是委员会中的一位教授,任期五年。校长由一位行政秘书长和一位或多位从教师中选出的副校长协助工作。尤其在动荡的时期,校长面临的主要问题就是管理好性质各异且曾经拥有相当大权力的各个学院。最初,关于校长和大学委员会的关系有一些不同的理解。教育部长认为校长并不对委员会负责,这就意味着大学应该按照校长制而非按代表大会制来管理。在20世纪70年代,大学代表管理体制面临几个问题,各代表团成为"意识形态和政治斗争的战场,选举经常遭到联合抵制,讨论持续数小时,校长提议被各种动议有组织地抵制"(Mignot Gerard,2000,p.5)。

20年后,梅瑞恩(Merrien)和姆瑟琳(Musselin)得出了更加含糊其辞的结论,认为一方面法国大学最终获得了更多的自主权,另一方面:

> 法国大学通过提高其管理能力而发生了改变,这很大程度上依赖于历史沿袭下来的制度、规范和社会惯例,但是这些却也严重地限制了现有的发展空间,不得不克服许多的不利因素。法国大学不得不面对国家和学术团体,不得不同时在高等教育市场中寻找一席之地。这三种因素使法国大学发展变得极其复杂,也使其进程被减缓了。(Merrien and Musselin,1999,p.221)

在20世纪80年代,法国大学内部决策进入了更为平稳的时期。大学的决策力始终较弱而有关意识形态的争论趋于平静。1984年,《萨瓦里法案》(the Savary Act)在国会里获得通过,该法案旨在加强大学自主权并力求在制度政策上保持一致。1984年有关组织结构的框架并没有根本的改变,但或多或少与60年代末期的主要观点保持了一致。此外,大学管理层保留了校长和两个大学委员会的设置(行政委员会和科学委员会)。还引入了第三方顾问机构,即大学学习及生活委员会。但是这种做法很快就遭到了批评,一些人相信各方参与管理的模式非常容易引起争论而且大学开始变得带有政治色彩,而其他人则认为它破坏了强有力的、有效的领导,在主要的参与者之间仅保持了模糊的权力平衡。

在20世纪80年代末期和90年代初,法国的大学开始实施了一个影响其管理结构的政策——契约政策(contractual policy)。这一契约政策的最初目的并不是促使大学进行改革,可它却极具讽刺意味地为法国的大学管理模式引进了一些意义深远而成功的变革(Mignot Gerard,2000)。梅瑞恩和姆瑟琳认为不是契约本身而是其政策目标显得至关重要,其中包括提高大学的内部活力,强化校长的作用和地位,以及调整国家和大学间的关系。这一契约政策着重强调了大学需要加强和更新其管理手段,还要为与政府相关部门进行谈判准备具有战略发展内容的文件。在制度层面上,也意识到了那些早期未能提上议事日程的决策措施是很必要而且也是可行的。在此契约政策实施的过程中,校长们发现他们不仅仅可以代表大学,此外,"校长也是与政府部门进行对话的唯一合法者,而不是大学与重要行政管理部门的中转站"(Merrien & Musselin,1999,p.230)。校长也逐渐利用这个机会充分行使其权力。

这一节的结尾将列举20世纪末法国的大学最新的管理机构:

管理委员会即行政委员会,负责决定政策,表决财政预算,批准报告,分配岗位,批准大学校长签署的协议和合同;核心决策层包括30到60名成员并批准其他团体的提议。

科学委员会向管理委员会提交有关学术研究的政策,为提议和进一步制定教育计划、研究计划、项目合同以及对颁发和变更文凭提供建议。

大学学习和生活委员会向管理委员会提交制定的初步和深入的教育方针政策,为学生指导、大学社会生活、学生生活和学习条件,以及图书馆和文献中心制定措施,也可以审查新的分支学科提出的各种要求。

这三个委员会由从教师、研究人员、学生、行政人员、技术人员、教辅及后勤人员,以及来自校外的个人中选出的代表所构成。

三个委员会全部成员共同选出大学校长,任期五年,不允许改选。校长在校内拥有最高权力,他管理大学、负责委员会工作、安排收支、任命检查委员会,也负责大学的日常工作。尽管有时副校长是由校长提名后经选举产生的,并且通常在某些委员会主持工作,校长也可以任命副校长来管理某些具体的工作。校长这个团队可以被认为是大学的行政委员会。

秘书长由校长提名,教育部长任命,负责校长权力以下大学的日常管理。这一职位的设立是基于政治和行政联合的因素来考虑的。

在学院层级的行政结构包括：

  学院院长由学院委员会选举产生，她或他是学院委员会中的一名成员，任期五年。

  学院委员会由教师、非教职人员、学生和外部人士选出的代表构成，并负责制订教学和研究计划。

荷兰

  荷兰的大学在建立年代、规模、历史和使命上都各不相同。荷兰建立的第一所大学是莱顿大学(1575)，最晚建立的是马斯特里赫特大学(1976)。有些大学是综合性的，有些是文科的，像莱顿大学、格罗宁根大学和乌特勒支大学，而其他的则设立了理工科，如德尔福特大学、埃因霍温大学和特文特大学。也有三所宗教大学，内梅亨大学、勃拉邦特大学和阿姆斯特丹自由大学。这些是私立大学，但得到了公共资助，因此也可被视作公立大学。自1960年起在荷兰总共有13所大学成为独立的法律实体。

  在20世纪70年代之前，荷兰的大学其管理结构的突出特征是采用双首脑制管理。[5] 学术和非学术事务的管理分属于不同的部门。这种大学管理是克拉克概述的欧洲大陆模式权力分配的典型范例。在行政层级的顶端是学监委员会，负责监督法律和规章的实施、管理大学财务和人事。他们代表政府，有权雇佣和辞退青年教师、学生顾问和其他雇员，在向教师和行政董事会就日常管理做咨询后，对正教授和副教授进行提名。双重领导制的另一个支柱是包括了所有正教授的教授会，设立教授会体现了教师的自我管理。

  在20世纪60年代，荷兰高等教育的参与面扩大了，对传统的大学管理模式的效果及效率的关注也增强了，例如出现了前面提到的教授会。然而，就像在法国和挪威那样，青年教授、教职人员和学生要求参与民主决策的需求掩盖了这些被关注的问题。大学实现民主的运动也产生了深刻的影响，并于1970年在议会通过新

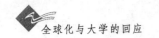

的《大学管理法案》(Act of University Governance)。

尽管在效果及效率方面有了新的目标,1970年《大学管理法案》最突出的特点是强调大学外部及内部实施民主。《大学管理法案》废除了理事会和"监督委员会"(或"学监委员会"),并且通过大学和学院委员会建立了功能代表制。教师(教授和其他教师)、非教职人员和学生可以选举自己的代表进入大学的规章制定机构。此外,来自校外用以代表公众的一部分人士也被任命到此委员会中。委员会的成员,除了学生仅要求任职一年以外,其他人员至少要任职两年。委员会的会议是公开的,其中一名成员被其他成员推举出任委员会主席。该委员会需讨论大学财政预算、发展计划、年度工作报告、一般学术程序和内部规章制度。尽管成员每年都会不同,但整体上说,选举出的委员中至少有三分之一的教师,最多有三分之一的非教职人员,最多有三分之一的学生。[6]

行政董事会负有行政职能。首届行政董事会有五个成员(后来减至三个),其中包括校长。董事会中三名成员(包括校长)由政府任命,其他两位则由大学委员会选出。院长委员会和大学委员会向教育部长提名校长人选,行政董事会承担前监管委员会的工作并对大学各级行政部门负责。院长委员会包括各学院院长并由校长主持,其职责主要是在教学和研究领域提出建议,除了提名院长人选以外,还有就是资助研究生完成博士学位(参见 de Boer, Denter, & Goedegebuure, 1998,对大学其他层级所作的详细阐述)。

20世纪90年代中期,在由教育部、文化部、科学部部长共同主持的特别委员会上提出了几个当下在大学管理体制中普遍的相关问题,它们是:(1)与教学结构对应的管理结构不适应;(2)责任界定不够明确(在集体决策中,个人没有承担起应尽的责任);(3)权力分散;(4)双重领导制,尤其在学院层级;(5)以牺牲教学为代价过分强调学术研究,这可能对教学质量产生负面影响;(6)各级单位之间的沟通不充分也不协调。

1997年,荷兰议会针对大学的管理通过了一项新法案。在法案附带的备忘录中,教育部、文化部和科学部的部长们认为大学管理结构的现代化是提高基础教学和研究质量的先决条件。改革提高了大学中决策的效率和效果,整体上符合旨在提高大学自主权的政府指导战略,这为大学在变革的环境中逐渐适应并灵活应对提供了可能。

《大学管理结构现代化法》(the Act Modernizing University's Governance Structures)(简称《现代化法》)的出台预示着将会有实质性的变革。[7]《现代化法》废除了各种事项均由校董会和大学委员会"共同决定"的权力合一体制。有关教师和非教职人员事务的大部分权力归属于学校核心管理层和学院级相关单位。此外,在若干方面这种管理结构使权力不像以前那么分散,例如,废除了第三层结构——也就是说,由一名或多名教授,包括其他在同一个学科领域的教师的这一层,彻底废除了这一最有权力的层级。

在核心管理层,新管理机构主要包括监督委员会、行政董事会和大学委员会。监督委员会由五人组成,由教育部长任命并对教育部长负责。监督委员会审核并批准大学的像发展战略和预算计划这样最重要的事项,以及仲裁行政董事会和大学委员会之间的争端。行政董事会最多包括三名成员,其中校长由监督委员会来任命。相比在旧的管理结构中类似行政董事会这样的机构明显地拥有了更大权力。大学委员会不再拥有像批准财务预算这样的决策权,而只充当一个仅具有附属权力的代表咨询机构,譬如说对制度、规章和发展战略这样重要的政策文件作出评议。[8]

在学院层级,尽管大学可以保留一个小规模的教职工委员会作为行政机构,新的法案赞成院长形式的单一领导制。然而,相比在以前的管理体制中,院长和学院委员会都拥有了更大的权力。大学行政董事会来任命院长,人选可从来自校内外的人士或从教职工中选出。像在核心管理层一样,学院委员会的权力也被削弱了,很大程度上成为一个咨询机构。法案具体规定学院委员会的半数成员必须是学生。此外,学生还要参加教育委员会。学院委员会的规模从三人至二十人以上不等。

从1997年起,荷兰的大学第一次有了单一领导制管理体制。新的体制下行政权和规章制定权都集中到一起(单中心体制)。相对于过去的体制,学者在最终决策中几乎没有什么发言权。所有重

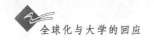

要的管理部门——监督委员会、行政董事会和学院院长都由上述的管理机构任命。所以,一个新的任命制管理体制代替了所有相关利益群体均有权参与进行选举的旧民主体制。

挪威

相对于欧洲的其他国家,挪威的大学很年轻。第一所大学是雷吉亚福里德里西那大学(后来更名为奥斯陆大学),成立于1811年。第二所是卑尔根大学,建立于1946年。其他两所,特隆赫姆大学和特罗姆瑟大学,建立于1968年。根据其自身状况,奥斯陆大学的学科设置包括有工商管理和农业科学等六个专业学院。

在挪威,传统上高等教育是公益事业,教育科学部全权负责对高等教育和学术研究进行管理。然而,很多年来在挪威没有一部通法来规范所有的教育机构,相反却有不同的法律约束着大多数大学和相当于大学的研究单位。而直到1989年,大学才被置于单一的法律管辖之下。

到20世纪80年代,挪威高等教育体系还是克拉克阐述的欧洲大陆权力分配模式的典型范例。中央政府运用具体的法律法规限定大学的行为规范。同时大学已拥有相当的学术自主权,但是无疑大学还需要更多自主权,例如教授在教学和研究上应具有更大的权力和自由(Midgaard, 1982)。

挪威的大学的另一个显著特征是在管理方面有相当长的参与传统。从20世纪初在挪威就开始出现一个普遍的趋势,即扩大大学的管理的参与度。几十年来学生和教师以一种他们自发形成的方式参与大学的管理(Midgaard, 1982)。

本节概述20世纪最后十年大学管理的重大变化,主要集中讨论奥斯陆大学。由于缺乏综合的高等教育法律规范大学管理,以至于挪威的大学彼此间差异很大。我们对四所大学中的两所进行的研究不得不从头开始。20世纪60年代,大学管理被重新评价。尽管在挪威,建设大学民主精神也是变革的主要动力,但并不像在荷兰那样变革是1968年法案的直接结果。改革进程以1967年建立机构委员会为起点,1968年由于体制管理缺乏民主引发的事件成了进一步的推动力,经过数年的讨论、试验和逐步适应之后,新法案于 1976 年正式通过并于 1977 年 1 月 1 日起生效。总体上,这项改革确认了大学需具有三级结构(核心管理层、学院和系),扩大了的学院合议制代替了代表选举制(Midgaard,1982)。

当描述 1967 到 1976 年间的决策过程时,米嘉德(Midgaard)总结道,核心管理层给了大学许多机会就地处理情况;然而,国家行政部门并没有完全袖手旁观,而是干预了几次。但是,对于一个拥有很强的采用政府规定管理传统的高等教育体系而言,相比之下政府干预却显得出奇的少。20 世纪 70 年代,奥斯陆大学独自应对这些压力以改革其管理结构(Bleiklie,1996;Midgaard,1982)。1989 年,议会通过了一部法案,对这四所大学和六所大学级学院产生了影响,也使它们内部发生了更大的变化。通过将许多问题的决策权由政府移交给大学,这一法案提高了各个大学的自主权。

1996 年的法案为大学、大学级学院以及非大学级国立学院的管理结构提供了共同的框架。这使得以前的指导方针也发生了两个重大的变化,其一是进一步加强对学术和行政的领导,其二也明确区分学术领导和行政领导的责任。迪蒙(Dimmen)和基维克把第一个变化描述为开启了大学强调管理的大门,赋予核心委员会和校长更大的权力,同时也给了当选院长和委员会主席更大的学术领导权,让行政领导在大学的管理中扮演更强有力的角色,也让其在所有行政层级中拥有更大的管理权。迪蒙和基维克把第二种变化形容为领导权分离制,它在学术活动和行政活动之间划分了一条明确的界限。20 世纪 90 年代末,挪威所有的大学在核心管理层、学院和系的层级上的管理体制相互分离,学术领导的行政权变小,更多地扮演了一个政治性角色。此外,两到四名校外成员在核心管理层占有席位,尽管这最初遭到很多批评,但后来却被评价是"具有建设性"的(Larsen,2001)。

1996 年的法案像 1989 年法案一样,规定大学由核心董事会和大学委员会来管理。大学委员会决定董事会的规模和构成,董事会由 9 到 13 名成员组成,包括校长、前任校长、2 至 5 名教师、1 至 2 名技术和行政人员、2 至 3 名学生,以及 2 至 4 名校外人士。教师

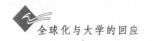

或者教师和学生的组合必须占据大多数。被选举出的教职人员任期三年而学生任期一年。教师、技术和行政人员的选举分开进行，政府部门根据提名来任命校外董事会成员。大学委员会承担了咨询的职能，其组成包括教师和学生至少15个成员，要求它负责长远规划、指导资源运用、制定财政预算并负责其他财务事宜，还有负责课程的设计，协调主要的组织结构变化。

最高管理层是校董事会，要求为教学、研究和其他学术活动制定发展战略，并负责财务事宜和报告年度财务状况。校董事会有责任确保学校内部的组织结构恰当、支出到位，并符合政府的规章制度，它提交年度财政预算并有义务报告其活动的结果。

第二个层级是学院，第三个层次则是系。两个层级包括了行政董事会，它们的权力来自于学校本身而非政府机关。这三个层级之间有一个等级关系，校董会决定学院和系级委员会的规模和组成，而后两者必须让教师占大多数，并也可以有外部成员。1996年法案规定校长、学院院长和系主任等学术领导均应由选举产生。校长是校董会的主席，对大学的各项活动负有最高责任，并在法律上代表大学。院长和系主任也在其各自的层级上扮演着同样的角色。

选举出的学术领导并不高于同级的行政领导，被校董会任命的行政领导负责大学的行政事务并有权指挥和命令所有的行政人员。在过去的十到十五年间，尽管不是在所有的系，但是各级行政领导的岗位已在学院和某些系建立起来，并要对最高行政领导负责。从这个意义上讲，大学是一个实体而非学院的集合。大学行政领导向教育部长负责，并为管理委员会会议准备提案，而且根据现有的法律和惯例确保其得以实施。挪威的大学很明显是双重领导制，教师和非教职人员的事务是分离的。这是挪威与荷兰大学管理模式的主要不同，而废除双重领导制也是荷兰大学改革的主要目标之一。

迪蒙和基维克认为，挪威1996年法案最重要的补充是：

在取代大学委员会后，校董会（行政委员会）的工作量和责任已经变大了。

1996年法案规定校董会下不同等级的管理机构将采取综合的行政代表制。

校董会有两到四名校外成员。

行政领导作为大学首脑的职能被加强了。

执行决议和决策的责任从校长、院长和系主任转向了具体的行政部门。选举出来的学术领导不再是行政领导,但他们仍是内部行政决策体制的成员,虽然有别于单纯的行政人员,但他们还是要担负比以前更多的行政职责。

小结:一个暂时的结论

这些关于欧洲大学管理的报告展示了同一时期在三个国家发生的相似变革,并对大学管理产生了重大影响。20世纪60年代末和70年代初的民主化运动,以及90年代兴起的强调管理思想,都影响了大学的管理。此外,90年代在三个国家兴起的加强行政职能的趋势都很明显。然而,巨大的差异仍然存在并还在继续。在法国,学院的院长权力变小了,而在荷兰,学院的院长权力却变大了,这该如何比较呢?又该如何比较在荷兰建立的统一管理结构而在挪威又是学术与行政权的分离传统?该如何比较在挪威的学术领导选举制而在荷兰实行任命制?

本书核心的问题是全球化是否导致了大学的趋同性。就像第一章讨论的那样,全球化导致了相似大学管理结构的产生吗?但如果就此做出定论则太草率。就大学的背景、文化和规模而言,其不同的管理结构已经日渐相似并往同一个方向发展,这都是完全可能的。我们在形式上对大学的管理结构演变历程做了简短的描述后,就可以发现三个国家的大学中仍然有很多的差异。我们会思考大学里的人是如何看待管理结构发生的变化的。他们会有相同的看法、认知和体会吗?

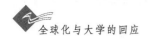
全球化与大学的回应

实证描述：大学管理

强调管理的思想是一个宽泛且含糊的概念，深入描述这个有着多种含义的概念已超出了本章的范围（Pollitt，1990）。当然，关于大学管理，我们将关注大学表现出其管理方式所拥有的特点的若干因素。[9] 这些因素没有把大学管理者的专业背景置于考虑范畴之内，而只是强调行政领导能力，强调三个 E（economy 经济、efficiency 效率、effectiveness 效果）在方法上的合理性；以及如权力集中和等级制等自上而下的大学管理结构。在阿维侬大学、波士顿学院、奥斯陆大学和特文特大学，这些"强调管理思想"的因素进入了日常的管理实践吗？这些大学的运作有变化吗？教师在决策中扮演了什么样的角色？这种角色随着全球化的进程而改变了吗？

强调管理思想兴起？

在特文特大学，受访者中压倒性多数人认为学校转向加强管理的趋势已经出现，特别是决策的集中体制。大约一半的受访者认为这是一个积极的转变，而另外半数则反对。

少数受访者有着不同的认知，例如一些人提到大学是学术机构，有人说它是政府机关，也有人认为它是集中管理和民主特征的混合体。然而，大学的组织结构和形式上的政策规定，以及实践中不成文的规定，在下列引文中已有适当描述，我们要注意它们的差异：

> 理论上，我们愈发地强调管理了，而在实践中还没有。我认为很难说是否已经强化了管理模式。可能已经列入计划之中但还未达到目标。（特文特大学，资深男性教师，社会科学）

在形式上感觉是一个线性的管理模式，但实际上我认为决策体系仍然带有很强的学院色彩。（特文特大学，资深男性管理人员）

在特文特大学，[管理方式]已转向了"温和的管理"（Trow，1994），强调在更低层的学院进行决策。特文特大学的受访者认为尽管学院院长和核心行政董事会比1997年前有更大的权力，但在"基层"他们仍有很大的自主权。诚然，自1997年起特文特大学的管理结构更趋等级化，对一些战略性的决策采取自上而下的管理方式——在这一点上受访者的意见几乎是一致的。其他结构管理方面，如"更加务实"、"更加透明"、"更加官僚"都很少被提及。只有三个受访者认为很少或根本没有发生变化。特文特大学的权力结构曾经相当分散，这表明任何变化或多或少都会"自动"转变成为权力集中制。

在学院层级，认为院长现在拥有了更大权力的受访者和认为中层决策仍然属于协商性质的受访者之间出现了分歧。当两种回答本质上不同的时候，我们很难得出结论。毫无疑问，从形式上看院长有了更大的权力，但他们运用这些权力的方式却并不明确，至少半数受访者认为有时是按协商的形式来进行的。

现在是自上而下的管理。当然对学院而言已经变了许多。院长掌握了所有的权力。（特文特大学，青年男性教师，自然科学）

现在是集中管理。过去是相当民主的，但这已经变了。（特文特大学，资深女性教师，自然科学）

权力变得更加集中，因为我们需要在核心层有更多的管理权，以便将大学引导向一个完全正确的方向。（特文特大学，资深男性管理人员）

官方的组织结构形式是等级制。但从非官方的角度讲，学院院长是一个思想开明、平易近人的人。（特文特大学，资深男性教师，专业学院）

变化并不显得那样剧烈。只能在一致同意的基础上行事，

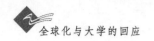
全球化与大学的回应

当然必须是在荷兰。它仍然是学院或集体决策,但已变得更加等级化,形成了某种权力集中的管理方式。(特文特大学,青年男性教师,社会科学)

当在变革期间进行这样的访问,而且在新的管理体系中担任职务的人在旧的管理体系中也往往处于相同职位时,特文特大学的例子是耐人寻味的。这些人企图搬出旧规章,保持他们的老习惯,这可能阻碍了改革同时也恢复了旧有的体制。随着时间的流逝,改革的成果有可能恰恰与改革者期望消除的做法惊人地相似(Lanzara, 1998)。看一看继任的院长们怎样做会非常有意思,下面的引文就证明了这一点:

对于我的日常工作而言它根本没有影响,因为我们现任的院长和前任院长是一个人。所以在组织结构上几乎没有什么变化。(特文特大学,青年男性教师,社会科学)

我的意思是他们[院长]已获得行政董事会的任命,但是在学院推荐的基础上,事实上他们中的大多数当时就已在院长的职位上,所以他们仍然保持了旧的传统和价值。当然可以说他们并不是很有能力的管理人员。(特文特大学,资深男性教师,社会科学)

就像在特文特大学一样,大多数奥斯陆大学的受访者觉察到了大学管理方式已经转向了"强调管理",并且有时还带有机关或学院合议制的色彩。不足四分之一的受访者认为奥斯陆大学更像政府"机关",而只有少数人认为它是按学院形式运行的机构。当大学管理采用机关的形式容易引起负面的反应时,采用学院形式的管理确实很有益。与特文特大学对强调管理思想的评价不尽相同,大约一半的反馈是否定的,约四分之一的反馈是肯定的,而约四分之一莫衷一是。

在奥斯陆大学,受访者提到的学校层面最大的管理方面的变化是,由于外部代表参加的委员会变少了,大学变得更像机关了。在这一背景下,挪威的受访者将大学管理采用机关形式视作为大学

第四章 大学管理

加强管理,增强透明度,提高责任心,强化核心领导力,使权力更集中,并让校长、院长和系主任担负更多责任的手段。在各个层级上大学开始精简管理人员,其目标是简化并加快决策程序。但是出于若干原因这些变化从整体上讲并未受到人们的重视。

> 我二十五年前离开了这所大学,那时学校由教师来管理。但我回来的时候,却回到了一所由官员管理的学校。(奥斯陆大学,资深男性教师,专业学院)

> [学校]已经加强了核心层的管理。(奥斯陆大学,资深男性教师,专业学院)

> 在这三个层级中,有着[由各方代表参与的]庞大的管理机构,并且其中很多时候是无休止的讨论,但也确实是真正的讨论。在这些委员会里有如此之多的代表以至于很容易想象会发生什么事。在那里你能找到充足的信息、文件、背景资料、备忘录等等。现在这些委员会已经被取消了,只留下了少量的管理人员。(奥斯陆大学,资深男性教师,专业学院)

> 最不可思议的事,至少是象征性地,是我们在校董会里有外界的代表。这好像会威胁到我们的独立性。(奥斯陆大学,资深男性教师,专业学院)

在奥斯陆大学的较低层,对管理变化的主要反应是院长和系主任的权力增加了,由于削减资金,需要更合理地利用资源,并需将院系小规模改组合并。尽管有着强调管理的趋势并增加了办事机构,奥斯陆大学仍然有很浓厚的学术民主氛围,并秉持学院管理的原则。在某种程度上强调管理思想和采用机关形式已经改变了教师的地位,剥夺了他们的一些自由,但是在20世纪90年代末,这还未实质上削弱教师的权力。在下面的引文中有很好的例证:

> 学校里存在着管理氛围、行政氛围和学术氛围。但我仍然认为总体上讲学术氛围最强。我想在核心管理层有着向专业管理方式发展的趋势,一旦处在该核心管理部门之外,你会发现其他的氛围仍然很强,其中学术氛围是非常浓厚的。(奥斯

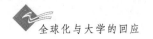

陆大学,资深男性教师,社会科学)

阿维侬大学的状况与奥斯陆大学和特文特大学不同,受访者声称在大学的管理结构中还未出现强调管理的趋势。[10]此外,只有一些阿维侬大学的受访者认为确有向强调管理的转变,其他人则认为学院式管理是主要的特征,特别在大学低层。而大约三分之一的受访者觉得机关才是阿维侬大学组织结构的主要方式。受访者几次提到了实际上是学院式、机关式和/或强调管理等因素相混合的管理结构。由于大学的发展,学校机关化主要表现在办事程序增加,这反过来让现有的学院式简单的决策体制感到了很大的压力。下面的引文反映了这些不同的观点:

> 这样一所大学["老大学"]的管理不太正式,因为规模比较大,加强管理就很必要。我不确定"强调管理"这一术语是否能用在这儿。采用机关形式或者正规一些也许更恰当一些。(阿维侬大学,资深女性教师,专业学院)

> 我认为我们根本没有类似企业的运作方式。我也认为根本没有倾向于强调管理的转变。无论是企业还是大学,最打动我的是能否带来更多的内部民主。(阿维侬大学,资深男性教师,专业学院)

> 我想说大学是按照机关和企业混合的方式来运作的。(阿维侬大学,资深男性教师,社会科学)

> 我想说大学更像一个机关,主要是因为采用线性决策的方式。(阿维侬大学,资深男性教师,自然科学)

> 我想将行政部门看做是学院单位——大学里的决策是以集体方式进行——不像在企业里权力是掌握在一个人的手中。(阿维侬大学,资深男性管理人员)

相对于奥斯陆大学和特文特大学,在阿维侬大学普遍的反应是比较乐观的。在那里,大约半数的受访者觉得在过去的几年中只有些许变化,而其他的受访者认为有相当大的变化。然而,大多数的变化并非是关于管理或管理结构本身的。被提及最大的变化是新领导的出现，其他的则包括有了新校址、更好的设备、新建和翻新的大楼。这些不是管理上的变化，然而却能影响大学的运作。新校长和院长经常会带来自己的风格。尽管大学扩大规模可能会造成一种空间阻隔的情况，但新的校址和院系的重组增加了相互交流的机会。一些积极的变化则包括透明度增加、保持政策连贯性和实施了问责制。那些觉察出消极变化的人提到了财政限制、资源减少、丧失自由，还有就是缺乏人情味。

> 我认为在大学管理的方法上并没有根本变化。不过有一种变化使大学更加现代化，那就是搬进了新的大楼，有了新的校长和新的行政委员会。所以这些改变并不是大学运行的真正方式，而是它的环境和相关的人改变了。（阿维侬大学，青年女性教师，自然科学）

相对而言，波士顿学院的情况则完全不同。最近还没有向强调管理趋势的转变，因为大多数强调管理思想的因素在20世纪70年代初就已开始起作用。波士顿学院的受访者认为他们的学校在体制上是"集中管理"，按其中一个受访者的话说，这是一个极端权力集中的例子。即使没有教师参议会，对这种自上而下的管理类型也似乎没有太多的不满。也就是说，教师在大学层级没有多少发言权。然而，大多数教师认为大学运行良好。并且在低层，教师的积极参与足以保证这一点。

> 基本上，这里的决策权力比其他很多地方更集中。这对我们有益，是源于我们特殊的历史。（波士顿学院，资深男性管理人员）

> 我愿意把它视作一种良性的专政。（波士顿学院，青年女性教师，社会科学）

> 这一体制根深蒂固，我们采用集中管理。我们没有教师参议会。我想他们选了少量高薪的教师一起协商。（波士顿学院，资深女性教师，社会科学）

大多数受访者认为在过去的五年中，波士顿大学的管理结构几

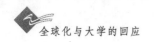

乎没有发生什么变化。大部分受访者对于现有的管理结构相当满意。除了全校范围的决策是自上而下地开展外,在系这一级的决策更多是按照学院形式进行的。几乎所有的受访者都认为院系的运作是采用学院形式和/或民主形式[11],就像一位略显极端的受访者描述的那样:

> 我们什么事情都表决,至于那些尚未表决的事情我们也不会现在进行表决,因为还在争取大家一致同意。(波士顿学院,资深男性教师,社会科学)

在实行学院管理制的院系里,我们并不奇怪受访者对现有的管理结构没有什么怨言,因为他们在集中管理下并没有感到任何拘束。如果人们坚持认为大学管理良好,那么他们将接受任命的领导和大学权力高度集中的管理形式。例如,下面的这位受访者希望有更多的教师参与,但他也发现了现有的体制已经使他受益匪浅:

> 是的,我愿意更多的教师参与进来,但是现有的体系确实也起作用。离心离德的状况还相对少,我这样说是因为这地方待我不错。(波士顿学院,资深男性教师,专业学院)

总之,强调管理的思想已经植根于三所欧洲大学的管理结构中,但是程度各不相同。特文特大学的例子最明显,而阿维侬大学的状况却值得怀疑。此外,在大学的各个层级上似乎也存在着差异。在低层很可能是"像以前一样",也就是说,是采用学院管理形式或民主决策体制。然而,强调管理的趋势不能被否认,而且在大学层次上已经显现出来。相对而言,波士顿学院在过去的30年中已经逐渐地"加强管理"了;然而,对教师权力减小的趋势几乎没有听到什么异议,因为教师们好像缺少时间和动力参与涉及全校事务的决策。

参与决策的教师

特文特大学约半数的受访者认为教师在决策中的作用已在过去的五年里发生了改变。鉴于1997年出台的新法案和已观察到的大学内有向强调管理的转变趋势,这还是一个相当低的比例。许多人并不认为这些改变引人注目,相反倒觉得它们很平常。

觉察到教师地位发生改变的大多数受访者认为,他们的地位已普遍降低,但这并不见得就是负面的。[12] 正面的结果是大学管理增加了透明度、提高了效率,并减少了对具体决策的无理干预。负面的结果是指,缺乏学院形式的管理和可能造成权力过于集中,增加了教师参与和知情的困难。

> 必须要说,对这一点我并不确定。我认为我们太忙了以至没有注意到事实上发生的巨大变化。的确有不同,但不得不承认我根本没有注意到。(特文特大学,资深男性教师,自然科学)

> 在旧的体制中,你总能了解一些情况。必须参与才会了解具体事宜,知道议事日程上的各个事项。现在却越来越觉得有些事你根本不清楚,也不被告知。(特文特大学,资深男性教师,专业学院)

在奥斯陆大学,大多数的受访者认为在过去的几年中教师在决策中的作用已发生了变化,并且认为目前教师的地位已经降低;然而,这并不意味着他们被迫退出只作旁观。大约四分之一的人并不觉得有显著的变化。

大多数观察到变化的人将其视作是消极的,这些消极因素包括他们得承担更多的责任,工作量也增加了,行政人员的权力变大了,用于教学的时间减少了,同时学术标准也降低了。一些受访者也提到教师参与度减少了,而那些将变化视作积极因素的人指出,提高效率和增加责任是有好处的。

> 这里普遍的认识是教授的权力被削弱了,而行政部门的权力增加了。我认为这种趋势是存在的,但还没有产生太大的影响。因为传统的力量仍很强,这所大学的教授们仍有很大的自主权;他们可以按照自己的意愿去做事。(奥斯陆大学,资深男性教师,专业学院)

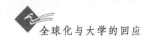

很显然扩大自主权和增加责任的效果之一就是有了更多行政工作,所以我们常常发现用以衡量教师的各种实际学术成果时,可利用的资源增多了。对于教师而言这意味着作计划、写报告和更多承担行政责任。(奥斯陆大学,资深男性教师,社会科学)

以前我们不必向系主任提交年度工作报告,汇报做了什么工作,发表了多少文章,但现在我们却不得不这样做。可是我认为写一份年度报告也很不错,因为也必须对自己负责。(奥斯陆大学,资深女性教师,专业学院)

在前一小节中我们提到,相对于奥斯陆大学和特文特大学,阿维侬大学的受访者认为在他们的管理结构中变化比较少,进而他们认为教师在决策中的地位变化也很小也就不足为奇了。也有大约三分之一的受访者觉得完全没有发生变化。许多觉察到变化的人认为存在积极的因素,这些因素包括增加开放度、采用学院式管理和促进了信息交流。而对教师的地位变化持消极态度的人认为,教师自由度小了并且学校强迫教师接受这些改革。下列引言反映了不同的回应:

我认为与教学相比,它并没有太多改变我们的生活。我们可以做自己喜欢的事情。(阿维侬大学,资深女性教师,社会科学)

这不是根本性的变化,但事实上,我们确实与行政部门的距离更近了,所以和以前相比,我们接触行政部门更容易也更直接了。(阿维侬大学,资深男性教师,自然科学)

我想说对我们有更直接的影响,也觉得我们被关注得更多了,对情况更清楚了,也了解工作是怎样开展的。(阿维侬大学,资深女性教师,自然科学)

现在有更多的人意识到我们大学的现状,我们不仅意识到行政部门的问题,也了解了更多的问题,甚至像大学的财务状况。所以对整个大学的职能和问题的这种集体性关注也在增加,尤其是在教师当中。(阿维侬大学,资深男性教师,社会科

学）

　　关于财务的事宜已渐渐变得让我们无法控制，我的感觉是在开展研究项目上变得越来越不自由。（阿维侬大学，青年男性教师，专业学院）

选择学术领导

　　这一节余下的部分将分析"强调管理思想"是否对大学的民主决策有直接的影响。具体就是指民主与监管的概念。这两个概念的不同就在于选择管理人员的体制方面。在民主体制中领导由所有相关成员投票选出，而在监管体制中领导是被任命的。在20世纪，民主制度在几个国家的大学扎下了根；然而，在20世纪末之前，这些举措的影响似乎都在走下坡路。在几个国家，加强管理的思想的盛行看来已对大学民主和学院式管理带来了压力。

　　从四个案例研究中，关于民主和监管的概念我们可以总结出什么呢？在阿维侬大学和奥斯陆大学，校长、院长和系主任级领导都由选举产生，而在波士顿学院和特文特大学这些关键的职位是被任命的。在这四所大学，我们要求受访者对民主选举领导发表自己的意见。[13]在阿维侬大学和奥斯陆大学，几乎所有的受访者都赞成民主选举领导，而在波士顿学院几乎所有的受访者都反对民主选举。在特文特大学意见则出现了分歧，一些人更愿意选举或至少认可民主制，但大多数并不愿意采纳选举制。

　　结果显示出，除非有明显的缺陷，许多受访者倾向进行民主选举的传统方法。很显然他们不愿意发生改变，甚至都不愿意考虑这件事。在特文特大学，很大程度上也许是由于领导选举机制的变化，结果导致了意见产生分歧，或者让人难以抉择。在转型期间，各种意见也很难统一。

　　在波士顿学院，人们一直坚持传统的任命领导的方式，并且大多数受访者对这一机制并没有异议。受访者不期望选举体制发生变化，甚至也没有像下面的回答那样，考虑采用民主选举。

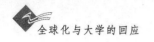

我完全不熟悉那个过程,对我没有什么吸引力。(波士顿学院,资深男性教师,专业学院)

哦,天哪!它那么遥远,我甚至想象不到。(波士顿学院,青年女性教师,社会科学)

说实话,这主意对我来说太新鲜了,很难设想它是否可行。(波士顿学院,资深男性教师,社会科学)

此外,有几个受访者相信采用任命领导方式会更好,民主体制在美国大学里运转得不尽如人意。按照几个受访者的观点,与欧洲相应的研究型大学相比,美国研究型的大学的实际表现要好得多,所以领导选举制的改变既不必要也不让人向往。管理能力,也就是领导艺术方面的知识非常必要,不应该冒险让某些教师决定职位应由谁来担任。教师似乎没有足够的能力来选举出领导。受访者认为,他们完全不知道经营学校这样的"大企业"需要哪些知识。

选举制的问题是:最受欢迎的人通常赢得选举。但最受欢迎的人不一定具备管理能力去成功履行管理大学的职责。(波士顿学院,资深男性管理人员)

我认为美国的大学就是大型企业,事实上我们需要的不是能获得大学各方面都支持的旧式古板的政客,而是能够随时聘用和辞退的人。(波士顿学院,青年女性教师,社会科学)

我想民主制度恐怕会让大多数的人感到愉快,但却不一定是大学发展最好的方法。我对现有的遴选机制感到很满意。(波士顿学院,资深男性教师,自然科学)

波士顿学院的一些受访者认为民主选举校长和院长是积极的变化,这在教师之间建立了更紧密、更好的联系,也让他们对大学的运作过程有了更好的了解。然而其他人则持怀疑态度,因为他们认识到这一变化既有消极又有积极的方面,或者他们明白实际上理论与实践还是有差距的。

我本能的反应是说"是",但我实际的回答却是"不"。(波士顿学院,青年女性教师,专业学院)

阿维侬大学和奥斯陆大学有着完全不同的历史传统和背景。他们民主选举自己的领导[14]并热衷于保留这一传统。如果涉及社会固有的传统价值,民主制度对他们就很有吸引力。在实行民主的法国社会和挪威社会,民主的传统也是大学内实行民主的主要原因。尽管美国和荷兰都是以自由和民主著称的国家,但这些观念并不适用于波士顿学院和特文特大学。我们对下述事实很难找一个合理的解释:在某些民主国家,民主的价值观被理所当然地运用于大学的管理结构,而在另一些民主国家,人们却对这些价值观不以为然。一个可能的解释是在高等教育体制中,人们能够感觉到在一个国家内自由市场经济的程度多少影响了大学管理的选择。"市场"和"民主"可能给人以这样的感觉,那就是在高等教育中彼此无法配合得很好,相对于挪威和法国,自由市场经济成分在美国和荷兰更多。进一步可能的解释是,大学管理中对民主价值观的选择,与社会期望大学扮演的角色和所起的作用紧密相关。

源自法国大革命的法国式生活方式对来自法国的反馈有很大影响,而波士顿学院的例子表明他们也同样缺乏想象力,愿意保留现有的管理方式。这一点在下列回答阿维侬大学是否要保留民主选举校长、院长和系主任的传统时非常明显:

> 不言而喻,历史上我们经历过整个法国大革命并砍下国王的头,并不是仅要产生一个由前任校长任命继任的制度。天哪,不——这绝对不可想象!(阿维侬大学,资深男性教师,自然科学)

> 这是唯一一个我知道的制度,坦率地说也是我唯一能想象到的制度。(阿维侬大学,青年女性教师,自然科学)

其他经常被提到的要民主选举的理由是:其更有效地选择领导,加强教师与领导之间的团结,培养责任感、相互信任与尊重。此外,奥斯陆大学的例子证明,有不同的候选人来竞选校长,会增加和促进内部讨论,使人们更了解现状并都乐于参与其中。一个挪威的受访者提出了另一个有趣的理由,回答了有关民主理论的经典问题:"谁有权决定谁有资格来管理?"

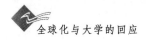

> 我认为选举很重要，因为我们在这儿工作，比外部委员会更清楚知道谁最适合做这所大学的校长。（奥斯陆大学，青年女性教师，自然科学）

因为没有直接选举领导的传统[15]，特文特大学的案例最耐人寻味也最复杂。然而，到1997年，整个管理结构都是以民主选举为特征的，大学里不同的群体有机会选举大学委员会和教师委员会的代表，而这些委员会一度是学校的最高决策机构。此外，这些代表在选举领导时有一定的发言权。所以，公正地讲一直到1997年，即使没有直接选出领导，民主仍是特文特大学的主要原则（de Boer & Denters, 1999）。这与法国大学的状况并非完全不同，在法国由选出的代表再选举校长和院长。然而从1997年开始，监管观念开始盛行，校长、院长和其他行政人员都是经任命产生，而提名权及类似权力形式上不再掌握在由当选代表组成的委员会手中。这种之前被视作民主的管理体制最近都已转变为监管体制了，身在其中的人又会是什么感受呢？

31个受访者中有9人不同意直接选举产生校长和院长，而22人愿意采用"带有几分"民主色彩的制度，也就是说，一种不用直接选举校长和院长的民主制。与其在法国和挪威的同行们一样，那些赞同领导选举制的人都使用了同样的论据，他们认为大学是专业机构，不可能在缺乏某种民主体制的情况下进行管理。收集相关的决策信息，以及出于对政策实施的支持，专家意见非常重要，必须要考虑在内。民主选举可能会起很大作用，也可能不会：

> 我认为一个民主的学术环境最大的作用就是让教师在大学管理方式上有发言权，这是有好处的。选举过程会因此成为一个很好的民主机制。（特文特大学，资深男性教师，社会科学）

像其他三所大学的案例一样，在特文特大学，传统对我们所研究的问题有着相当大的影响。以前的选举过程和相关程序的经验似乎很重要，至少大多数的受访者的看法是这样。

近三分之一公开宣称反对领导民主选举制的受访者是什么看法呢？他们给出了几个理由：选举可能会导致内部决策进一步政治化，就像在波士顿学院的案例中所言，一样会是明显错误的；不经过民主选举，决策程序会更有效率。一个受访者提到，选举制不是荷兰固有的传统，所以也不应该引进。最后，对特文特大学而言，原因最特别，受访者很少表达出渴望担任任何领导职务，所以进行实质意义上的选举是很困难的。下列引言表明了他们对领导选举制的反对：

> 我们没有[选举领导的]体制，我认为也没有引进的必要。我们民主选举委员会，却没有针对校长和院长的选举制度。我不希望有，那也不是荷兰的传统。（特文特大学，资深男性管理人员）

> 这不是一个选举的问题，而是让一个官迷和蠢人来担任校长职位的问题！（特文特大学，资深男性管理人员，自然科学）

> 大学和学院需要专业的管理人员，而不是因为当选了就要干上四年的人，他们也清楚以后还要回到以前的同事中去，而这一领导职位最终将换成别人。我们需要的是能够真正成为管理者的人，那种懂得财务管理、人力资源管理和能够理顺所有外部关系和制定长远规划的人。（特文特大学，青年女性教师，社会科学）

> 相对于其他方式，这会让大学内部关系有政治化的风险。（特文特大学，资深男性教师，专业学院）

> 我倾向任命制，那样领导就会给出一系列比较明确的指示；以前实行民主的时候，模糊的规定实在是太多了。（特文特大学，青年男性教师，自然科学）

实际上，选举与任命领导之间的区别，可能并不像有关文件上描写的那样明显。任命领导的制度也没有完全排除大学里各个阶层的参与。有时候任命过程可能还是采用学院推选式的而最终的决定仅仅是需要盖章同意。就拿波士顿学院和特文特大学为例，在那儿管理人员都是被任命的而非经由选举产生。

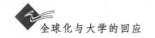

我认为波士顿学院采取的方法很有意思。这有一个辅助副校长工作的教师调查委员会,所以我把它看成是代表制。我们的新院长不是被任命的,而是经由实行代表制的、代表着各相关群体的委员会选举产生的。我认识那个委员会中很多成员,所以我相信他们的判断。(波士顿学院,资深男性教师,社会科学)

我觉得现有的状况并不太糟。它看上去可能不太民主,但是平静的表面之下却是汹涌澎湃。现在它更多的是进行自上而下的决策,但也没有排除自下而上的过程,一点儿都没有排除。(特文特大学,青年男性教师,社会科学)

根据它实际运作方式来看,仍然具备了相当大的民主因素。我们的院长或多或少是由学院推举给核心管理层,经他们批准当的院长。严格地说,这也许还不够民主。但在实际的功能上,它带有民主的因素。(特文特大学,青年男性教师,社会科学)

总之,强调管理作为全球化的趋势,对受访者在领导选举机制上的观点几乎没有什么影响。基本上受访者都认为传统应该继续。然而,特文特大学的例子有些令人困惑,尽管从来没有选举领导的传统,学校各界对领导人选择的影响力已经下降了,但至于这是个更糟抑或更好的转变,意见还不统一。特文特大学的大多数受访者似乎更愿意坚持他们的传统,即参与任命过程但不是直接民主选举领导。

结 论

强调管理是全球化过程体现在高等教育领域的重要特征之一。这一领域的文献显示,全球化对大学管理的影响似乎还在增大。实际上,普遍的意见是强调管理有助于建立非常类似的大学管理体制。例如,加强行政领导能力就是预期的后果之一。然而,就这个问题至少存在着两个针锋相对的论点。第一个涉及全球各个大学的不同的历史和背景,就像我们在这一章叙述的那样。我们所考察的大学,仅仅因为历史原因,就存在有显著的不同。大学的管理结构取决于各自的发展道路。为什么不同的大学在强调管理趋势的大潮中,要自动地将其内部结构调整到一致?第二个论点是,一方面大学内真正的变化与相伴而生的变化根本上是不同的,而另一方面则是大学日复一日重复惯例。强调管理在很多国家和大学也许成为街谈巷议,但这真的改变了大学日常的决策和管理吗?

四所大学的案例清楚地显示出形式上的规定和日常实践的实质不同,或者强行的变革和循序渐进改变的区别。加强行政领导力或将某些决策集中的趋势,并没有改变教师在决策中的地位。这些变化在大学里渗透得有多深,也是一个问题。在大学低层,我们只观察到了些许变化。

从政府报告和四个案例研究得出的相关结论涉及在大学里传统的重要性。它曾经存在的方式也很有可能会是它将继续存在的方式。强调管理的思想似乎已在某种程度上深入了大学,但涉及领导选举这一现实问题时,四所大学受访者中绝大多数人倾向于保留他们已有的方式。在波士顿学院和特文特大学,传统与任命制相互协调以提高核心层的效力,而在阿维侬大学和奥斯陆大学,传统上认为选举制度仍然是极为神圣的;相对于学术活动的集中管理,教师们更愿意参与大学事务相关决策。在某种程度上强调管理对波士顿学院和特文特大学有影响,但对阿维侬和奥斯陆大学却影响甚微。其中影响较小的一个解释可能是习惯于旧规则、旧习俗的人正在按照新的观念行事。

最后,它依赖于人们如何看待这些现象及其影响。为了方便讨论,让我们试想在同样的黑色的背景上有红、黄、蓝三种颜色的大学管理结构。关于黑色在其他三种颜色中的效果,我们至少可以得出两个结论。第一个是每一所大学的颜色都会改变,而且变化的方向都一样,即变得更深。第二个结论是大学将继续拥有不同的颜色!红色与黑色混合不会产生像黄色与黑色混合的效果。最终的颜色依赖于颜色混合的精确比例。这种类比可以用来解释我们的

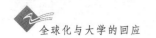

研究成果(当然,如果你添加足够多的黑色,那么其他颜色就看不见了——这就是那些看到了强调管理思想对大学传统价值威胁的人们的担心)。

首先,我们展示了大学管理结构的显著差异(不同的颜色)。案例研究表明,近一百名欧洲的受访者认为,强调管理(意味着加强行政管理权、工具理性和权力集中)已经开始在三所欧洲大学扎根,并将各自的颜色与黑色混合。强调管理的影响在波士顿学院原本就很强,在过去的30年中其根基更为牢固。然而,强调管理及其影响的程度在各个大学也不尽相同(黑色在有些地方多一些,抑或完全不占优势)。最后,很显然四所大学在其管理风格和结构上仍有很多的不同,只加入一种颜色还不会导致全球范围内大学管理结构都变成单一的灰色。

注　释

1. 克拉克(Clark,1983)和范德格拉夫和弗斯(van de Graaff and Furth,1978a)将高等教育体系分为六个层级:研究所或系、学院、大学、区域性委员会或州一级协调委员会、州政府和中央政府。贝切(Becher)和科根(Kogan)将组织结构分为了四级:个人、基层单位、大学、中央政府(Becher and Kogan,1992)。克拉克区分了三种组织层级:下属单位或系与学院层;中层或大学;上层或多校区综合大学、州政府和中央政府(Clark,1983,pp.109-110)。
2. 进一步的问题是,是否所有有同等资格的人都能被代表。
3. 法国大革命取缔了所有有组织的团体。这直接关系到大学和学院,因为它们就是作为地方团体在运行。然而,也有例外(见 Kaiser,2001),例如当时的学校像 Ecole des Mines 就没有受到威胁。
4. UER 委员会不需要校外成员。
5. 各地状况各有不同。双重领导制有两个例外:瓦格宁根农业大学和特文特大学,它们是单一领导制,并且一些学监和理事会成员被融合到一个行政机构中。
6. 实际上,由于选举的限制和 20 世纪 70 年代初期学生的联合抵制,委员组成比例也有很大的不同(Daalder,1982)。

7. 事实上变化的大小是有争议的。在有些方面《现代化法》或多或少只是一部既存事实的法律汇编(de Boer Denters, & Goedegebuure, 1998)。

8. 《现代化法》向大学委员会提供了两个选择。第一个规定了代表分离体制,包括独立的教职工咨询机构(教师和非教职人员)以及学生咨询机构。第二个规定需要建立一个联合机构,包括教职工代表(50%)和学生代表(50%)。至今,已有五所大学施行了分离制,八所大学实行了联合制。大学委员会的规模在分离制中有9至21个成员不等,在联合制中则是16到24人。

9. 关于强调管理思想或新公共管理政策有很多的文献,主要是在英语国家,其中不同种类的管理思想被区分开来并加以分析(de Boer & Huisman,1999;Exworthy & Halford,1999;Hughes,1994;Marginson & Considine,2000)。

10. 在法国的采访中,强调管理思想被称作是"企业的逻辑"。

11. 在学院制和民主制管理之间,受访者认为只有些许或者根本没有不同,它们似乎已经被当作同义词了。

12. 一个受访者认为教师的作用正在增大,但这是指另一种现象,也就是由更多具有学术背景的人担任行政职务。

13. 我们在阿维侬大学和奥斯陆大学向受访者提的问题是:"你愿意保留民主选举校长、院长和系主任的制度吗?"在特文特大学提的问题是:"你愿意看到校长、院长和系主任将来由民主选举而产生吗?"在波士顿学院这一问题是:"你认为民主选举系主任、院长或校长有意义吗?"

14. 在阿维侬大学,被选出的三个委员会的成员并不直接选举校长。

15. 直到1997年,由当选代表组成的学院委员会选举产生院长。教育部长在收到大学提供的候选人之后,在院长提名的基础上任命校长。

第五章 责任机制

　　责任机制在高等教育中具有重要作用。在许多国家,责任已经制度化并被普遍接受;在有些国家,责任机制则是新近才出现的;而在另一些国家,是否将责任机制提上高等教育的议事日程还是一个颇具争议的话题。一些分析家认为政府和其他利益相关者没有权力让大学教师汇报他们的工作表现。为了支持这种观点,这些分析家们提到了学术自由(academic freedom)和专业自主权(professional autonomy)这样的概念。另外一些分析家则认为,最近对公开的、可量化的责任机制的日益关注,是政府从曾经由其严格监管的高等教育中退出,以及增大大学自主权的必然结果。此外,另一些分析家则致力于研究对责任机制日益关注而产生的意料之中和意料之外的各种后果这类问题。由于这种关注,很多与责任机制有关的问题也随之而来:为什么责任机制在高等教育中会占有一席之地?它通常是如何起作用的?一个国家的整体环境和大学的具体环境是如何影响责任机制的?有关责任机制的观点是如何随时间而变化的?

　　本章的论述集中于五个方面。首先,为责任机制现象的分析提供了理论框架。第二,研究了责任机制与全球化之间的关系。第三,描述并分析了关于责任机制不断变化的观点,以及在挪威、荷兰、美国和法国等国运用于政府政策层面的责任机制。第四,深入了解四所大学受访者的观点及主张。最后,对研究结论作进一步探讨。

理 论 探 索

分析责任机制的理论框架

为了详细阐述责任机制的概念,我们主要介绍两位学者。一位是罗姆泽克(Romzek),他一直致力于公共管理科学的研究,并深入探讨了在广大公共领域中的责任机制。另一位是特罗(Trow),他是从高等教育的角度去研究责任机制。尽管背景不同,但在很大程度上他们对责任机制的定义持相同意见,即责任机制是"对行为负有责任"(Romzek,2000,p.22)或者"向他人报告、解释、证明,并就如何利用资源以及能够达到何种效果给出回答的义务"(Trow,1996,p.310)。两位学者用下列问题补充了这些定义:谁,因为什么,对哪些人,通过何种途径负责?特罗还对这些问题的答案进行了分析(见 Wagner,1989,for a similar approach,和 Kogan,1996,for a slightly different method)。

罗姆泽克为分析责任机制的类别提出了最完整的理论框架。这有助于我们分析,因为它能够将责任机制先置于一个更广阔的视野中,并最终将其限定在高等教育领域。她区分了两个角度:自主权和期望源和/或控制源(source of expectations and/or control)。第一个角度指自主权由低到高;第二个角度指期望源由内而外。表5.1列出了两个角度之间的相互关系。

表 5.1 责任机制种类、附加价值及行为预期

		期望源和/或控制源	
		内部	外部
自由度	低	分等级 价值:效率 预期:服从指令	法定 价值:法治 预期:依据授权
	高	专业 价值:专业技术 预期:遵从判断和专业技术	行政 价值:响应度 预期:对股东的反馈

资料来源:Romzek,2000:24,29

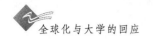
全球化与大学的回应

等级责任关系(hierarchical accountability)建立在对个人的严格监督之上,而这些个人往往有较小工作自主权,并要接受内部管理,其根本的关系是上下级关系。在高等教育环境中,人们会认为实验室助手在实验室设备安全或环境要求方面要对其主管负责。

法定责任关系(legal accountability)指与既定的行为准则(如法律和章程)相符合的对有关行为实行具体的外部监督。这种责任制形式具有典型的反应特性。相对于等级责任关系而言,法定责任关系介于两个相对自主的行为主体之间,例如政府的年度财政报告制度,规定大学要向教育部报告其收益和支出的账目等。

专业责任和政治责任机制(professional and political accountability)反映了下列情况:

> 相比在法定或等级责任类型中,个人和机构有更大的自主判断力去处理有关事务,并且评价标准也更宽泛,专业责任制和行政责任制的区别就在于行为标准的出发点不同……专业责任机制体现在,对基于适当内部标准做出相关行为决定的个人提供更高程度的工作安排自主权。(Romzek,2000,pp.25-26)

在学术环境中,一个研究者应对其在某篇报告、论文或者文章中选择的研究方法负责。这是从事学术研究工作的人解释自己的选择,如有必要的话,为其选择进行申辩的典型特征。

政治责任关系让管理者选择或判断主要利益人群所关心的事务,这些利益人群包括当选官员、客户群和普通民众。例如,各高校通常有责任向公众报告其工作及说明其是如何造福社会的。如果大学承担地方责任,这种责任形式包括运用普通人能理解的语言向公众(或者向区域内群众)对其具体的研究项目进行详细说明,并落实其责任机制。

自主权的责任形式按层次高低有所不同,其附带的示例说明,自主权水平高的责任形式相比于自主权水平低的责任形式更不易显现出来。此外,自主权水平高的责任形式经常像专业责任机制那样,以主观想象的、模糊的、基于道德规范和社会价值准则为其主要特征;或者像政治责任机制那样,以民主代表制和权力与地位的相对结构为其主要特征。

特罗(1996)区分了外部责任机制和内部责任机制,同时也对法律和财务的责任与学术责任作了区分,而对后者进行划分则是为了阐释高等教育中的专业责任机制。特罗更是明确地指出了高等教育背景下责任机制的功能,并对罗姆泽克提出的理论框架作了补充。关于功能,他首先主张责任机制是对权力滥用的约束,是限制欺诈和幕后操纵的手段。同时他也进一步强调了大学有义务向公众报告制度的合理性。第二,落实责任机制可敦促相关工作人员严格检讨其行为,并使之受到外界严格的监督,从而保证或提高工作质量。第三,通报大学要达到的内部外部标准后,落实责任机制可以作为一种公众监督手段。

但是罗姆泽克和特罗最终并没有给出责任机制各个层次的明确定位。特罗提到了责任的报告、解释和落实因素,但并没有详细阐述。雷斯伍德(Leithwood)、艾奇(Edge)和詹特兹(Jantzi)将责任水平由低到高分成三种形式:说明性责任、解释性责任和证实性责任。第一种通过定性或定量的方法描述事实,第二种责成相关责任人对事件做出解释并给出理由,第三种促使相关人员为事实提供合理依据。上述区分在讨论责任的增加或减少时比较恰当。

全球化与责任机制

全球化导致了责任机制的产生这一观点有其局限性。应该说是全球化与其他的趋势一起共同影响了责任的概念和不同制度下的责任制类型。由于下述相关原因,责任机制在许多高校的议事日程上颇为引人注目:

> 政府与大学关系的变化:通过拨款、制定规章和计划机制,政府与各高校之间有一个相对紧密的联系。然而,政府职能已经削弱,这为各高校获得更大的自主权和实行自由市场机制提供了广阔空间(Gornitzka etc,1999)。在这种氛围中,尼夫关于西欧大学的发展所作的分析很有启发意义(Neave,1988a,1998)。他指出,通过实行立法和行政两方面事先预防措施向通过质量保证和

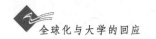
全球化与大学的回应

落实责任制的事后裁断进行转变,政府的职能已经有了显著的变化。这种变化在20世纪80年代的西欧和20世纪90年代的中欧和东欧尤其明显。而同一情形在美国则完全不同。贯穿其高等教育史,尤其是20世纪70年代以来,美国政府将公共政策和市场机制紧密联结起来,其遵循的逻辑是相关利益群体发生变化则责任机制就应该发生变化。但这并不说明在高等教育中,责任机制是一件新鲜事,只是其外在表现形式已发生了变化,特别是事前责任被事后责任所替代。

效率和实际价值:另一个重要的转变是政府看重教育实际价值的趋势日益明显,其中部分是源于在世界范围内高等教育大众化的趋势使政府在公共领域的财政预算增加了。在具有相当自主权的大学中进行精英教育,对于那些在国家和民族层面上负有责任的人而言是非常好的。然而,随着学生数量的增加,注重效率和效果的呼声越来越高。同时,这也部分源于像家长和纳税人这样的社会群体对高等教育的质量提出了质疑。这些来自公众和政府的批评增加了人们对责任机制各个方面的关注。特罗认为责任已经取代了信任(Trow,1996)。在过去的十年中,很多国家已从重视高等教育实际价值的角度出发,把高等教育从一种公共或准公共事业转向了私营的事业。在这一背景下,出现了围绕大学学费和学生助学金制度或出台有息贷款的争论。可以理解的是,这些争论已经对责任这一问题产生了影响。面对高等教育中需要个人支出部分的增加,学生们对能从中得到的服务更为挑剔。

高等教育的国际化和全球化:国家间的界限曾经很明显;然而今天,经济全球化,更确切地说,物资、服务、思想和人员的自由流动使这些界限变得日益模糊。全球化推动了国外各高等教育机构和商业企业组织进入本国境内,并使本来单一的高等教育环境、本国高等教育的性质及对高等教育本来很一致的期望变得日益模糊起来。这种环境的变化,也许只是一个长期的循序渐进的过程,提出了落实责任制的问题。是应该对国内外高等教育机构一视同仁,还是应该根据它们在本国高等教育全局中的地位、重要性及职责而区别对待呢？另外，国外高等教育机构是应该对它们本国政府负责，还是应该对他们所在地政府负责？在这一背景下，当前在贸易与服务总协定（the General Agreement on Trades and Services, GATS）中包含有关教育的初步争论也很有相关意义（见Altbach, 2001; Cohen, 1999/2000）。如果世贸组织协定中包含了高等教育的内容，是不是意味着关于责任的全球性协定会取代国家（在欧洲是超国家）协定？

信息和通信技术的发展：快速发展的科学技术，特别在信息和通信技术领域，已经加速了国际化和全球化进程。这从两个方面补充了先前的观点：（1）随着技术的发展，高等教育机构能在全球范围内运营并且使跨国界的运作变得更容易，这使得各高校实际的地理位置变得不那么重要了。（2）如何对那些并不具备实体的学校（或称虚拟大学）制定相关法律和进行行政管理的问题变得更为紧迫和复杂。

总之，各种相互有关的潮流趋势（也不可避免地包括全球化趋势），已经影响了或者将会影响世界的高等教育，我们也期望责任机制将继续影响大学。但是至少在三个方面，它能够带来的影响是难于预计的。第一，就像先前提到的，责任机制受到全球化和其他趋势的影响；第二，在具体环境中，这种影响可能也取决于既得利益群体的组成和他们的相关权力和相对地位；第三，责任机制有其自身的动态变化的特点。

罗姆泽克认识到了这些变化，并对责任机制的一些主要和非主要形式进行了评论，判断是否主要取决于此责任机制和落实程序的适用范围（Romzek, 2000）。尼夫描述的事前控制向事后控制的转变就是这一变化的典型例子（Neave, 1998）。在20世纪60年代到70年代期间，主要的关注集中在事件发生前的管理和预防，而自80年代以来，关注则转向了监督事后的责任落实。

再者，外界对大学落实责任机制的期望可能也会有矛盾的地方，并且如果这些期望交融在一起，可能会产生意想不到的结果。例如，大学中的教师就可能会面对来自各级教育部门和外部认证机构对其

教学工作提出的质量要求。对于大学而言,使其内部要求与外部期望一致或至少不要相悖是一个明智的策略,但两者间还是可能会有冲突。迪尔(Dill)指出,合并考察对大学责任机制不同的期望,可能会得到意想不到的结果。为应对来自政府的外部质量评估,一所英国大学采用了内部质量考核机制。迪尔认为这也许会导致一种"顺应体制",从而取代那些对提高教学质量更为有效的方法。

此外,一种责任关系也可能产生另一种关系。如果大学对教师的课程质量没有规范的统一要求,那么认证机构在履行其职责时,就可能促使教育部门将这些要求规范化。一个发生在美国的案例就说明了他们是怎样"促使"的。随着在 20 世纪 40 年代《退伍军人权利法案》(the GI Bill)的实施,美国政府直接向学生而非大学和学院提供资助,这样做同时也使政府面临一个问题:如何确保学生在花纳税人的钱时,大学的管理是高效率的。政府采取了并不十分严格的称为"自我管理认证(self-governing accreditation)"的制度,替代了以前的各种规章和通过设置国家标准的措施(Myers, Frankel, Reed & Waugamen,1998)。

不同国家背景下的责任机制

责任机制在不同的国家有不同的表现。在美国,责任机制是一个制度化的现象,而在西欧,仅仅在近来责任机制才在国家和制度层面上获得讨论的契机。而且,责任机制这一术语在美国运用得非常普遍,而在欧洲大部分的高等教育体制中,这一观念还不占据主导地位,仅仅隐含于诸如"深入了解实际表现"、"确保质量"、"有一定的可信度"这样的名词之中。在得出研究结论之前,我们介绍一下责任机制在四个国家的发展历程,并对其与全球化的关系做简短评述。

挪威

在 20 世纪 70 年代和 80 年代早期,大学的管理非常民主,教育、研究与社会息息相关,并且大学也被赋予了更大的自主权(Bleiklie, Hostaker,& Vabo,2000;Smeby & Stensaker;1999)。在20世纪80年代后半期,教学质量成为政策制定者们主要关注的问题。赫内斯委员会(Hernes Commission)希望大学能有更多的毕业生的同时,也希望大学在国际公认的水平上确保其质量(NOU,1998)。

20世纪80年代由于政府更迭,人们开始强调高等教育对经济贡献的重要性。在此之前,在很大程度上高等教育被认为是福利事业。例如,在20世纪六七十年代,对各高校地理位置的关注就很容易理解。然而,到了80年代,赫内斯委员会将高等教育发展作为国际经济竞争中的长期战略,并希望大学将精力集中于效率和质量(Bleiklie et al.,2000)。同样地,阿德莫特(Aamodt)(1990)也主张自80年代中期开始,高等教育作为基础知识产业将在挪威的经济增长过程中发挥越来越重要的作用,政府也对高等教育表现出越来越大的兴趣。这种转变与政府对全球化过程的期待有关。

把各国高等教育不断发生变化仅仅归为是经济全球化发展的结果,这样的观点是错误的。1988年的经合组织的评论和欧洲一体化进程都清楚地表明,在全欧洲范围内的区域合作与发展,并不纯粹是经济发展的结果(Tjeldvoll,1992)。与赫内斯委员会一样,经合组织(1988)在其评论中也探讨了各大学的任务合作和分工的问题。20世纪80年代末,政府采纳了赫内斯委员会提出的一系列建议:如实施"网络挪威计划(Network Norway)",内容是各高校之间由政府直接推动建立一整套用于高校间相互进行协作研究的纽带,并促进学生交流,倡导机构专门化与机构合作,资助建立"研究院"和研究所。

在挪威,人们也普遍认同这样的观点,高等教育可以是国际性的经济手段,并开始实施一个新计划。这一新计划被称作"能动计划"(virksomhetsplanlegging),它不仅涉及高等教育部门,也包括了挪威几乎所有的公共部门。这种新体制是建立在新公共管理理念的基础上的(Pollitt,1993,Chap.4),而之前这些理念已经体现在政府相关文件中。它通过事先设置工作目标和事后评估或实施结果管理来强化监管(Larsen & Gornitzka,1995)。由于对高等教育的观念在转变,政府更关注招生数量的增加,并强调要高效率进行招生工作及创造研究

"成果"。原来设想效率的提高能够通过设置绩效指标、明确研究目标、促进体制内资源流动以及加强大学行政领导力来实现(Bleiklie et al.,2000)。这一设想的结果之一就是使学术研究以可测量和计算的方式重新进行定义。虽然如此,在人们的观念中,在大学内实行强化管理的措施还是不应与企业式管理和以市场为导向的企业式经营方式简单等同起来。布雷克利等认为,大学内新的公共管理模式不会替代传统的管理模式,而是在某种程度上应与现有的管理模式相结合。

能动计划的实施意味着大学在各级管理上应该设立总体和具体的目标。总体目标在长时间内相对稳定,而在较低管理层次上的具体目标则应更灵活,更易评估,并可定期调整。在挪威的大学,能动计划的想法并不太受欢迎(Bleiklie et al.,2000)。在奥斯陆大学,这一政策被认为是尝试对学术活动进行管制,且有悖于学术自由的精神。布雷克利等得出结论说,事实上能动计划对大学的影响很小,教师们仅将其视为一种形式而没有什么实质的不利影响。

在实施能动计划几年后,挪威政府引入了高等教育国家评估体系。虽然评估体系为能动计划的实施提供了有利的条件,但两项政策的初衷并没有任何联系。质量保证体系首先由一个独立的研究机构在实验基础上开始施行,之后逐渐形成制度。自我评估、外部视察、报告程序和后续会议讨论,政府和研究机构共同使用这样一些方法和程序来实施监管。政府部门委派了外部评估组,同时相关大学也可以举荐评估人员。在1998年教学质量保证的职责被移交给了网络挪威计划理事会,这是一个隶属于政府部门的咨询委员会(Smeby & Stensaker,1999)。实施的质量保证措施最显著的影响是触及了大学的教学氛围,有关大学也报告说他们已经可以进行自我评估了。此外,许多院系也运用质量保证体系指标对自身进行评价,同时和教育管理部门所期望的质量水平进行比较。但遗憾的是,教育管理部门并没有运用这些结果去引导高等教育的发展。观察家得出结论,各高校与政府间的权力平衡并没有产生很大的变化,相反有理由相信预期的责任机制已经被各大学视作发展的机会(Stensaker,1997)。在挪威,质量评估已经适应了高等教育体制中根深蒂固的自下而上的习惯做法。

在欧洲的部分地区(并非整个欧共体),尤其在挪威,新的公共管理观念以及在欧洲政治全景中该国所处的地位,似乎是对责任机制关注程度的触发器。政府试图引进诸如能动计划和质量保证这样的责任机制;然而与此同时,政府的许多职能被分散了,从而赋予了大学更大的自主权。整个20世纪90年代政府和各高校的关系相对稳定,政府下达的责任政策在执行过程中被修改变通,在实践中的效果已经大打折扣。

荷兰

就像在许多西欧国家一样,20世纪八九十年代的荷兰,大学管理理念的转变日益显现,体现出一种由国家管理到国家监督转变的趋势(Neave & van Vught, 1991)。然而,当需要进一步弄清楚转变究竟为何目的,并且实际情况是什么样时,情况就大不一样了。

从传统上讲,像其他很多福利国家一样,荷兰政府在高等教育中具有相当大的影响力。政府将教育作为公民权利,那么政府就有义务确保这个准集体公共权益的质量。这一原则通过荷兰宪法得以确立,政府通过一系列(主要在事前)的规章和管理制度、教学过程监督、资金运作及机构管理程序来履行其职责。尽管如此,当涉及教学内容和教育形式时,在挪威的高等教育中教师仍会有很大的回旋余地。

1985年,《高等教育自治和质量白皮书》(*Higher Education Autonomy and Quality*,以下简称《白皮书》)就是对政府在高等教育观念上的突破。《白皮书》预示着政府职能削弱了,各高校将有更大的自主权。自20世纪80年代中期以来,我们都将这一政策《白皮书》作为探讨最重要的有关发展问题的出发点。在《白皮书》发表后的执行过程中,实际上政策有所变化,有分析指出政府的政策前后并不一致(Maassen & van Vught, 1998; van Vught, 1997)。

一方面,各高校在财政预算支出,对校园建筑方面的行政和财政管理,对教职人员的任命和管理方面,甚至是管理的组织结构上都拥有了更大的自主权。另一方面,在执行新教学研究计划时政府并不热衷于给予高校更大的自由度(Huisman & Jenniskens, 1994)。1985年的《白皮书》计划将校址规划的制订权交给各高校。而在80年代末90年代初,议会讨论这一立法动议的时候,该项提议遭到了许多批评。

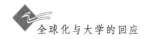

议会中的大多数议员担心随之而来新的研究计划会激增。从上述现象看出,某种程度上在高等专业教育领域,大学已经被赋予了更大自主权这样的事实已经逐步显现了出来。这种新计划的不断出台现已威胁到了高等教育体系的宏观效率,政府部门被迫改变规章制度并设立一个国家委员会以监督计划制订的效率。从1993年起,这个委员会要进行一年一度的评定,看提出新计划是否会危及高等教育体系的效率。在其存续的将近十年间,关于计划制订的规章制度和确保其宏观效率的国家委员会受到了很多批评,还有来自各高校的抵制。按教育部长的话说,在不久的将来会实行认证机制,用以管理不重要以及不相关的研究项目。然而,在认证机制中新规章的制定效率这一问题上,议会会再次敦促部长让其清楚其职责。

1985年的《白皮书》的另一部分重要内容是关于保证高等教育质量。与所提出的关于科研立项的政策措施相似,政府决定主要让高等教育机构自身对保证教育质量负起责任来。政府认为大学应定期在不同层面上展开内部评估。此外,政府将责成高等教育督导团开展独立评估。同时,也有提议指出,应该运用定量的绩效指标去考查各高校在政策执行过程中的质量。同时同行的外部独立评估人员的考核将使教学质量保证机制日趋完善。当涉及发生质量有关的问题时,政府将发出正式警告,而如果在接到警告后相关大学的教学研究质量在一个确定的时期内没有提高,政府可以停止对研究项目的资金支持。从这些提议中,我们可以清楚地看到,政府在教学质量保证过程中仍有举足轻重的作用,但政府关注的焦点已从质量控制的事前预防措施和制定具体规章制度转向了事后质量评估。

当在大学内研究与政策落实直接相关的提案时,在缓冲机构(buffer organization)和各高校看来很多因素是站不住脚的。在磋商和实施提案的阶段,其内容也发生了实质性的变化。最重要的变化是,高等教育督导团的作用已经变得不那么重要,缓冲机构只起到协助质量保证体系工作的作用,而绩效指标也已经被排除在外。

实施责任机制的观念作为全球化惯例,在荷兰的高等教育体制中,特别是在欧洲和世界经济的竞争中,很容易被认为大学只关注竞争。人们期望荷兰的大学迎接这一挑战,并且用现在的话讲,形成一种"高原上的巅峰"(tableland with peaks)的局面。对质量保证体系的实证研究表明,该体系在某种程度上已被荷兰各大学所采用。弗雷德里克斯(Frederiks)、韦斯特海耶登(Westerheijden)和伍斯特霍夫(Weusthof)根据调查得出结论"在荷兰各高校中,人们对实施质量管理体系的满意度是相当高的"(Frederiks, Westerheijden and Weusthof, 1994, p.167)。许多年后,霍普杰拉兹科娃(Hoppe-Jeliazkova)和韦斯特海耶登得出结论:督导委员会的建议受到重视,并在研究项目层面上有制度上的跟进(Hoppe-Jeliazkova and Westerheijden, 2000)。然而,在广泛实施质量保证体系并获得好评的各大学里,没有发现进一步的教育革新措施。

总之,荷兰的高等教育在很多方面都获得了更大的自主权。形成这样的总体趋势需要两个条件。第一,在高等教育和研究的许多方面,政府仍然起主导作用。第二,在某些领域,这并不是自主权大小的问题,而是转变政府职能及落实责任机制的问题。政府已经将其注意力从运用规章制度进行事前控制转向了事后控制。在实践中最显著的改进措施是为大学引进了国家质量保证体系。然而政府的初衷似乎远未达到,但这对荷兰的大学采用公司模式制定和实施政策却至关重要,而实际实施的政策也打了很大的折扣。

美国

在美国,考虑到高等教育体系的庞大规模以及各州之间体制结构和政策制定方面的巨大差异,具体分析全球化和责任机制的相互关系并不太可行。所以,这一节仅限于对其总体趋势进行阐述,且着重在过去十年内。此外,责任机制的发展阶段,例如各州规章制度的变化,很大程度上直接影响了公立大学。因为波士顿学院是一所私立大学,可以确定其责任机制的发展阶段及其影响就不同于美国的公立大学。事实上,波士顿学院的责任机制是由该大学的行政部门和校董会联合制定并保证实施的。

在美国高等教育体制中,责任机制并不是近年来才开始受关注。通过认证机制实现的责任机制成为美国高等教育实践的组成部分已长达一个世纪,并随时间的推移产生了不同的形式。福尔杰(Folger)

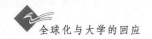
全球化与大学的回应

特别提到,在20世纪70年代,大学的责任机制有了新的含义(Folger, 1977)。各大学达到财政预算标准显得并不很重要,关键是大学总体上是否在有效使用了资源的基础上达到了预期的效果。追溯这种含义变化的原因,可以认为大众对公立大学的信心实际上是下降了。

尽管大多数研究者认为公众信心下降了,但提出下面的观点依然令人寻味。特罗认为,一些现象则恰恰相反,表明公众信心实际是上升了,或者至少没有降低。对特罗观点的质疑引发了关于公众信心是否下降的争论。要求落实大学责任机制会使大学自主权或学术自主权变小这一假设是这场争论的一个更深层因素。为此,阿尔巴赫提出了一些观点来"反对这一思潮"。他指出,在课程、学位要求和教学过程方面,"大多数的教师对自己拥有的自主权已有所认识,而这在一个世纪里已成为美国高等教育的特点"(Altbach, 1997, p.14)。此外,迪尔警告高校研究人员不要受专业兴趣之害,将个人和/或集体的研究问题与公众所关注的问题相混淆(Dill, 1998)。

公众对政府事实上的(或可能的)信心缺失,已经使政客们和公务员们更关注其工作的效果和效率。所以在高等教育中,各大学主要通过内部机制,如采用绩效预算、绩效审计和项目考核等不同的措施以加强和落实责任机制。

尼尔(Neal)指出,与20世纪80年代相比,责任机制在90年代有了不同的含义(Neal, 1995)。对生产率和效率的关注替代了内部评估机制,强制大学参与外部责任考核替代了大学自我评估。迪尔对90年代美国有关质量保证和责任机制政策的发展进行了恰当的描述,并对联邦政府、州政府、认证机构及各高校之间不断变化的关系进行了研究(Dill, 1997)。在联邦政府层面上,1992年《高等教育法》重新授权设立了州级考核机构。州级考核机构为各高校在毕业率、淘汰率、实际工作表现等方面制定了统一标准。尽管1994年《高等教育法》的实施有所松懈,联邦政府对州政府的干预减少,但各个州及地方政府所制定的标准层出不穷。此外,在州一级,政策从提高教学质量转向了诸如注重实际表现这样的责任制指标(Dill,1997)。1994年高等教育界就高等教育机构认证问题特别组建了国家政策委员会(National Policy Board on Higher Education Institutional Accreditation),并提议一年后设立一个新的认证机构。这样做是因为在某种程度上担心现有的认证制度可能与 1992 年《高等教育法》所制定的政府规章相冲突。然而国家政策委员会的这些计划并没有获得成功，1996 年成立的高等教育认证理事会（Council for Higher Education Accreditation, CHEA）实际上成为提供信息服务和支持非政府认证的主要机构。对大学而言，新的充满竞争的环境以及不容乐观的财政状况，刺激了大学运用评估结果来提高教学质量和研究效率。

在 20 世纪 90 年代，作为对政府要求提高大学工作实际表现水平的反应，同时也是国家经济发展的要求，来自社会方面要求大学落实责任机制的呼声越来越高，亚历山大（Alexander）借此详细阐述了关于责任机制的争论中的各种观点。针对这些社会需求，大学制定了具体的参照标准以增强学生学习技能，提高教师工作效率。简而言之，对于高等教育，政府将其关注点转向了在全球竞争环境中提高大学经济效率，而部分来自社会的要求需要高等教育由精英化向大众化转变，同时减少政府公共支出。同样，霍曼（Homan）和塔法拉（Teferra）也认为高等教育成本增加是体制发展的结果，是公众对接受更有价值的和更高水平的教育服务的要求。所以政府在"功利主义的驱使"下，对提高高等教育经济效率非常关注。政府尤其感兴趣的是对高校进行评估并借此比较各高校的实际工作水平。亚历山大指出"政府采用相应评估手段来评估和比较各个学院、大学的实际表现，并积极寻求提高效率的手段，这成为当前高等教育开展'落实责任制运动'的推动力"（Alexander，2000，p. 413）。

在美国，目前采取的责任机制措施有两个明显的效果：一方面促进；另一方面惩戒。评级到 2000（Measure Up 2000 project）项目运用了准备情况、参与程度、负担学费情况、学位完成率和效益等绩效指标来评价各个州（Callan, Doyle & Finney, 2001）。实施该项目也是为了尝试改进主要以内部为重点的评估政策，激励并协助各大学、各州及中央政府在瞬息万变的世界形势中提供并努力增加教育机会。与此同时，这项报告也可以作为一种信息管理工具，让中央政府和州政府的政策制定者们了解到各高校的绩效及效率，对那些绩效不佳或效率低下的大学，可以制定相应政策进行"惩戒"。

实施责任机制措施的两个效果清楚地表明,各大学中有很多实践者对实施责任机制是很担心的。这可以用以解释,在许多高等教育工作者头脑中,观念相对于十年前发生了变化,而现在的情况是他们对责任的意识更强了。国家高校教育改革中心(the National Center for Postsecondary Improvement)的报告说,很多大学感觉它们在过去的五年里对其利益群体承担的责任变大了(NCPI, 2000)。相比私立和文科大学,在公立大学责任机制实施的水平更高。根据卡耐基分类法,尤其是在拥有研究中心或负责培养博士生的综合性大学,它们所承担的责任扩大到社会上更广泛的阶层。

责任机制的形式在美国的发展已随时间而改变。从更广泛的意义上讲,大学关注的焦点从主要加强以内部为重点的反馈机制转向来自外部的认证评估机制。变化的原因主要是缘于高等教育的成本已随国家和州财政投入的预算减少而升高,还有就是外界普遍认为高等教育不创造任何价值。这些变化引发了一些动荡,而至今仍未平息。至于全球化与责任机制的联系,在一项能够决定获得多少财政拨款的,具有竞争性的大学等级评定过程中,使用绩效指标来评估各大学是一个全球化惯例,但是我们提到的作者们并没有明确指出有这样的联系。

法国

1968 年,路易·福尔给予法国的大学比过去更大的自主权,它们成为独立的法人并拥有行政、财务和教学的独立自主权。然而,整体上看,大学的管理权依然高度集中(Guin, 1990)。1984 年,路易·萨瓦里将法国所有的大学统一放在一个框架内,这一举措旨在让高等教育更灵活地满足全国各地区的需要,表示政府的职能转变为减少实际的管理干预措施转而变成制定长远战略规划。然而,政府仍然负责大学的课程安排、学历认证和人事任命等工作(Kaiser, 2000)。此外,尽管政府原定为大学制定新的规章,但奎恩(Guin)认为由于 20 世纪 80 年代后半期法国政治上的阻力和混乱,政府频繁更迭且各自为政,这些因素使真正的大学变革出现了真空。

在 20 世纪 90 年代,大学内诸如权力下放和其他像地方学校合并之类的变革,使法国的大学以更快的速度发展。由于地方议会拥有部分行政和管理权,因而它们的地位变得更加重要。大学责任机制也出现了两个重要的变化。第一,在 20 世纪 90 年代初引入了契约制度(contrats d'etablissement)。切瓦利尔(Chevaillier)认为,高等教育中的契约观念的来源是,公众普遍认为中央政府的计划不是很有实效,还有就是在法国,目标管理的理念在很多大学内变得越来越有吸引力。政府与大学之间形成契约就意味着政府从大学日常行政管理中退出,转变为要求大学履行向政府汇报工作的义务。由此,政府和大学之间签订一份四年的合同,要规定该大学即将开展的工作,需要追加投入的资源,以及各高校如何保证实现其工作目标。大学如何开展具体工作很大程度上是根据大学内部的制度来进行规范。政府与大学之间合同的细节要求每年都在变,但仍然坚持了契约制度基本的原则(Abecassis,1994)。完成合同规定的工作需要的资金只占到大学全部财政预算的很小一部分,对其进行评估并不影响政府投入的资金在大学间是否要重新分配,但这样做保持了大学与政府之间的"对话精神"并建立了彼此间的信任。此外,这些合同也不具备法律效力,所以当大学未能履行合同的规定时,这些合同就显得缺乏约束力(Musselin,1997)。

责任机制带来的第二个变化是,在 20 世纪 80 年代,法国开始实行国家评估制度。当时公众对评估的关注使得政府加强了在公共领域实施评估并加大评估力度的信心。对高等教育而言,另外一个因素也起了重要作用,那就是当时政府打算将大学招收学生的数量增加一倍。同时,由于预计有这样空前的扩招规模,政府意识到在大学的管理上也需要有些变化:"由于这项工作具有前所未有的规模,中央政府设想的可以在全国范围内统一有关高等教育的法律法规的做法遭到广泛质疑"(Neave,1994,p.72)。80 年代末,三分之一的大学在自愿的基础上参与了国家评估委员会(the Comite National d'Evaluation,CNE)进行的评估,该委员会成立于 1985 年。国家评估委员会对政府的相关政策和大学的管理进行了评估,但却没有对实际的学习和研究项目进行评估,也没有评估大学教师个人(Staropoli,1996)。尽管国家评估委员会做出了切实努力,但大多数评估结果仅是说明性

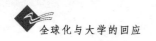
全球化与大学的回应

的,几乎不带有任何批评性质,而当需要与非正式的方案相适应时,其评估结果是具有建设意义的(Guin,1990)。一些分析家指出,事实上一种评估的文化已经被引入了法国高等教育。然而,如果评估并不意味着责任得到落实,那么其短期内的影响会是很小的。

在已经实施的有关高等教育的责任机制中,国家评估委员会的作用似乎很有限,目前也只是根据其设定的目标来评估各高校。其过程主要是各高校先进行自我评估,然后由国家评估委员会再组织同行专家进行考核,以专家组出具的秘密报告作为中期结论。18个月后召开的会议将具体衡量评估对该高校履行其职责情况的各种因素,进而做出最终结论,即提出一系列公开的结论和建议。完整的一次评估持续时间大约为一年,最终的结果会报送学界、政府部门和媒体。[1] 在评估政府与各大学的合同中,国家评估委员会不起任何作用,这显示了其目前的弱势地位;然而,目前所有的大学都同意该机构对它们进行评估。

尽管对各大学有分权下放和增大自主权的倾向,几个分析家(Chevaillier,1998;Mussselin,1997;经合组织,1996)指出大学内权力集中仍然长期存在。直到现在,法国还是很难在高等教育体系中施行和发展市场机制(Kaiser et al.,1999)。

总之,尽管在减少政府干预和权力下放等方面有一定进展,然而法国高等教育体系很大程度上仍然由中央政府掌控。政府正式实施和落实责任机制的举措还没有被大学完全接受,所以政府转而将注意力集中于指导高等教育发展。通过国家评估委员会进行评估的质量保证体制是非官方的,所以除了大学的声望和荣誉,对大学的其他方面影响比较小。

小结

在不同国家,责任机制与全球化的关系如下:

全球化和高等教育中的其他趋势,例如政府转变职能、建立市场机制等方面,一起对有关责任机制的政策产生了影响。

当相关政策强调高等教育在全球经济竞争中的重要作用时,

更确切地说在全球经济中起到支持国家经济发展的作用时,责任机制和全球化的关系尤为重要。这要求中央和地方政府密切关注各高校的工作效率和工作成果,使其在国家经济方面承担更多责任。

一方面考虑到全球化与其他趋势相互关系的复杂性,另一方面也考虑到大学内的责任机制,很明显这些关系涉及的范围将会很广,还会包括具体的国家背景和大学内随时代发展而发生的各种变化。

这些初步的结论与雷斯伍德等对教育责任机制所做的普遍结论非常相似:"对教育责任机制的关注,在20世纪60年代已经出现在大多数的发达国家,在80年代中后期更显得非常突出,其原因就在于目前世界的潮流是鼓励大学内有更多的责任机制,这些原因可以在更广泛的经济、政治、社会等领域(学校仅是这些领域中的一小部分)中找到。而在各个国家中,这些经济、政治、社会因素并不是相同的"(Leithwood,1999,p.11)。从对挪威、荷兰、美国和法国四国的研究中可以清楚地发现,有关强调大学在全球竞争和经济中重要性的责任政策,在美国和荷兰出台得比较多,在挪威较少,而在法国几乎不存在。

在大学背景下的责任机制

下面我们将着眼于先前研究的四个国家的四所大学,对责任机制做进一步研究。事实上,这也是最有趣的地方,因为政府的设想和实际采取的政策对大学日常实践和教师及行政人员的观念产生着重要的影响,我们在此将进行详细讨论。

针对大学、研究项目及院系采取的有效的责任措施

我们要求受访者提到大学内的具体责任措施,如研究指标、质量考核和教学评估,而这些措施目前都已经被各国政府用以管理大学、研究项目和各个院系。其中来自相关教育管理部门的责任机制要求

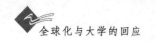

对阿维侬大学的影响最小。一小部分(16%)的反馈表明没有适当的监督和管理措施,不到三分之一(29%)的反馈说根本没有任何变化,或者说关于责任问题还仅处在讨论阶段。总之,将近一半的反馈表明大学缺少责任机制,或缺少除了将招生数量作为传统责任形式以外的任何变化:

> 可以说评估方式没有太大的改变。就拿你们提供的例子来说,我并不相信教育部长非常关注学生毕业率,但是他显然很关注学生入学率。这样做的唯一目的是教育部可以对分配给大学的贷款做一个更大的预算;但这样做的结果就是我们要决定如何利用资金,是保留还是删掉某些课程。而在某种程度上,教育部就摆脱了这些责任。除此之外,在这个领域里没有任何实质的变化。虽然在教育部长的讲话中有了些变化,但那只是方法上的变化,而不是评估程序上的变化。(阿维侬大学,青年男性教师,专业学院)

大约一半的(47%)反馈表明大学内的责任机制"早已存在",但并没有立竿见影的效果。责任机制的大部分指标,如对学生选课的管理、考试及格率、对教师资质的要求以及用于与工作绩效相关的小笔预算资金,似乎并无坏处。然而普遍的反应则是责任机制没有太大必要,一些反馈提到责任机制应该包括来自政府的外部考核。

波士顿学院则恰恰相反。我们必须要强调的是由于它是私立大学,从而不受州议会的监督。74%的反馈认为学院内责任机制由于外部考核的压力仍然存在。然而许多反馈认为外部考核是一个较新的管理方式,是用来提高一些院系实际工作表现和奖励某些院系的。外部考核的结果与大学所做的准备工作密切相关。

> 大学对我们整个系进行评估,在管理方式上软硬兼施。大学刚刚对教师的教学工作给予了 4000 美元的奖励,与其说是奖励不如说是对我们工作的认可。现在不仅对我们的工作表现进行单独评价,也以系为单位进行整体评价。在学校看来,真的是我们分配了太多的资源给研究生而给本科生资源太少吗?对教学

第五章 责任机制

参考书籍我们有很大的选择余地吗?(波士顿学院,资深男性教师,社会科学)

除了外部考核机制,15%的反馈明确地列举出学院对班级规模和教学过程等其他因素的内部考核机制。虽然受访者对责任机制很关注,但这并不表明受访者对其学院实行的责任机制感到很大的压力。

> 负责教学的副校长和系主任们似乎并不直接管理系一级的工作。我提交了年度工作总结,但并不知道情况到底怎样。年度总结报告交给了系主任,但是我并没有得到任何反馈。(波士顿学院,资深男性教师,专业学院)

然而,在这类反馈中大部分教师接受了外部考核,并认为这有助于改进他们的研究项目和行政工作。当然也有许多反馈告诉我们还存在几乎未被评估或不愿意落实责任制的院系。除了上述的责任机制措施,一些反馈与大学评级有关。实际上大学评级不该作为一个直接的责任机制措施,因为如果外部机构运用大学的数据来管理和评定大学,就间接地意味着大学可以按照自己制定的规定来说明其实际工作表现。

在特文特大学,几乎所有的受访者都分别提到了由国家考评委员会开展的有关教学、研究工作等各个方面的外部考核措施。强制大学参与质量保证体系表明,教育过程中的每一个研究项目和每一个系/教职工都要进行自我评估,同时也表明应由同行考评委员会考核计划并最终提出建议。

> 大学已经建立了很完善的质量保证体系和落实责任机制的程序。教职人员每年被评审两次,以绩效指标、审核、学生评估——所有你能想到的形式来进行。(特文特大学,资深男性教师,社会科学)

一些反馈提到了财政拨款制度,通过硕士研究生的数量、完成学位的时间和颁发博士学位的数量等指标,一定程度上对大学的拨款考虑到了大学的实际工作表现。少数反馈涉及了大学的内部管理惯例,

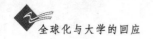

把它作为参与国家质量保证体系所做的准备工作的一部分,也是为了大学获得认证所做的准备工作的一部分。在我们进行调查期间,这还是一个自愿的行为,后来很快就成为强制的认证机制。

在奥斯陆大学,大多数(75%)反馈指出了在责任程序和年度工作绩效报告中大学生毕业率的实际作用。少数(9%)反馈则提到了学科考核。从这些反馈中可以清楚地看到,大学统计学生毕业率和进行年度工作绩效报告的惯例并没有造成大学财政预算超标,因为这些指标只占大学财政预算的一小部分。

> 几年前政府引入了统计学生毕业率的举措,也使部分的政府拨款与大学所评估的信用等级相关联。这是个原因,却不是主要原因。用于评价科学研究的指标仍然显得很原始,主要是依据论文发表量和我们培养的博士生数量。这并不复杂,到目前为止还没有具体与财政预算或任何奖惩制度挂钩的措施。质量考核并不是大面积地泛泛而做,但政府要求研究理事会对学科现状进行定期审核,这种措施已在全国范围内推广了。政府部门也在持续推动教学评估。教学工作评估对那些没有被评估的人也并没有造成很大的压力,目前他们的压力主要是接受定期且系统的课程评估,但是评估结果对相关人员也几乎没有什么影响。至今还没有一种机制能将这些考核结果纳入大学财政预算体制中。(奥斯陆大学,资深男性教师,社会科学)

尽管上述措施对促使人们关注质量监督和质量考核有推动作用,但是却没有将考核结果纳入财政预算的体制。再有,事实上很多受访者并没有意识到所有周围存在的监督措施。责任机制实践也似乎太流于形式,因而实际上没有影响到大学和系所的生存。

针对个人实施的责任措施

尽管在大学和个人不同层面上的反馈有一些重叠,但我们将把后者提出来单独讨论。

在奥斯陆大学,作为针对个人的责任机制,受访者提到了教学评估(43%的反馈)和年度工作总结报告(40%的反馈)的制度。

> 当然,我们现在要写的报告数量增加了,每一学期后或每一年后,你可以总结教学工作,你可以报告你已经做了什么,教学任务完成了多少,展开了哪种科学研究,也包括所有发表的文章以及诸如此类的事情。对于大学而言这是很新的,不是传统模式中就有的。领导每年会找每一个教师谈一次。(奥斯陆大学,资深男性教师,专业学院)

在奥斯陆大学 11% 的反馈是关于研究项目由国际同行专家进行审核,少数反馈将大学设立的工作奖励和核心管理层与教职工之间的座谈会制度也作为额外的监督机制。

> 有许多评估措施,这很新鲜,以前我们根本没有。当然我认为这非常有用,让国际性的委员会来评估我们的研究工作。至于说到教学,也已经比其他学校进行的时间更长。学生组织每学期选出几个教学单位来进行评估。他们和负责教师一起选择并设计问题,给了其中一个学生一些钱来做统计工作。我认为这项工作非常好。(奥斯陆大学,资深女性教师,自然科学)

核心管理层与教职工之间的座谈会制度很容易被理解成"温和"的监督形式,也就是说,用来讨论问题并提出问题解决方案;而工作奖励很难直接与责任机制联系起来。然而,我们应该把工作奖励也理解成一种机制,通过比较他们的功劳和成就来评价教师的工作,这样个人就不必承担太多的责任。

在波士顿学院,62% 的反馈提到了年度考核。年度考核根据教学工作、研究工作和对学校的贡献多少来对每个人进行评估。

> 人人都必须提交年度总结报告,系里的教授、系主任、副系主任要一起评审总结报告。所以我们要看发表的文章、教学评估和院系服务。我们假定每一个人都略有进步,那么由此判断,接下来总体上就会提高 1% 甚至 2% 的绩效工资,这样全体教员都会意识到学校期望他们工作更有成绩。我认为衡量工作成果的标准众所周知,我们往往靠一些量化的标准去满足校董会的期望,当然系主任也会强调质量的重要性。(波士顿学院,资深男性教

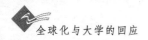

师,专业学院)

在波士顿学院少部分(13%)反馈提到了监督措施和教学同行评估制度,另外13%提到了终身教职考核制度。说到后者,那些没有终身教职的人按照惯例也要经过终身教职考核程序,而那些想要晋升正教授的人也在接受更严格的考核过程。

在特文特大学,受访者提到了四种直接的方法来监督教师的实际工作表现。超过三分之一(35%)的反馈说针对个人的年度考核是未经个人同意就进行的;28%的反馈提到了教学内容评议工作;20%提到了系主任要求的年度总结报告;11%认为年度考核与奖金或工作重新分配挂钩。

> 我们每年都要进行个人考核,这关系到个人的年度工作总结。可能会据此重新分配工作,而在一些系里似乎没有任何制度。这是大学董事会希望研究处理的一个重要问题,也是院长和系主任们进行学术管理的系统方法之一。无论怎样,这能促使系里的教授们或各单位的领导们继续实施每半年进行一次面谈的制度,并把这些与工作分配和工作成果前后相联系起来。(特文特大学,资深男性管理人员)

第一个方法因缺乏实用性而招致批评;也就是说,如果教师不表明态度就不能增加工资甚至是晋升职位,并且在年度工作考核的会议上,也没有人讨论教师的职业发展规划。关于教学内容评议,受访者指出这些内容大部分只适用于第一年开设的课程。在很大程度上,问题焦点在于评议工作关注的是课程和研究项目本身,而不是项目中个人的参与情况。

在阿维侬大学,这种模式与在大学层面上实施的责任机制模式类似:21%的反馈认为并没有针对教师个人的评估,另外9%认为如果考虑到评估的主观性,这种措施还算不错。另外19%的反馈说,关于这一问题他们已经有很多的讨论。总之这表明有近一半的反馈提到缺乏针对个人的正式的责任机制形式。

> 就目前情况而言,暂时还没有,但我知道在新的改革措施中有关采取责任措施的讨论。这些措施就包括由学生来评议的程

序。估计今年某个时候就会列入计划,但目前还没有具体实施。（阿维侬大学,资深男性教师,自然科学）

其余的反馈有的提到了实行和落实责任机制的障碍(12%),也有的说非间接和/或非正式评估可能也会是有效的(16%),或者提出了实行针对个人的责任措施的必要性(17%)。

这些措施的效果如何?

在此我们要向受访者提出一个问题:无论在进行工作质量监督或提高大学的教学研究质量方面,现有的责任机制是否有效?责任机制措施实际提高了教学研究质量吗?

在奥斯陆大学几乎一半(44%)的反馈表明实施的责任机制措施并没有提高工作质量。

> 例子很多,主要担心工作质量无法提高,并且导致了一些实际没有效果的政策调整。与采用其他可能同样有效的责任措施相比,如果对一个具体的工作行为进行奖励,你可能会发现会有意想不到的结果。（奥斯陆大学,资深男性教师,社会科学）

大概差不多47%的反馈认为它们确实提高了工作质量。比较典型的观点是工作质量提高主要由于内部的激励措施所引起的,或者说是有必要通过奖励而不是通过惩罚教师来提高工作质量。有一小部分反馈(8%)认为他们并不确定是否存在这样的影响,或者他们觉得很难知晓。

在波士顿学院反馈则显得很消极,大约56%的反馈认为措施并不奏效。

> 年度考核中,系主任给你的信里谈到了你工作上的优缺点,我根本不知道这是用来提高教学研究工作质量用的。我从未听说过有人按这些政策来行事,也不知道这是用来提倡新的或是更好的教学方法的。（波士顿学院,青年女性教师,专业学院）

他们介绍了他们认为行之有效的评估方法。在一种积极的、支持的氛围中,似乎大多数的人更愿意接受形成性评估(formative evaluation)而不是总结性评估(summative evaluation),想要更多的合作式的、同行评审式的评估,以及更多一对一的反馈。一些受访者认为现有的责任机制还不够严格。同时,一些反馈评论说,与培养重视教学的氛围相比,形式上的评估机制显得不是很重要。大约44%的反馈认为目前的机制还算有效,认为教学评议本身就是一个很好的反馈,奖惩能使人们工作更有成绩;同样,教师期望获得终身教职和晋升这种机制也让人们更加关注教学和研究工作的质量。但是没有人认为单纯增加工资就能让人真正改变工作方式,但是扣工资或工资仅仅增加了一点点则会表明,工作不被领导认可,这更可能让人改变工作方式。对教学和研究进行奖励是有好处的,只有一个受访者(2%)觉得试着判断这些措施是否真的有效果实在太困难了。

在特文特大学,人们对责任措施对工作的影响的评价持更肯定的态度,超过一半(54%)的反馈认为这些措施有效。

> 是的,我认为长期来看它们将产生积极的影响。我已经在这所大学工作20年了,以前几乎没有什么有关研究或教学的监督措施,但是我要说现在这些监督措施确实已经提高了教学和研究的质量。(特文特大学,青年男性教师,社会科学)

超过三分之一的(38%)的反馈对责任措施的效果表示怀疑。从他们的评论可以看出,他们认为现有机制没有什么效果,因为他们并不认为这些责任机制能切实提高研究积极性,相信其他的责任措施会带来更好的效果。

> 这是一个很难回答的问题,因为教学质量在过去十年里确实提高了,研究工作也是一样。但我并不确定这种改善是否是因为我们现在正在讨论的这些措施还是来自外界的压力(这些压力包括研究资金在国际范围内竞争、国内招生之间的竞争等等)。(特文特大学,资深男性管理人员)

一些反馈也怀疑研究的质量或教学的效果能否被真正进行评估。少部分(8%)反馈明确表示现有机制需要变化,他们提议引进更具合作性的、非针对个人的措施,也要由同行进行考核和实行更多的形成性评估措施。

鉴于阿维侬大学缺少相应的责任机制,对于这个一般性的问题,人们还是回答了责任措施是否能在其学校有效地提高教学研究的质量。约五分之一(22%)的反馈是肯定的,他们主张大学应该更有效率并虚心接受外界的要求,并进行认真的内部考核。虽然超过一半(56%)的反馈对此持怀疑态度,但仍给了积极的评价。他们还补充说明了自己的观点,认为内部积极性也是非常必要的,而且如果评估只考虑了数量指标,那么这种评估就包含一定的风险因素。该类反馈中,也有教师和行政人员认为实行责任机制有困难,其中还有一些关于如何确定评价标准的争论。

> 我相信教师有责任评估他们的工作,这是其工作的一部分。但很难确切地知道他们运用了哪些机制来确保效果,而且是否有效果对大学确实起着至关重要的作用。(阿维侬大学,青年女性教师,专业学院)

小部分反馈(14%)认为现有的责任机制不会提高学术水平。

究竟需要多少评估?

或委婉或直接地反馈上述调查问题时,一些教师和行政人员对进行更多评估表示出渴望的态度,而另一些则表示抵制。我们向受访者询问了下列问题:他们是否愿意进行更多的评估?是否希望政府更多地对教师和大学的工作进行监督?现有的监督措施是否恰当?

在阿维侬大学,受访者们似乎不太情愿进行更多的评估。大多数反馈(64%)属于此类,如回答"是的,但是"和"很困难",或者用其他方式来表达他们的矛盾心理。他们特别提到了目前他们对这些措施是抵制的,评估的院系差别太大(很难用统一标准),相关学生能力的缺乏,以及由评估带来的各种官样程序已成为他们工作的障碍。

> 是的,但是也很冒险,风险很大。如果评估纯粹是量化的,那么你首先会选择大的而非小规模的大学,因为很明显它们的潜力

不同，并且很可能我们并不能为它们提供同样的质量保证措施。如果限制在一些具体的科目上，我们的工作质量也许会很好，所以很需要业务专门化。根据在英国发展的情势来看，这也是很冒险的，整个体制变得像一台疯狂的机器，并可能变成一个完全的数量指标。因为看重的是发表文章的数量而非文章的内容。教师达到了要求，这并不意味着他们就是好的讲师和研究者，所以很明显这很冒险。（阿维侬大学，资深男性教师，专业学院）

仅仅21%的反馈表明，他们愿意引进更多的评估机制来奖励优异并对"特权阶层（privileged caste）"采取一些惩罚措施，某些反馈暗示这些措施可能会带来很大的冲击。

> 我认为这些措施在事情处理和工作开展的方法上会有非常积极的影响，能让人思想更为开化，但很大程度上我也认为措施本身也要开明（我们也需要改变人们的思维方式）。这需要人更具有冒险精神，解放思想，而不是顽固地坚持他们的专长。现在人们没有意识到顽固是多么愚蠢，多么让人难以忍受。（阿维侬大学，资深男性管理人员）

在特文特大学，45%的反馈显示了评估量是恰当的。超过四分之一（27%）的反馈非常认可现在的评估体系，但也认为在评估的种类上应有所改变，有更大的差别，譬如说在给院系或个人的奖金方面。大约五分之一（21%）的反馈提到了因为保持大学工作效率的原因应该减少评估，并且要求进行更多以质量为重点的评估。

> 是的，我认为现在的做法有一些过激，不是在我们大学的层面，而是在国家和政府层面。每五年我们要分别进行一次教学和研究工作评估，所以平均每两年半一轮。对于一个教学和研究机构而言这是一个相当大的负担。我宁愿每五年进行一次教学与研究工作的综合评估。（特文特大学，资深男性管理人员）

在波士顿学院，教师们的反馈和观点与特文特大学的教师类似，也有45%的反馈表明现有的评估数量和种类是恰当的。在波士顿大学的反馈中,来自教师的一些评论认为需要增加对研究领域工作的评估。同样,大约27%的反馈认为他们原则上同意现有的评估实践,但更希望能有些变化。

> 我们需要一个更实际的形式进行评估,没有别的什么活动比评价教职工工作更重要。这不仅给了他们尊严,也给了他们动力,也是一个可以坐下来与他们进行面对面的对话并探讨他们的事业发展的机会。但在这儿却从来没有。(波士顿学院,资深男性教师,专业学院)

其他的反馈则建议,相关的政策变化应更具前瞻性和指导性。但就评估是多是少的问题,波士顿学院与荷兰的大学不同。在特文特大学只有小部分的反馈希望有更多的评估,并愿意对研究的质量和数量进行深入讨论。相比之下,波士顿学院24%的反馈则主张进行更多的评估,特别是要在各校之间进行关于教学的认真讨论,而仅仅有9%的反馈希望进行较少的评估。

在奥斯陆大学,我们询问了一个略微有点不一样的问题。当受访者被问到是否会抵制责任机制时,有超过一半(59%)的反馈者给出了肯定回答:

> 是的,完全是这样。当有了这个想法时,他们说:"我们不喜欢,不喜欢这样的管理,不喜欢这些声明,那只是我们缺乏信心的表现,并不起什么作用,只是一堆文件而已。"(奥斯陆大学,资深男性教师,专业学院)

尤其在奥斯陆大学,教师更倾向于采取间接的而不是正面的抵制措施,即通过表达对这些措施的反感而进行抵制。人们对评估机制的作用提出了质疑,并表达了他们对这一过程的不同意见。在工作中,他们也感觉有挫败感并且抱怨有太多的程序性事务无法完成。少于一半(41%)的反馈没有抵制现有的责任机制,尽管这样,在一些反馈中还是有人表现出了一种被动的、不合作的态度,比如把评估结果扔在抽屉里置之不理。

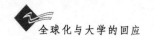
全球化与大学的回应

概述和结论

  在各国不同的背景下,责任机制基本上都被引入并且/或者做了某些修改。由于受访者专业、性别、年龄和职位的不同,要得出一个直接的、有力的结论很困难。然而,当我们考虑到现有责任机制的类型时,就大学和个人而言,很明显大多数的责任机制可以被视为是软措施(如监督和说明),而小部分可以作为硬措施(如制定规章制度)。为落实责任机制的要求,大学一般应用了软硬兼施的政策,但在大多数情况下这些措施发挥的作用甚微。

  对责任机制的效果,大部分的反馈者持怀疑态度。对责任机制带来的机关式办事程序、工作量增大和强调量化指标等也有一些反对意见,很多的受访者甚至怀疑这些措施是否真的能达到预期的效果。纵观这些国家的情况,从很多反馈可以看出,人们主张减少形式化的措施,使程序可以更人性化,并希望非正式程序可以成为工作环境的一部分。另一方面,也有少数受访者认为引进责任机制可以奖励使用好的工作方法的人并对低质量的工作者有所惩戒。

  关于是否应该有更多评估,很多受访者认为应该减少而非增加。这一点在奥斯陆大学中一些教师表现出的消极抵制态度,以及在阿维侬大学由于对教师横加干预招致强烈谴责的事件中可见一斑。相当多的反馈者认为现有实践中的变革应该是更有效的。

  在对责任机制有争论或者实施过责任制的大学中,责任机制对其反馈有明显的影响。很显然四所大学处于不同的发展阶段。在波士顿学院和特文特大学,责任机制措施似乎已被制度化了,而在波士顿学院责任机制因院系的不同而形式各异。另一个区别是,在荷兰,大学遵循国家质量保证体系的要求;而在美国,每个院系运用的机制和措施都不同。奥斯陆大学似乎可以算是这类大学的代表,虽然它在某种程度上已实施了责任机制,但同时责任制的实践却很表面化。在阿维侬大学,责任机制最不明显,相关争论还在继续,实际上也没有实施很多的责任措施。特别在欧洲，这些实践反映了责任机制在国家层面上不同的发展情况。

如果把具体案例与国家层面上的相关研究和理论框架联系起来，我们就会得到一些有趣的发现。罗姆泽克对责任机制动态变化的评论与我们研究中得到的结论是很一致的。这些具体的案例研究和对责任机制在国家层面上发展的描述清楚地证明了这些变化确实存在。一些责任措施只是潜在的，但在关键时候已起到作用，美国的州政府运用绩效指标评价大学的工作就证明了这一事实。大多数国家的例子表明确实存在着另一种推动力，表明政府职能的合理转换，即从法规要求落实的责任机制转向其他以实际工作效果为导向的责任形式，如采用评估机制、根据工作绩效拨款和汇报实际工作表现等指标。第三种变化来自于大学对责任机制作用的矛盾预期，这些通常还没有浮出水面。这些存在的矛盾在案例研究中本来可以非常明显地显露出来，但实际并没有被发现，因为大多数的责任机制还属于"软"机制，还没有对个人或他们的工作造成威胁。

我们希望，责任机制是政府与大学间关系变化、高等教育国际化、关注效率和注重实际效果、信息与通信技术发展的必然结果。然而，对国家和大学的案例研究似乎表明政府与大学间的不断变化的关系是其中最重要的因素。当政府的管理方式转向给大学更多的自主权，并且某种程度上引入了市场机制时，这种转变就会导致新的责任机制的产生。行政人员和教师都没有完全接受这些责任制措施。但是，在全球化和责任机制之间可能会有一个间接的联系，由此，全球化已经影响了各国政府管理高等教育的理念。所以，通过实施这一政策，全球化已经对责任机制产生了影响。作为改变管理关系的动力，虽然政府政策文件中对全球化给予的关注很少，但是实际上，很多政府已经在大学中引入了责任机制或实施了工作质量保证措施。

注　释

1. 更多信息请参照他们的网址：www.cun-evaluation.fr.

第六章　聘用机制的灵活性

　　私有化通常导致政府削减对公立大学的资金投入。公立大学的用人者针对资金减少采取的一种办法就是改变聘用形式,比如增加兼职职工的数目,采用合同外包或者裁减正式职工。总之,用人单位在解决他们的财政问题上,充分发挥了聘用的灵活性。大学管理者在学校的招聘计划中,更是要充分发挥聘用体制的灵活性。因为教师工资是学校财政预算中最大的一项支出,有些学校的管理者就通过彻底取消教师聘用终身制和减少固定合同工的形式来减少专职员工的数量。而更多的大学管理者则只是要求减少学校内终身教职的数量,从而创造出一种更为灵活的聘用机制。

　　本章在讨论终身教职(tenure)前,简要地论述了全球化和员工聘用灵活性之间的关系。终身教职这个概念起源于美国,且含义随时间不断变化,在很多国家也有着不同的含义。在多数欧洲国家,终身教职跟公务员有点区别,终身教职主要适用于对教师的聘用。有些人认为公务员比获得长期聘用的教师工作还要更稳定些,而另外一些人则持相反的观点。在本书中,我们认为这两个概念是一样的,都区别于通过固定合同形式聘用的教师和助教,还区别于短期聘用的临时工。在已经出现私有化趋势的公立大学,合同制职工、短期工和兼职人员这样的聘用形式已经开始逐渐增多起来。

全球化与聘用灵活性的联系

　　政客和官员们拥护全球化政策的目的之一就是要创造出一种

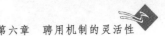

第六章 聘用机制的灵活性

更灵活的劳动力聘用模式(Sklair,2001)。这种聘用灵活性的含义有：期望员工有多种技能，要求员工能够承担更多的工作角色，减少带有各种福利的正式职工的数量，代之以廉价的合同制职工。在许多英美国家，大学聘用教师的形式有了很大的转变，比如，正式的职位变得更加难觅，终身教职的数量也越来越少。在美国、加拿大、英国和澳大利亚这些国家，得到有保障的工作这种观念正在快速消失，许多学校的聘用方式都是采用二到五年的短期合同形式。在欧洲一些大学里，尽管有些大学校长要求更大的聘用灵活性，但还是有人不愿意废除教师作为公务员这样的制度。

美国大学教授协会(American Association of University Professors)的主席，简·巴克(Jane Buck)认为20世纪70年代中期，工作有保障不再是雇员的必要权利。她指出，一些大公司已开始积极地去追求更大利润，裁减员工，并调整员工结构。另外，公司的领导者还设法在大学的董事会中占据一席之地，从而开始要求大学重新审查甚至废除教师终身制。美国大学教授协会指出，在20世纪80年代，外界对教师终身制的批评增加了，但是终身教职还没有被完全废除。

在法国、挪威和荷兰的许多大学，教师都是正式职工[1]，那些不属于公务员编制的雇员则大多是合同制或短期合同制职工。在上述三个国家，公共部门和私营企业中的大多数工作岗位都带有浓厚的终身制色彩。有趣的是，许多受访者将大学教师和普通工人作了比较后提出，既然大多数人都是终身制，而教师不是会显得很不合情理。类似地，目前在美国和澳大利亚的经济和文化氛围中，人们认为要进一步放松限制，创造出更大的聘用灵活性，不要保留正式的职工。而这样做会导致许多雇员，包括教师和其他高级公务员无法得到长期聘用。在美国和澳大利亚的大学里，一些受访的教师认为教授应该和其他员工一样，他们奇怪为什么还有终身教职的教师。

在荷兰，有保障的聘用体制正发生着与美国类似的变化。我们可以看出荷兰融入全球化中的程度比其他两个欧洲国家都要深入，以下两份访问反馈充分证实了这一点：

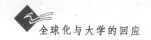

荷兰正在发生着变化,我们工作的这所学校的员工将会变得更像企业里的员工,开除员工几乎不受限制。私立机构裁减员工都不容易,但在我们学校可以。公立大学和私立大学雇员的区别正在减少。所以公务员制度也正有计划地朝着私有企业的方向改变,并且那已成为一项国家政策。公司制度里都有一些开放式合同,在这些合同里,如果有财务问题或是工厂倒闭了,你会被开除。尽管采取了一系列的措施,但是一旦这些措施确定实施,它就应该适用于所有员工,不管是在公立大学还是私立大学。(特文特大学,资深男性管理人员)

在荷兰,有这样一种普遍的趋势,工作岗位更加不固定,人们希望换工作。在社会上这种变化也很普遍,我认为公立大学也正在经历着这种变化。(特文特大学,青年男性教师,社会科学)

同期在荷兰出现的聘用模式跟美国的模式仍有相当大的不同,皮特·布莱恩(Peter Brain)比较了两个国家的聘用模式。在美国,中高收入的劳动者每年的工作时间超过2300小时,而在生产能力跟美国相当的荷兰,劳动者每年工作时间平均是1350小时。布莱恩称赞了荷兰的劳动力雇佣模式,认为这种模式只是稍稍降低了人均生活标准,却没有美国劳动力市场模式的那种强烈的社会破坏性。

美国的教授们已经意识到美国劳动力市场机制的毁灭性特点,这种劳动力市场机制要求更大的聘用灵活性。一些美国大学教授协会的官员已经对这种经济方面的变化带给大学的影响显得忧心忡忡,而且他们也知道劳动力市场过剩终究会到来(Perley,1997;Buck,2001)。在美国,尽管教师终身制饱受批评,人们要求大学的聘用体制有更大的灵活性,1993年,一份大学教授协会的调查发现,美国89%的全职教师要么是终身制的,要么近似于终身制(Yarmolinsky,1996)。然而,理解这些数据的时候要明白全职教师正变得越来越少,兼职教师的人数正以惊人的比例上升。巴克报告说,在1970年,兼职的教师仅占教授职位的22%或教职工的

20%。但是在1995年,这个数字已经上升到41%,在2001年上升到46%。沙博理(Shapiro)(2000)指出:"1995年到1997年,加入到这个职业中的35000人中,超过三分之二的人是兼职。"(Shapiro,2000,p.15)在澳大利亚,尽管情况没有美国那么极端,但由专职向短期兼职教师转变正在成为一种趋势。根据教育、培训与青年事务部(Department of Education, Training and Youth Affairs)2000年的报告,1998年到2000年澳大利亚大学兼职员工的数量上升了18.2%,现在兼职员工占了大学员工数的15%。更重要的是,在过去的12个月里,短期和兼职形式占了聘用增长量的78%。

长期聘用的历史和概念

欧洲大学教师的公务员身份

工作有保障是大多数欧洲教师享有的一个法律权利。根据法国法律的规定,除非有同行宣称有必要这样做,大学教授不能被剥夺教职,在大多数西欧国家也有类似的明显规定(Morrow, 1968)。然而,阿尔巴赫和路易斯认为,在许多欧洲国家,长期聘用的观念正在发生变化。比如在德国,非固定工作正变得日益普遍,而在瑞典和荷兰,非固定工作也正在增多。尽管如此,他们发现在这些国家工作保障程度仍然比美国强得多。另外,他们介绍的最激烈的变化之一就是英国根据1988年的《教育改革法案》(the Education Reform Act)废除了教师终身制体系。这个法案允许大学人员富余时解聘职工,以及用可续聘合同取代教师终身制。

在多数欧洲国家像法国、挪威和荷兰,学校的全体工作人员都是公务员,有着相当于公务员的法律地位。德威尔特(Deweert)和范·沃希特·提耶森(Van Vucht Tijssen)称教师工作为一种"公共服务(service)"关系,而不是一种由公法约束的"合同(contract)"关系。他们将此与在英语国家的情况作了比较,后者的高等教育机构

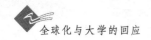
全球化与大学的回应

不是国家机构的组成部分,有自己独立的地位,因此,学校的教职人员根据私法规定有针对个人的聘用合同,这就表示聘用是可以通过协商决定的。

上述两种类型的聘用关系之间的差异是由服务的期限和条件决定的。在公共服务类型中,服务的期限和条件是单方面决定的,因为他们的工作有保障,所以通常都是采用终身制,大学的教职工必须对国家忠诚。在合同类型中,员工责任的实质是由雇主和雇员双方决定的,可以是建立在个人的基础上,通常的情况是在双方代表团体之间进行集体的协商来确定(Deweert & Van Vucht Tijssen,1999,p.47)。

法国和挪威一直都是这种公共服务类型。不过,德威尔特和提耶森说荷兰正处于从公共服务类型向合同聘用型关系的转变过程中,但教育部长还不打算废除高等教育的公共服务性质,把大学变成私有企业。尽管如此,教育部长把工资协商的责任转交给了大学,这是朝向大学及其雇员间合同型关系迈出的一步。

在荷兰,大学希望实现聘用关系的"现代化"。德威尔特和提耶森对现代化做的定义为引入"由市场决定的合同关系从而使雇佣者能够像管理公司一样管理大学"。这种灵活性在协商过程中是至关重要的,而且能够扩展到使用更多的合同制聘用关系来聘用,可能最终导致废除教师公务员的地位。其间大学结成聘用单位联盟与代表教职工的教师工会进行谈判以推动更加灵活的聘用机制。教师工会一直都反对废除教师公务员身份和其他增加聘用灵活性的措施,斗争的结果可能是这些不同群体最终达成妥协。

总之很明显,荷兰的体制正变得跟美国的体制越来越相似。在美国体制中,教师的聘用形式差别很大,聘用的灵活性也更强。这两种体制中都暗含着一种学术自由的观念,我们在第八章将会讨论这种学术自由。关于荷兰的大学,德威尔特和提耶森指出,学术自由氛围将会被另一种氛围取代,即学校要求大学教师必须对保证教学与研究的质量和成果作出贡献。另外在大学中,职业信任、诚实正直的氛围和大学是为"公共利益"服务的体制会被强调市场"表现"的氛围所取代。

美国大学的终身教职

终身教职是源于美国的一个概念,始见于美国大学教授协会1915年的声明中。在这份声明里提到位于讲师级别以上的所有职位的教师可在工作十年后要求获得终身教职。大学教授协会1940年的报告中提议终身教职应该作为学术自由的基石,并号召各大学对试用期(一般不超过七年)通过后的教师都给予终身教职。终身教职只有在以下几种情况下允许终结:退休、有充分且恰当的理由,还有就是学校面临紧迫的财政困难。当时,有一半的大学都是按年度聘用教师的。大学教授协会的声明是一份没有法律强制力的原则性声明。由此看来,1940年的大学教授协会声明中清楚地将终身教职和学术自由联系起来:"终身教职是一种达到下列目的的手段,特别是:(1)教学研究和课外活动的自由;(2)足够的经济保障使得这个职业能够吸引真正有才能者。因此,自由、经济保障和终身教职对于一个学校成功履行对学生和社会的义务是必需的(见大学教师协会网站)。"

尽管终身教职这个概念起源于美国,但是现在已深入到各国的制度中,而且已经和学术自由联系在一起,使得教师工作有了保障。这种保障允许教师有畅所欲言的自由,批评社会或大学内部的问题而不必担心被开除。莱斯利(Leslie)说尽管终身教职在美国的大学里是一个共同的模式,但实际上在每一所学校里"终身教职"的含义是不同的,他重申了基斯特委员会(Keast Commission)1973年的调查结果,那就是在美国高等教育界并没有所谓的"终身制度",因为终身制并没有很统一地得以贯彻。另外,莱斯利称工作保障和思想自由不再紧密相连,指出集体协商是解决工作聘用的一种方式,而且个人的权利和自由通过相关法律已经被扩大了,他也认为法律法规是比终身制更能保护学术自由的工具。20世纪90年代,澳大利亚通过集体协商,终身教职的概念被连续聘用的观念取代了。在澳大利亚,工会的作用是非常积极的,而且是保护工作有保障和学术自由的主要组织。然而尽管如此,工会还是无法抵制政府在迫使大学转向更灵活的聘用机制方面所施加的压力。

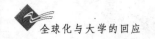

与莱斯利认为终身教职能够通过法律制度和集体协商得到保护的观点相反，切莫里斯基（Chemerisky）辩称，终身制度对教师的保护比宪法第一修正案或政府规定给予职工的保护更大。主要是因为在终身制下，"如果大学开始审议对某个终身教职的教师采取停职措施，学校就会倍感压力。至少，启动正式的审议程序有悖于大学设立终身教职的初衷"（Chemerisky，1998，p. 645）。他说任何替代终身教职的措施很可能导致减少对教师和学术自由的保护。皮尔利（Perley）也很关注人们对第一修正案保护的依赖，注意到它虽然禁止政府侵犯人民的言论自由，保护了大学教师，但其中并不包含私立大学的教师。

亚默林斯基（Yarmolinsky）认为，在工作表现方面，终身教职可以说与其他的终身制根本不同——它不像公务员终身制那样是永久的（Yarmolinsky，1996，p. 16）。他自己在文章里写道，终身教职不但要保护那些不遵循社会常规的人，也应该保护那些敢于挑战终身教职的人。另外，明尼苏达州立大学尝试改革终身教职制度时，一个理事以保护自由的名义批评终身制，反对教师们捍卫终身教职的举动，甚至不理睬其他理事的意见。格林伍德（Greenwood）是捍卫终身教职的教师中的一员，他认为提供工作保障可以使教师不必经常受监督，而且会使学者们对学校产生更大的责任心。

一个对终身教职的普遍误解是，终身制是和现代经济体制格格不入的古代制度。实际上，终身教职是一种非常理性的制度，用来吸引那些愿意对学校尽责任并花时间教育学生的教师。没有获得终身聘用的教师在成功获得教职前非常自私，他们尽最大努力去获得发表机会和研究经费，而在获得终身教职后，才会对学校表现出忠诚以及把个人的将来和学校的未来联系在一起，（Greenwood，1998，p. 24）。

终身教职在一些国家遭到抨击，更深层次的原因是强制退休制度被取消。20世纪90年代的美国，强制退休制度被取消开始影响到大学。在评论芝加哥大学时，普罗弗斯特·杰弗里·斯通（Provost Geoffrey Stone）指出，由于联邦政府政策的变化，如果强制退休制度没有被取消，副教授的人数可能比现在少三十人左右。他指出终身教职作为保护学术自由的工具和作为延长职业生涯手段之间有着很大的区别。大学不得不出台了一些退休福利制度,以鼓励提前退休或者让教师正好在65或70岁时退休。然而,一些教师仍然在达到退休年龄后,留在了现在的岗位上,这不利于聘用年轻教职工以及保持学校健康发展所必需的新老交替。

欧洲和美国的大学终身制/长期聘用的价值观念

谈到终身制时,如何回答这样一个特殊问题取决于各国国情。在阿维侬大学和奥斯陆大学我们问:你同意大学教授是公务员身份,应该享有终身教职吗?如果是的话,为什么?在特文特大学我们问:在荷兰的大学里,你认为坚持教授公务员身份或者终身聘用他们是一个很重要的原则吗?在波士顿学院我们问:在美国大学里你认为对教职工的终身制是必须坚持的一个重要原则吗?

如表6.1,在统计"是"和"是,不过"这类回答后,事实很清楚地表明,四所大学同意终身教职制度和长期聘用制的回答占大多数。特文特大学回答中有很大比例(32%)是反对长期聘用制的,而在奥斯陆大学没有一个人反对(0%)。另外,奥斯陆大学有一部分人(23%)对终身制很不确定,认为目前它处于两难境地。然而阿维侬大学(63%)和奥斯陆大学(53%)大部分人都同意。从阿维侬大学(89%)、奥斯陆大学(76%)和波士顿学院(74%)的答复中,统计出"是"和"是,不过"这类回答的比例后,发现没有大的不同,都有超过四分之三的人赞成终身制。特文特大学很少有人(29%)赞成终身教职,统计回答"是"和"是,不过"的人表明刚刚一半多(54%)的人是同意保留终身教职的。

表6.1 终身教职/长期聘用的重要性(比例和数目)

大学	是	是,不过	两难境地	不	总回答数
阿维侬大学	63%	26%	7%	5%	101%(43)
波士顿大学	44%	30%	14%	11%	99%(36)
奥斯陆大学	53%	23%	23%	0%	99%(30)
特文特大学	29%	25%	13%	32%	99%(31)

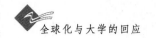
全球化与大学的回应

切莫里斯基分析了加州大学洛杉矶分校高等教育研究所的一份调查。该调查表明,45岁以下的教职工中43%的人认为终身制是一个过时的概念,而在55岁以上的教职工中大约30%的人这样认为。在阿维侬大学和波士顿学院,年龄因素未对回答造成影响。然而在奥斯陆大学和特文特大学有类似的发现,即年纪大一些的教职工比年轻的教职工更多赞成保留终身教职。在奥斯陆大学55岁或以上年纪的教职工赞成保留终身教职的人数(62%)是30到44岁之间的年轻教职工赞成人数(28%)的2倍多。在特文特大学,年纪大的教职工(55岁或者更大,50%)比年轻的教职工(45岁或以下,9%;45到54岁,36%)更愿意保留长期聘用。年轻的教职工(45岁及以下,以及45到54岁,21%)比年纪大点的(55岁及以上,17%)更可能回答说:"不,长期聘用应该被废除。"这表明,年纪大点,有更多行政经验的受访者会保守些,有同情心些,感觉自己曾经从终身制中获益。他们可能目睹或经历过,感觉职业生涯和生活的坎坷起伏会使人变得脆弱,也已经意识到大学在聘用高素质教师方面的竞争,以及应该提供如长期聘用这样的激励措施吸引学者到大学来工作。

肯定的"是"的回答

赞成终身教职/长期聘用时经常提到的理由是保护学术自由,这不但在波士顿学院提得最多,在阿维侬大学和奥斯陆大学也是这样。下面这些引述证实了上述事实:

批判社会的自由

人们有没有批判社会的自由一直是争论的焦点,终身教职就是用来解决这个问题的。(波士顿学院,资深女性管理人员)

是的,因为这是一个保护教职工经济和政治自由的方法。(阿维侬大学,资深男性教师,社会科学)

学术自由在美国,而不是在挪威,正被热烈地讨论着。我也认为某些情况下社会需要能够畅所欲言的人。(奥斯陆大学,资深男性教师,自然科学)

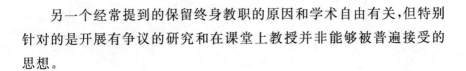

第六章 聘用机制的灵活性

另一个经常提到的保留终身教职的原因和学术自由有关,但特别针对的是开展有争议的研究和在课堂上教授并非能够被普遍接受的思想。

研究自由和教你所愿

对来到大学的学生来说,能够聆听对自己的研究充满激情,并且坚定捍卫自己信念的人的教诲是一件令人愉快的事,我觉得这是法国的大学与众不同的地方。(阿维侬大学,青年男性教师,专业学院)

如果你就快丢了工作了,你不会大声说出来。我的意思是如果可能丢掉工作的话,对掀起轩然大波我会心存犹豫。我要养活整个家庭。如果你无忧无虑,那么你不会介意指出哪里出了问题。我认为大多数教师都只是谈本国的学术自由而不是国际学术自由。当他们作为一个科学家行事、教学以及给学生研究建议时,会更多地谈到学术自由。(波士顿学院,资深女性教师,自然科学)

是的,因为这样做就能允许教师们按照自己的愿望自由工作,这对学术研究是非常有益的。(阿维侬大学,资深男性教师,社会科学)

我认为尽管这有所争议,但只要对公众不是有害的,即使对非普遍的研究也应该给予自由。(波士顿学院,资深男性教师,自然科学)

另一些提及的原因是关于能否进行长期研究,让研究周期自然循环,而不至于因为有发表的压力而忽视了探求"真理"和创造性地进行研究。

对研究和创造力周期的担忧

是的,我担心,不但是为了学术自由,也是为了考虑创造力周期。一度我曾像疯子一样不停地写,因为我那时正在做一个纵向研究。现在我开始了一项新研究,并筹措资金,就不像开始的时候写得那么多了。这也正常,这就如你有时像疯子一样阅读资料,有时你想充分利用你的智力进行创造,我认为应该顺其自然。(波士顿学院,青年女性教师,专业学院)

有趣的是,以上这些回答没有来自特文特大学的,相比于其他三所大学教师的回答,在特文特大学没有人谈到保留长期聘用制度是为了捍卫学术自由,这可能是由于传统上荷兰对多样性的宽容和尊重言论自由的传统,这使学术自由较少受到威胁。然而其中一个重要的原因被忽略了,那就是避免大学里所谓"不发表就淘汰(publish or perish)"综合征的必要性,以及给予学生更多的学业指导时间。有少数人谈到要保有一种集体主义精神和对学校的责任感,也有人提到了研究和写作是有起伏期的,在短期内就做出评价对长期的研究工作是有害的。一般来说这些通过调查得来的反馈更实际些,比如,四所大学里的受访者都提到了他们需要工作保障。因为在大多数国家,收入相对较低的教师是需要工作保障的。另外一些反馈还提到了减少教师工作压力和负担,以及工作时不用担忧被解聘。

低收入换来工作保障

是的,这是典型的法国式的观念,它提供给了我们一种与国情不太适合的工作保障,这就是作为公务员的好处。虽然我们知道缺点是在公立大学里,从事教育工作不会得到很高的报酬。(阿维侬大学,资深女性教师,自然科学)

在某些方面,你可能会认为终身制是对教授们没有挣到他们应挣那么多钱的一种补偿,所以给这些人一些工作保障,使他们不必担心会被裁掉而急得晚上睡不着觉。(波士顿学院,青年男性教师,自然科学)

如果想建立一种终身教职较少的体制,那就要给教师增加工资。因为工资实在太低了,目前在挪威,想让优秀人才从事科学研究是很难的。即使已经在研究的人,领着低工资,面对很差的工作保障,我认为这样的大学也会遭遇困境的。(奥斯陆大学,青

年男性教师,社会科学)

上述四所大学里,很多教师都提到了低工资换工作保障的做法。不过,只有特文特大学的教师提到工作保障是社会整体环境氛围的一部分。在法国和挪威,大多数人有工作保障,并可能认为这是理所当然的。然而在荷兰,受访者对工作保障的重要性持很保守的观点。下面的引述反映了在荷兰有关工作保障的观念:

> 我认为在荷兰,很多人都感受到了工作保障对他们生活的重要性。大学应该认真对待,不然它就将会发现,在引进优秀人才方面,会遇到社会上其他行业日益激烈的竞争。我不认为长期聘用应该被废除,即使它让聘用体系增加了大量非灵活性因素。的确有这么一些人,你真的很想尽可能地长期聘用,而且这些人对单位也非常重要。长期聘用不再像过去那样约束人,我认为他们解聘有长期聘用工作的人比过去容易多了。(特文特大学,青年女性教师,社会科学)

> 荷兰的政策是受雇于企业和政府部门的人聘期会长些,所以应该有和企业类似的政策。只要聘用热爱研究的人才来学校工作就可以,因为他们想要稳定的工作。他们的工资会比企业低,如果你再不给予工作保障,我相信,人才都会跑到企业去了,所以我们必须有竞争优势。(特文特大学,资深男性教师,自然科学)

谈到保留终身教职更深层次的原因是这样做就形成了学术团队并可以让他们协同工作。

学术团队

> 在美国没有几个地方人们能工作如此长久。我认为在大学中一个稳定的工作团队需要长期聘用制和工作保障。减少终身教职的方法并不是要立即废除它,而是通过增加聘用兼职和非终身制职工来减少,我认为这样才可以慢慢改变一个团体。(波士顿学院,青年女性教师,专业学院)

> 是的,我希望大学保留终身教职。虽然我也知道随之而来的

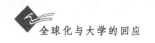

弊端,比如你雇到一些不再有创造力的人,但我想如果可能的话会找到方法让他们尽力参与创造,这也能让学校变得比现在少些个人主义,也是我最偏爱的方法之一。(奥斯陆大学,资深男性教师,专业学院)

争论其实很简单,国家制度有很多功能,不过国家也应该是一个道德团体,应该对社会的基本价值观负责。大学要履行的基本职责,是要让人们在他们的岗位上感到工作很有保障,不应该用经济利益威胁他们或让他们失去生活的来源。另外,任何一个国家机关都不能干预或在等级上领导学校。所以大学应该充分独立,教职工应享有终身制聘用。(奥斯陆大学,资深男性教师,社会科学)

这些调查对象更多地来自波士顿学院、阿维侬大学和奥斯陆大学,而非特文特大学。尽管如此,在法国的教师中有一个受访者的观点显得很普遍,那就是大学应一直把服务公众和学生作为己任。

服务公众

是的,因为作为公仆,我们的作用就是为公众服务。大学作为一个公立大学要不断地给我们保障,即使是在困难时期,在经济萧条期我们都应一直存在。(阿维侬大学,资深男性教师,专业学院)

这只是我们整个精神的一部分。在法国,我们都支持这个观点。在教育领域,我们都有不同的角色要扮演,比如国家、公民和学生。我们应该终生为学生服务,这应该和国家的教育方针保持一致。教育应该是免费的义务教育,因此,国家应该给教师终生工作保障,而不是把他们当成临时工。这可能显得狭隘,但这正是非常吸引我们的东西,也是法国民族精神的一部分。作为教师,我知道我们很舒服又有保障,但我也感觉当之无愧。它是法兰西共和国文化遗产的一部分。(阿维侬大学,资深女性教师,社会科学)

很多法国教师给出的另外一种反馈就是大学给予了他们用于思

考的时间,而这不太可能发生在一个具有竞争性的、"不发表就淘汰"的环境里。

自由思想

> 是的,我认为大学应该有自由,学习的自由。我们不能把从事艺术、阅读、思考、白日做梦等称为浪费时间——应该有思考的时间。(阿维侬大学,资深男性教师,社会科学)

目前,波士顿学院和特文特大学的年轻教师更愿意坚持这样的观点,大学不能继续提供一种做白日梦似的思想自由,因为时间太珍贵了不能浪费。这表明不应给予教师思考或反思的时间,除非他们所做的研究是具体的和有实际价值的。

"是,不过"的回答

反对上述这种自由观点的教师更有可能反对终身教职,或者至少希望目前的制度会有所改变。调查对象中大约四分之一的人希望有一些变革,并感觉目前的制度需要更大的灵活性。

惩戒和灵活性

> 我认为某些地方我们需要重新审核一下,比如,是否可以惩戒或解聘犯了严重错误的教师,不过同时我们在惩戒的程序上必须非常慎重。(阿维侬大学,资深男性教师,自然科学)

> 是的,但是同时我认为应该有更多的合同制教师,这意味着有更大的灵活性。目前,我们有很多的钱都投在终身教授的工资里了,以至没有什么灵活性。(奥斯陆大学,青年女性教师,自然科学)

"两难境地"的回答

这类回答跟上面要求有所改革的人非常相似,认为目前这个问题处于两难境地,不能简单地用"是"和"不是"来回答。因为有不到20%的回答带有矛盾的心态,从而形成了这类回答。

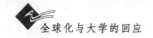

保障是好,但导致竞争力缺乏

当今世界,经济不稳定是个重要问题。保证不会失业可能使某些人心安,但是这也给聘用新员工带来了问题。因为基本上他们不会被解聘,所以在聘用前需要精心挑选,这是一个非常"舒适"的岗位,有时我们都"睡着"了。所以可以说,作为公务员,我们可以有平静而稳定的工作环境,但同时这种环境也缺乏带来进步和提高工作质量的竞争压力。(阿维侬大学,资深女性教师,专业学院)

我认为终身制有正反两方面的作用。我已得到终身教职,很高兴拥有这个头衔。有些人在得到终身教职以后就对自己放松要求了。你也知道需要有获得终身教职后进行复核的制度。既然得到这个职位,我就要干好,得到前怎么干得到后就怎么干,因为这就是我,是我对自己提出的要求。但是你看看周围,有些人在得到终身制以后,就对自己放松要求。目前,大学都有变得更商业化的趋势,所以对终身教职有必要采取一些保护措施。(波士顿学院,资深女性教师,自然科学)

那是很难回答的问题,我们需要更多的博士后,更大的灵活性,但是我们生活在几乎人人都有一份有保障的工作的挪威。很难说教师就应该有一样的工作合同,即使在私立机构,工人都是长期聘用的,CEO们也都是长期聘用的,他们可能会被从董事会解聘,但是能得到大笔的遣散费,可以说也是有保障的。(奥斯陆大学,资深女性管理人员)

我认为长期聘用有好坏两个方面,有时候长期聘用并不太坏,有些时候有些变化不见得是坏事。获得长期聘用的人可以自由地做他们感兴趣的研究(即使学校或同事不喜欢这些研究),有时从中你能得到非常新颖的见解和新鲜的想法。在这些方面,我认为这是一个好主意,但是有些人在大学里根本不起什么作用,这样就必须解聘这些人,不过问题是这两类人有时你很难区别清楚。(特文特大学,资深男性教师,自然科学)

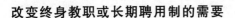
第六章 聘用机制的灵活性

改变终身教职或长期聘用制的需要

在波士顿学院,坚持捍卫对学术自由非常重要的终身制的那些教师也强调了对现有制度进行改革的必要性,这些受调查对象并不同于那些对终身教职抱有矛盾心态的人,他们认为制度的确需要改变。波士顿学院和特文特大学的教师都认为需要改变终身制,增强学术创造力,这些教师包括回答"是,不过"的那些教师,但他们对于怎样改变现有制度还没有提出具体的例子。

我们需要枯木回春的方法

有这样的趋势,就是某些人一旦被终身聘用,就不干什么事了,所以我认为应该有开除这类人的方法。如果在面临岗位晋升时以及晋升期间,一直都能对教师的表现做出客观评价,你可以说:"看看你,不干活,好像一直都在忙别的事,你必须干出点什么来,否则就要扣你的工资了,甚至你要另谋高就了。"必须有这些惩罚机制,而且一旦这些措施公平地实施并涉及教师的切身利益,这时有一个专门的晋升委员会或至少由其他教师和主席一起评价会更合适些。(波士顿学院,资深男性教师,自然科学)

你可以给优秀教授或优秀教师提供长期聘用,但这必须是你所在大学的选择或决定。在目前的公务员制度中有一个普遍原则,那就是在一个地方工作两年以后,就有权自动转为长期聘用。实际这并不好,我认为大学有必要有不同聘用类型的员工,比如短期合同工和长期合同工。当你想保留优秀的教师时,你可以提供开放式合同,说"好,你能留在这"。如果不这样,他们又很优秀,你就会感到国内和国际的人才竞争压力,人家会说:"好吧,再见,我要去汉堡上班了。"(特文特大学,资深男性教师,自然科学)

不同类型终身教职的需要

波士顿大学的教师们强调了不同类型终身制的必要,还利用新闻媒体进行了类似的讨论。一些大众报刊和学术期刊都要求实施可变

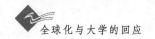

动型终身教职和获得终身教职后进行审核的制度。在特文特大学,有些讨论是关于如何取消教师公务员身份的。这些人又一次给了"是,不过"这类的回答,尽管他们可以接受终身教职制度,但仍希望有不同类型的聘用制度。

可变动终身教职(Sliding Tenure)

我认为可变动终身教职太完美了。换句话说,它不会像长期聘用那样的终身教职,但是可以通过在一个单位里待三到五年后得到。所以它不是终身聘用,而是半终身聘用,它会保持青年和资深教师的活力。我不认为学术自由是目前争论的焦点,你知道吗,我把它看做是掩盖工作不称职的遮羞布。(波士顿学院,资深男性教师,专业学院)

反转型终身教职(Reverse Tenure)

目前,我听到的关于终身制最大的好处来自乔治·威尔(George Will)。他说应该提倡反转终身制,意思是在开始工作的12年里可授予副教授终身教职以保护他们,并承诺他们在那段时期内顺利开展工作并进行创作,因为那段时期他们的状况是最不稳定的。然后可以开始考虑取消他们的终身教职,因为你只想留下那些真正有成果的人。(波士顿学院,资深男性教师,社会科学)

五年型滚动终身教职(Rolling Five Tenure)

一些大学实行不同的终身教职。约翰霍普金斯医科大学实行所谓的五年型滚动终身教职。那里每个人的聘期都是五年,然后开始倒计时。在五年快结束的时候,根据某种标准,如果他被认为不再有创造能力,倒计时开始,他们会得到四年的聘期,然后三年,如此类推。实质上,他们得到的是一份为期五年的告知书,五年之内,工作不好的话就必须离开。但是每一年他们都会被重新评价,于是又开始了一个新的五年倒计时。(波士顿学院,资深男性管理人员)

第六章 聘用机制的灵活性

流动型终身教职(Mobile Tenure)

你可以说大学里有终身聘用的工作,但是在某个具体的系聘用不会是终身的,我认为应该更具流动性,所以你在一个单位里工作五年,在一个具体的领域搞教学研究,然后应该适时变化,比如换另一个单位再干五年,我认为问题在于人们在一个地方待久了,很难离开那个地方并重新让自己焕发活力。我们需要更多的灵活性和一种更有活力的环境。在荷兰,我们习惯于享有太多的保障。(特文特大学,青年男性管理人员)

对终身制／长期聘用持否定的观点

反对终身制／长期聘用的受访者主要来自波士顿大学和特文特大学,有几个来自阿维侬大学,但是基本上没有来自奥斯陆大学的,因此下面这些评论主要来自波士顿学院和特文特大学:

合同是否必要

不必要?不。类似续聘合同这样的主意并不坏。如果一切正常的话,教授们可被再度聘用,比如说每六年续聘一次。工作合同应该有六到十年的期限。(阿维侬大学,资深女性教师,社会科学)

解聘不称职员工是否必要

除了终身教职,你可以用有力的法律措施去保护学术自由,确保不管哪个学校侵犯了学术自由,都会得到相应的惩治。我们不希望人们享受着保障、领着高工资,却教着和20年前一样的课。他们没有任何学术成果,也没有为社会服务。如果我的孩子上公立大学,我不愿为不能给我孩子提供高质量教育服务,甚至不能保证上班时间的人支付工资。他们从不给学生好的指导,教学也很差劲,而且由于做事没有积极性,他们严重脱离了专业领域,在课堂上的讲授不但拙劣而且是早已过时的内容。(波士顿学院,资深男性教师,专业学院)

不,我不认为应该保留长期聘用制,有些人上了年纪,反应也

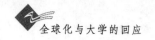

慢了,我认为作为大学应该能说"好吧,你干得不错,但是现在是时候该结束了。"(特文特大学,青年女性教师,自然科学)

反对终身制的这些人基本上都认为需要更大的聘用灵活性,要裁减那些没有创造力的教师。似乎有一些有效的方法来评价教师的工作,发现并解聘不合格的教师,这也是一些教师想要找到的方法。在这些教师中,至少三分之一来自特文特大学,一小部分(5%)来自阿维侬大学,11%来自波士顿学院。在奥斯陆大学,教师们更倾向于保护他们的同事。也许在社会更大范围内的平均主义导致教师倾向一种集体责任感,而不愿意表现出注重创造力和工作评价的个人的一面。

终身制面临的威胁

波士顿学院:一个特殊的案例

当问到波士顿学院的受访者关于终身教职的问题时,一些人提到了《天主教大学规程》(*Ex Corde Ecclesia*)("来自教会的核心")的威胁和这份文件对学术自由的巨大影响。[2] 在访谈期间,天主教的主教们均投票赞成这一里程碑式的文件。《天主教大学规程》最先是 1990 年在梵蒂冈发布的。全世界出席会议的主教们要求修改这份文件以适应各地区高等教育的传统。1996 年美国国会以 226 对 4 票通过了这份文件的草案,然而梵蒂冈将它退回,要求以更严格的语言来捍卫天主教的权威,要求体现主教在学校管理中的地位。随后国会以 233 对 31 票通过了该文件,主教们在美国 236 所天主教学校得到了更大的权力。凯特·泽尼克(Kate Zernike)在报告中说"这份文件在最后表决前,主教们已经修订过多次,以回应来自学院的院长和教师们的强烈抗议,他们说这样的规定太严格,导致学校都想放弃天主教。这份文件引起最大争议的内容就是授予主教们决定由谁来教授天主教神学的权力"(Kate Zerhike, 1999, p. 1)。

另外,马克·丹尼尔(Marc Daniel)报道说波士顿大学校长威廉·莱希(William P. Leahy, S.J.)说："在起草文件时也碰到一些麻烦，这些麻烦包括界定天主教神学人员的权力，需要新学院院长对教会宣誓忠诚，还有就是要有其他信仰的管理人员和教师作出特别声明。"(Marc Daniel, 1999, p. A35)

很明显，美国的大学与其他国家的大学相比情况更不稳定。根据泽尼克(Zernike)所说："文件的出台主要是担心一些知名的天主教学校譬如乔治城大学、波士顿大学和圣玛利亚大学已经变得更像公立大学。通过这种做法，他们筹到了更多的钱，也吸引了不同类型的教师和学生，梵蒂冈和很多主教们开始担心大学的这种多样化会淡化学校的天主教色彩。"(Zernike, 1999, p. A35)

在与他们的访谈中，一些管理者又被问到一个和《天主教大学规程》直接相关的问题："你认为《天主教大学规程》将会对波士顿学院产生什么影响？"一般来说，管理者们都会说由于各方面的原因，会有一些可能很小甚至是轻微的影响，而另一种观点认为全国的耶稣会和天主教学校的声音都是一致的，大部分学校都是由非天主教董事组成的董事会管理，波士顿学院亦如此。波士顿学院的董事会成员由无信仰者和耶稣会成员共同组成——董事会39名成员里大约有8名是耶稣会成员，波士顿学院的校长明确指出学校应该由董事会，而非外界的权力机构来管理。尽管如此，一位管理人员仍然认为这是一个很有争议的话题，他指出了两点：一是在现有的董事会之上可以设置一个主要由耶稣会成员组成的董事会；二是这个新的董事会将会拥有土地所有权、审批各项财务决定以及引领学校发展方向的权力。

很多教师都自发地提到《天主教大学规程》可能会威胁到学术自由，下面是一些教师关于《天主教大学规程》的观点：

《天主教大学规程》这一文件可能使我们倒退十年，谁会愿意去由主教把关审核教学大纲的学校去上学呢？(波士顿学院，资深男性教师，专业学院)

老实说，目前学术自由在天主教学校里仍是一个有争议的话题。梵蒂冈一直在监督着，也试图干预。我们有梵蒂冈在监督，公立大学有立法机构在监督，他们总是想干预。梵蒂冈想让人们

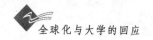

宣誓信仰天主教,但我认为这是不可能的,我认为大学校长也不会让这事发生。我知道大多数的美国主教们都明白,也很了解大学是不会同意这么做的。所以他们的愿望都会落空,最终天主教势力会在大学逐渐削弱,他们把注意力转到其他的事情上去。
(波士顿学院,资深男性教师,社会科学)

很明显,以上这些言论都强调了学术自由、个人自由的重要性,波士顿学院的教师认为《天主教大学规程》是一个威胁,从而不愿顺从某种宗教意识形态。然而实际上,那些真正可能受到《天主教大学规程》威胁的教师是那些神学人员。但事实上他们并不十分担忧,因为主教还没有用其权力来干涉天主教大学的独立性。尽管如此,最后一段评论还是指出了美国大学目前面临的各种权力威胁,包括立法机关经常威胁公立大学的自主性,梵蒂冈也能威胁到私立天主教大学的自由。

来自董事会和立法机关的威胁

学校面临的另一个主要威胁来自于董事会的董事。在美国过去的几十年,这种情况已经变得很突出。期间,保守派州长们任命对民主派教师构成威胁的人成为董事会成员。保守的立法机关在制定大学里应该教授什么内容的政策时,同样也存在明显的差别。一个保守的政府通常都会禁止教授同性恋的内容,禁止探讨关于性的话题,或是限制关于黑人和女人的研究及讨论生物进化等。干预教学或研究内容,允许什么人去教学,都是对学术研究及专业精神独立性的直接打击。干预是来自政治的左派还是右派并不重要,重要的是哪个部门来决定教学内容以及谁有资格去制定大学的课程安排。在制定课程安排时,有必要去平衡各方面的利益。然而由政客和董事们运用行政权力制定的课程安排对这些本应发生在大学内部的讨论和事务造成了限制。这种做法也直接削弱了在大学里讨论这些事务的重要性,而讨论对维持大学的民主甚至是社会的民主是至关重要的。

在美国很多大学,管理者和董事对大学管理的干预是显而易见的。阿伦森(Arenson)记录了纽约州立大学管理层和教师之间的斗争。这场关于核心课程教学内容安排的斗争是保守派州长任命的保

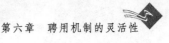

第六章 聘用机制的灵活性

守派管理层与倾向自由的教师之间的较量,斗争的实质就是关于教学内容的安排是否应是教师的特权,但现在教师们觉得他们正在失去这些权力。阿伦森提到了哥伦比亚大学师范学院院长阿瑟·莱文(Arthur Levine),阿瑟认为来自一个外行的、没有课程安排方面专业知识的董事会的干预是对学术自由的侵犯。她声称教学内容安排并不是董事插手的唯一方面。她指出其他的公立学校,比如弗吉尼亚州的乔治梅森大学和纽约城市大学,董事会对大学的干预也同样存在。

自从 2001 年 9 月 11 日世贸中心和五角大楼遇袭之后,很多大学威胁要解聘一些在各种研讨会上批判美国外交政策的教师,并对他们采取相关纪律措施。2001 年 11 月 11 日,美国理事与校友委员会(The American Council of Trustees and Alumni)发布了一份报告,列举了 117 个关于美国大学的个人声明,并将之称为"首先谴责美国政府"的反馈,这份名为《捍卫文明:大学如何祸害美国,我们该怎么办》的报告,呼吁校友、理事和捐助者去支持这些行动,并号召在美国的大学里开设关于美国历史和西方文明课(Blumenstyk,2001)。这个例子进一步表明学校外的团体是怎样侵害了学术职业精神以及试图剥夺教师们抨击美国外交政策的自由。美国理事与校友委员会并不是一个代表学校理事的专业联盟机构,而是一个倾向保守观点的特殊的非盈利组织。

美国国家的立法者也已开始探讨终身制存在的目的和作用,获得终身教职后需进行审核的观点已是美国教师终身制政策的基本组成部分(Leslie,1998)。弗吉尼亚州就是一个例子,那里所有的大学都必须实行严格的预终身制和获得终身教职后进行工作表现审核的制度。20 世纪 90 年代,随着美国的大学面临着资金的大幅度缩减,这些措施已很普遍。莱斯利说,在这个时期被聘为终身教职的教师已被视为学校财政上的负担了。他指出,1998 年一半以上的教师已不再是终身聘用,政策的制定者也已开始了迈出彻底废除终身制的第一步。其中就有佛罗里达湾海岸大学,这是一所新建的公立大学,从 1997 年 8 月开始就不再有终身教职。在一些较古老的大学,比如本宁顿学院,也废除了终身制。在美国四年制大学里有将近 20% 的学校停止向教师提供终身制岗位(Chemerinsky,1998)。

因斯坦德(Engstrand)提出,在美国高等教育领域,关于终身制的最激烈的辩论之一发生在明尼苏达州大学。从 1995 年年底到 1997 年 6 月,当一些董事要求对终身教职进行审核时,对终身制的批评就开始了。因斯坦德指出终身制极易引起争端,"因为它引发了对学术自由这个焦点问题的关注,而学者们认为拥有学术自由是他们进行教学和研究的基本原则"(Engstrand,1998,p.622)。他指出实际上在明尼苏达大学,教职工的每一次辩论都包含着对学术自由未来的担忧。董事核查终身制的手段以及随后发生的事情促使教师们纷纷考虑参加教师工会。对是否废除终身教职的问题,工会里有 666 票同意,692 票反对,还有 237 票弃权。因斯坦德说董事和领导者认为如此接近的选票已经传达了一个清晰的信号。最后,"明尼苏达大学的教师们采取了一种获得终身制后进行审核的制度,包括可能减少高达 25% 的工资,他们也简化了程序,区分开基本工资和绩效工资"(Engstrand,1998,p.623)。

金曼·布鲁斯特(Kingman Brewster)是前耶鲁大学校长,他捍卫终身教职制度,反对任何一种能导致教师被解聘的定期审核制度。他说"学术自由的条件更微妙,就是教师们用不着感激任何人,特别是院长、系主任、教务长、校长,不为讨好,更不为生存"(Kingman,1972,p.381)。终身教职的存在,也使教师可以不用讨好和感激董事和立法机关。

一些欧洲大学可能受政府部门政策所迫,政府部门可以在大学层面上干预学校的课程安排。另外,政策将责任从有专门知识的专业领域转到更具管理特点的领域,这种政策可能是对学术自由和教师工作保障的另一个威胁。不过在欧洲大陆,教师也对此表示出异议,要求不会被学校解聘的呼声一浪高过一浪。一个法国教师说,经常有教授写文章给各大报纸的编辑,发表他们关于教育政策或其他政治问题的意见,甚至点名批评教育部长,并且直接署名为某大学某教授(Lacotte,2001)。

结 论

在许多国家,人们期望大学有更灵活的聘用体制,而在英美国家反对终身制的运动更是高涨。美国的大学管理者运用的一个有趣的政策就是让教师接受一种可续约的定期聘任制,从而迫使他们通过放弃终身教职,换得一份高工资。这项政策的倡导者说如果教师们接受了这些安排,将表明在一个自由的市场体制里,教师最终会选择放弃终身制。大学教授协会担心出于很多原因这会造成有关终身教职的违法行为,比如,最担心的就是会把终身教职当成是一种私下交易行为。大学教授协会宣称废弃终身教职会给大学带来巨大的影响,对社会产生严重的后果,当初建立终身教职就是为了保护学术和社会的共同利益。大学教授协会 1940 年的报告明确说"高等教育机构是为了公众利益,而不是为了某教师的个人利益,也不是为了学校作为一个集体组织的单位利益"(AAOP Web Site)。

设立教师终身制的一个主要目的就是允许教师全面参与社会和大学生活。大学教授协会拓展了教师的义务,认为教师行业促进了"自由进行研究和增进公众理解学术自由的条件"(大学教授协会网站)。这些都是重要的义务,因为社会对教授们的专业性和正义感给予了充分的信任,教授职业是为了保护社会公共利益的,需要能畅抒己见,这些都是一个民主社会的基本原则。报告也指出教授们是"一群拥有自由才能健康发展和人格健全的公民"。

在多数美国大学里,教师终身制不再处在像十年前那样严重的威胁之下。尽管如此,获得终身教职后进行审核的制度仍会对教师有很多的约束。根据大学教授协会的观点,获得终身教职后进行审核的制度也提出了另外一个问题,即该制度"用管理责任取代了专业责任,从而以固有的压制学术自由的方式改变了教师实际的学术实践"(The AAUP,1999,p.2)。审核学术表现对教师,而非受过商业方面训练的专业管理人员来说,是很重要的。这种审核的目标应是有利于教师自身发展的,只有在很少情况下是为了解聘教师。正在发生的转变把证明为什么要保留终身制的重任转移到教师自己身上;同时,也有从强调教师专业独立性转变为管理考核教师工作表现的倾向(Benjamin,1997),而这正导致了大学教师的职业精神也被压制了。

在欧洲,只有荷兰的体制已经开始转向采用更灵活的聘用体制,荷兰的受访者正在接受从公务员身份向带有很强实用主义色彩的个

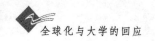

人合同制工作关系转变。在荷兰,制度的转变还没有走得像英国和美国的制度那样远。在英国已经完全废除了教师终身制。在美国许多大学都采用了获得终身教职后进行审核的制度,而且减少了终身制的岗位。不过,对于人事聘用政策和合同聘用制度,荷兰已经给予了大学更多的自主权。在荷兰国会,关于进一步放松对大学聘用体制管制的持续辩论,进一步强化了这样一个问题——合同制聘用关系的实践将能走多远。

社会需要有能力完成工作、对学校作出贡献的教授。同时,他们又希望教授们对学校的事务诚恳谏言,对国家民族怀有良知。一个国家的强大需要允许人们在大学和社会中理性地进行辩论。教师就是社会上有特殊义务,即能够畅抒己见的少数团体之一。如果没有赋予他们让他们不必担惊受怕就能畅所欲言的终身教职,社会上还有哪个团体将承担这个特殊的责任呢?

注　释

1. 在过去的十年间,在挪威和荷兰,教授任命体制发生了显著的变化,从由国王或女王任命教授转向在挪威由教育部长而在荷兰由大学任命的制度。
2. 保尔森(Paulson)的文章研究了《天主教大学规程》最近的影响,指出主教们并不想插手控制天主教大学。某全国天主教主教大会的高级领导人宣称:"已经实质性废除了去年主教们迫于梵蒂冈的压力勉强同意的一个颇具争议的政策"(Paulson,2000,p. A1)。保尔森在报告中说波士顿学院的神职人员声明,他们会拒绝申请《伯纳德红衣主教法》(Cardinal Bernard Law)所规定的教学许可证:"缺乏对没有取得教学许可进行教学的惩罚性措施,以及该法律表现出的思想开明,这两点使得,离真正解决波士顿学院及其他天主教大学教职人员所担忧问题的距离还相当遥远。他们担心其学术自由会受到要从教会获得教学许可后教授们才能进行教学工作之类规定的威胁"(Paulson, 2000, p. A1)。然而在实施阶段又产生了新的忧虑,麦克布莱恩(McBrien)谈到教师个人所面对的困窘局面,即决定是否向主教申请在大学里教授神学,或者如果挑战这个要求就面临天主教会的解聘或其他的制裁措施。

第七章 新 技 术

在教育界凡是支持新技术的言论,都特意提到了互联网,称互联网可使:(1)学习个性化;(2)学习者在查找和分析信息资料时有自主权;(3)无论是单个的学习者,还是学习小组,或者是学习的指导者在构建其知识体系时都能够主动通过网络交互来学习。如果上述这些观点普遍被人们接受,技术革新就可以改变教学或者学习的模式,使个体在学习中获得解放。在这种情况下,大众传媒宣称的学习是建立在一个统一的模式上,是一个完全被动的过程的观点,是同倡导在教学中要应用教育技术的观点,这两者是截然对立的。

网络学习、虚拟大学、网络大学,通过科技手段开展教育或应用相关的其他形式的教学法的支持者都反复强调,教育技术给学生的学习提供了更大的灵活性,可以随时随地进行。许多研究都为此提供了书面佐证,例如柯林斯(Collis)列出的可以提供的灵活性表现在:学习地点、学习计划、方法类型、交流形式以及学习材料等。对欧洲的大学所做的另外的一些相关研究共提出了20个方面的灵活性(Collis,Vingerhoets & Moonen,转引自 Collis,1999)。

建立于超文本范式上的教育技术,其无可争议的潜力促进了以学习者为中心的教育理念的发展。也就是说,在教育领域应用信息和通信技术,从建构主义的角度来看,可以产生新的个性化模式供学习者选择,即"建构主义理念是和我们怎样构建知识的过程相关联的。而我们怎样建构知识取决于学习者已有的知识,而这些已有的知识又来自于他们曾有过的各种经验,以及学习者又如何把这些经验组织建构到知识框架中去,还有就是在解释世界上发生的

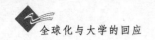

各种事件时,学习者怎样援引和应用他们已有的知识"(Jonassen,1995,p.42)。

根据这个定义,传统的授课教师与学生互动形式的课堂讲授模型,在灵活性和个性化方面就显得不足。当我们考虑到西方国家的教育体系必须给那些文化和智力上可能都不适合传统学习过程的成人或残疾学生都提供一样的服务时,情况就会变得更复杂。

因此,如果新技术允许学习者任意选择所学习的内容,且不必借助任何中间媒介就可自由地获得信息来源时,开发新技术无疑可以被视为一种提高学习者的知识水平、使之在学习方式上获得解放的一种巨大力量。相反,不愿意使用新技术的人则对新技术能提高效率持保留态度。对此我们也可以理解,因为这只是表明他们很留恋旧有的教学法,或者是由于不愿正视现代技术所带来的益处。

很明显,现实情况是非常复杂的。首先,我们有必要承认任何技术都不能成为文化、社会或者教学方法的载体(Wolton,2000),应用新技术也许只会让以前最保守的说教式的教学模式以一种新的方式重新出现在课堂上。厄尔曼(Ehrmann)警告我们不要盲目崇拜新技术是很有道理的:"像计算机(或铅笔)这样的技术其影响是不可预测的,是它们的应用影响了学习结果,这表面上看似乎是不言而喻的,但很多学校的做法给人的感觉就好像是只要应用了新技术就能够提高教学水平,实际上他们用电脑教授着和以前一样的内容,但是却希望教学效果比以前更好"(Ehrmann,1999,p.26)。

我们应该谨慎,不要把对教学法的反思和多媒体新技术的应用混为一谈。此外,某个体学习者一旦通过网络进行学习,就把该个体当成是自主学习者(autonomous learner),对这种观点我们也应该持审慎的态度。网络学习也许会对社会很有裨益并且成为教育全球化问题的解决之道,但是关于网络教学仍然有很多的研究工作要做。

其次,数字网络交流的另一方面也不容我们忽视。在全球,数字通信的技术标准都是一致的,信息的产生和在网络上传输的工具也有相关的国际标准,这也恰恰是其产生强大渗透力的原因。但是网络丝毫没有顾及到接触和使用这些信息的国家和民族的文化特点,这种单一模式造成了规范化的效应,并且明显地助长了信息全球化的发展。无论喜欢与否,辅助工具标准化以及在教学中使用网络都是一种教育技术上的尝试,这无疑也会导致教育思想和方法本身的形式化。例如,使用剪贴画和 PowerPoint©提供的图片资源制作课件时就会产生某种美学定势(Darras, Harvey, Lemmel, & Peraya, 2000),而这种定势对教学可能会产生某些潜在的危害,使用软件所定制的功能离让人类进行定势思维只有一步之遥。

为教学制作的多媒体产品在初期需要大量的投资。这只能在跨国,或是跨大洲甚至是全球范围内的市场下才有回收投资的可能。然而,由于较低的生产和运送成本,甚至是逐渐零成本的趋势[1],大学可以为其多媒体教育产品开拓出一个全球市场[2],然而现在在全球市场上经营网络远程教育的大学都在赔钱。福斯特(Foster)引用了研究人员的评述,预计到 2000 年末:"美国所有大学中,75%的大学将提供网络在线课程,届时将有 580 万学生登陆学习这些课程"(Foster, 2001, p.122)。福斯特也参考了最近由国家教育协会在 2000 年主持的一项调查,该调查结果显示:"现在作为国家教育协会会员的大学有十分之一开有网络远程学习课程,剩下用传统方式授课的 90%的会员大学说它们正在开设或在考虑开设网络远程学习课程"(Foster, 2001, p.122)。另外麦迪纳(Medina)称"在未来两年网络教育市场将暴增到 70 亿美元"(Medina, 2001, p.B9)。期望从中有所斩获的加州大学、芝加哥大学、哥伦比亚大学、康奈尔大学、马里兰大学、纽约大学和威斯康星大学等都组建了营利性的公司推销其网络远程教育课程。

当下要树立全球观已经是不争的事实。像在电子商务领域一样,一些跨国公司/组织为了主宰全球网络教育市场结成了战略联盟。诺波(Noble)注意到威斯康星大学与 Lotus/IBM,加州大学与美国在线,哥伦比亚大学和芝加哥大学与 UNEXT.com 分别结成战略伙伴关系(Noble, 2000)。芝加哥大学还组建了名为晨边企业(Morningside Ventures)的营利性公司。从全球看,教育管理部门

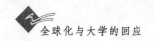

和各高校在发展网络和远程教育方面正制定相应的战略决策,其中一些还颇引人注目:

在法国的管理、商业和信息技术等特定领域,全国范围内围绕一些知名大学建立了示范点(poles of excellence),以期在这些领域内产生网络远程教育的国家性垄断。

组建像21所大学计划那样由知名大学和大公司合作组成的国际教育集团,利用大公司的设备和技术优势,来负责课程的基础设施建设和信息传送。

实现"接口"的整合,尽管不一定要实际制作,但是课程材料可以作为有意加入该计划的学术机构的中介;这些"接口"的牵头人可以是像英国的网络大学那样由政府出任,也可以像美国的很多项目那样由各个公司来担当。

在澳大利亚,政府在当地大学的协助下开始进行向海外输出现有模式的谈判和协商,并期望达成国际性的协议。

在法国,环球出版公司(Universal Publishing)提出了由主要多媒体出版集团发行国际版教材及相关数据资料。

无论其形式如何,这些新情况都明确表明小公司已经从全球的远程学习市场中被迫出局,通过全球化进程和规模经济效应,大学教师可能会真的失去其最重要的特权。正如马罗尼(Maloney)敏锐地指出:"关于网络教育,教授们最忧心的是他们觉得课程安排已经无法由他们自己掌控,而课程安排正是教师的主要职责范畴,也是在各个学院和大学管理中关于教师作用相关争论中的热点问题"(Maloney,1999,p.21)。

在全球竞争的背景下,真正的威胁是大公司对主要学术机构的全面控制,我们同意贝茨(Bates)的观点:"更大的威胁是来自通信、娱乐和信息技术等领域的像微软、IBM和迪斯尼这样的跨国公司,他们把教育看成是一种增值服务和推广其产品的天然市场"(Bates,1997,p.14)。

毫无疑问,就教学而言,新技术也会鼓励创造具有原创思想、适用于有限市场、设计成本相对低廉的基础产品。这些产品的开发者注意到了目标客户的文化特点,有时也间接地利用公共研究基金资助其开发,甚至有时是研究者自己掏腰包进行开发。然而,这些产品经常面临着来自商业领域的竞争,而且这种竞争通常都是不公平的,因为跨国公司往往拥有可供其支配的大额预算,能够开发出令人眼花缭乱的产品,吸引那些从小玩电子游戏长大的学习者。在更大的范围内,大公司的这种行为是其营销文化产品战略的一部分(Rifkin,2000),也可能是资本主义的最高形式。

最后,因为新教育技术在传输或运送信息的方面不会产生任何成本,这就使最新的知识能在全球范围内得以传播。我们也可以从另一个角度认识技术带来的便利,比如我们很容易就认识到越来越多的研究人员正在网上发表其研究成果。这个现象说明如果以传统的出版发行方式,发展中国家的大学是无法获得这些资料信息的,而现在它们也可以接触到越来越多类似的信息资源了。由于在互联网上数字形式的文件无需传送费用、关税或其他税费,人们可以完全免费地登陆大规模的网上图书馆。即使是最坚定的反对全球化的人也不得不承认在这样的环境下人人都可以获益匪浅。

大学和公司都以商业化的视角看待新技术带来的这些可能的便利。现在,世界上不同地区的学生可以就一个特定的课题在同一个讨论班上咨询世界级的专家。像使用宽带网进行双向视频会议这样一些技术设施,让学生当时或者随后马上就可以看到、聆听这些专家的指导,或者与这些专家进行讨论。以信息经济学家的观点,电子教学模式有一定的优势,而这些优势正是那些主张对高等教育强化管理的人无法置之不理的。最近网上的一份关于远程学习的多项选择型调查(Quadratin Multi media,2001)已经清楚地证明了这个事实。下面是对问题"你所在的大学/机构/研究项目已经采用/正在采用远程教学是为了……"的一些回答:

(1) 为了降低教学课件的制作成本。
(2) 为了在继续教育中提供有竞争力的协议。
(3) 为了吸引更多的学生。
(4) 为了使现有的教育产品多样化。

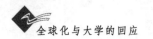
全球化与大学的回应

(5) 为了获得竞争优势。
(6) 为了制定教学内容并使之标准化。
(7) 为了吸引来自国际上的关注。

在此过程中,标准的市场战略必需的任何元素(降低生产成本、产品标准化、更具竞争力、增加市场份额)都没有丧失。很明显,大学管理者们都在期待着进行远程教学,然而一些教师也对规模较小的大学实施这一战略的潜在风险保持着警惕。下列来自于波士顿学院一位讲师的引述有力地证实了这一点:

> 如果人们在斯里兰卡能得到像在波士顿一样的教育,为什么花钱来波士顿上学呢?所以我认为,因为很多教师工作岗位将因此而失去,这会在教师中间引起很大的不安。已经采纳远程教学的大学将获得更大的市场份额,而传统上抱残守缺的大学将会失去市场份额。(波士顿学院,资深男性教师,专业学院)

很多研究显示,管理层倾向于应用计算机辅助教学,以期在像教学这样的劳动密集领域中获得更高的资金价值,但是这一观点还未获得学术研究的证实。对于"采用技术是否会让大学创造更多的成果"这一问题,范·杜森(Van Dusen)给出了合情合理同时也是比较审慎的回答:"回答取决于教师是如何应用这些技术的。如果购买技术仅是为了加强现有的教学过程,那么改善投资产出比是不太可能的。而如果它们是作为对大学进行战略重组计划的一部分,比率的提高是非常可能的"(Van Dusen, 1999, p. 7)。

这些对大学进行重组的战略计划可行么?显然应该在大学和教师就教学成果的质量达成一致后这种计划才可行。我们不是在讨论教育技术的效果,而是仅指出在这方面,大学是以基于预算进行分配(budget-based rationalization)(Newson, 1996)的名义进行投资和决策的,而且也是与基于相信现代教育技术包含现代性范式(paradigm of modernity)这样的理念结合在一起的。

无论承认与否,很明显由教育技术引入的各种教学模式,能够把所有的知识来源都统一到互联网上,因此通过建立优秀研究中心这样的思路在大学内创造出小型的专业知识中心,目前这种做法可能会存在一定的风险。由于大多数科学知识的中心都在美国,这个例子清楚地表明阿尔·戈尔(Al Gore)关于建立信息高速公路的思想是美国霸权主义的风向标。这说明对于"如果总是世界的一部分人在提供教学内容供另一部分人在使用,那么就会有实际的技术帝国主义(technological imperialism)存在,也有可能产生文化帝国主义(cultural imperialism)的风险"(Oillo & Barraqué 2000, p.33)。这一担忧是不无道理的。正如娜拉(Nora)和明克(Minc) 25年前所评论的:"通信技术,与电气技术相反,不是传送电流而是信息,这也是一种力量"(Nora and Minc, 1978, p.11)。

如果新技术还有希望的话,那么希望就在于这种方法的单纯性。想开发新技术并创造无国界教育理念(全球化中的特洛伊木马)的战略家们,忽视了一个基本的事实,正如沃顿(Wolton)指出:"最重要的是每一种文化,根据其特有的社会、思维、文化背景,改造每一项新技术并使其符合该文化特点的具体方式;人类学家一直都在努力证明这一点"(Wolton, 2000, p.128)。我们有必要记住,电话的发明是作为传播歌剧的工具而使用的。而在法国很受当地尊敬的一份天主教报纸,也不经意地在 Minitel 网上首次开辟了性论坛。由此看来,每种文化都可修改甚至是完全改变新的技术以满足更深层次的需求。

因此在大学内由管理层和教职工协商决定如何进行分配技术的方式是合情合理的,而媒体和政治则认为这种分配方式将是大学面临的一种挑战。本研究中四个国家的教师出现了什么样的共性和什么样不同的特点呢?一切都取决于教师面临何种压力,这些压力包括:来自其所在大学的本着成本—效率逻辑的激励措施,来自总是担心在技术革命中被抛在后面的政府机构的压力,以及来自那些轻信全球现代化的空洞许诺并把信息积累和知识获得混为一谈的学生们的压力。

本章我们尝试了解面对新技术和多重压力的教师们,是如何把他们自己融入实际工作中去的。我们也想弄清楚新技术对于教师

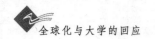

职业规划的影响,明确在对待教育技术的态度中教师是否区分了教学领域和研究领域,以及他们在讲座和讨论班上决定是否采用计算机辅助教学的标准。他们仅把这些技术视为像录像带一类的"工具",还是对他们作为知识拥有者和决定者这样角色的潜在威胁?他们问过自己这样的问题吗?当其谋取新技术的帮助时,在教学法的本质范式上是否都发生了变化?

我们把视野仅仅局限于研究大学及其政策。在公立大学的情况下,我们研究相关的政府部门及其他的管理机构。由于学生们使用互联网情况很不一样,教师操作计算机的水平也不同,本研究中的教师可能被国家教育方针、其所在大学颁布的各项政策以及来自社会的各种期望所限制。这些限制会因个人情况、聘用合同、所担负的责任程度以及是否属于大学内部等级制度等方面而不同。在法国,公务员身份的大学教师会认真对待让他们改变教学方法的任何政策措施,并认为被强迫应用新技术是难以忍受的来自政府的干预。而美国私立大学的教师因为被要求看绩效表现,所以对此会有不同的态度。

最后,对从本研究中可能得出的任何结论我们都会指出一个重要的局限,那就是尽管某些回答给出了有关当下大学中实践的很多信息,但是实际的情况还是难以准确评判。大多数受访者的回答仅代表个人观点,不能与客观现实相互混淆。

案例研究分析

大学对开发网络教育的支持

因为教师并不总是很清楚其大学在信息通信技术方面的相关政策,我们问的第一个问题引起了教师们对大学有关网络教育的政策和实践的思考。我们的问题是:你的大学鼓励开发使用互联网、电子邮件、卫星电视或其他形式的"新技术"的研究项目或者教学单元吗？这么问，我们并不是在评估大学的政策而是想了解教师对这些政策的看法，因此我们有必要先提供一些各个大学的背景信息以便能够准确地理解教师们对问题之回答。

阿维侬大学

阿维侬大学有相关的基础设施，比如大学内所有的建筑都有网络通信线路，每个教师的办公室都预留网络接口，讲堂内的设施也很齐全。在政策制定的层面上，作为计算机专家的校长，就行政管理而言，把新技术的使用提到一个很高的层次（这个领域他有绝对权威），但是遗憾的是学校从没有向教师说明关于教学中应该如何使用信息通信技术的相关政策。校长给了教职员工有关如何应用新技术的具体职责，然而，在实际工作中却没有新技术对教学工作产生影响的任何迹象。[3] 当我们分析获得的反馈时，必须了解上述的这些情况。当受访者被问及是否看到了鼓励使用新技术的相关政策时，很大比例的反馈是肯定的。这很让人不解，因为在教学方面，鼓励使用新技术的措施事实上根本不存在。还有假想中存在的鼓励措施很少被认为是一种越权的要求。而法国教师们不切实际地追求完全自由选择教学方法的理想，让我们认识到鼓励使用新技术的措施可能会对教师的自由选择权构成侵犯。下列反馈显示出，有些人坚持这样的观点，即决定是否使用新技术的权力应该归属于教师而非大学；然而这些人只占少数。

> 这个问题设计得很糟糕，因为实际上不是大学，在鼓励。比方说，在地理课上我们将卫星影像用电脑进行分析，在这方面我们已经做了很久了。（阿维侬大学，青年男性教师，社会科学）

换句话说，没有明确的大学政策规定教师必须使用教育技术。我们对反馈进一步研究显示，对于渴望拥有教学工具和技术设备，教师们的意见是一致的。教师希望接触互联网并使用电子邮件，但是这仅被教师们看成是改善设施和工作条件，而并不是认为教学实践发生了重大改革。

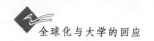

也许[大学]暗地里是鼓励[使用新技术的]。因为在新的大楼里,都有网络接口,能用电子邮件,这就是某种鼓励措施吧。但目前,在我的教学工作中还没有见到任何特别的明显鼓励措施。(阿维侬大学,青年女性教师,社会科学)

给人一种感觉就是,设备资金的缺乏是回避现实问题的方法,而这个现实问题就是新技术导致教学方法发生了变革。很少有人以辩证的方式对待这个问题。总体上,由于互联网的诱惑和在专业教学中使用电子邮件带来的便利,对应用新技术持赞成态度的人和对于其可能带来的教学变革表现出沉默或保留态度的人之间,明显是泾渭分明的。受访者普遍接受这样的观点:大学有权利和责任创造基于新技术对于现有教学法进行变革的物质条件。然而大多数人不认可大学有强制开展这项工作的权利,事实上大学任何类似的权利都被牵涉其中的教师们削弱了,而这些教师都表现出好像对这些变革的形式一无所知。

奥斯陆大学

从反馈看,奥斯陆大学正处于中间,一头是阿维侬大学而另一头是波士顿学院和特文特大学。奥斯陆大学的大多数受访者(32人中有22人)感觉好像有鼓励措施,至少已经有人使用新技术设施;然而在实际教学中新技术的应用好像并不多。

是的,我认为大学需要它,我们必须在教学中发挥我们的能力,特别是在远程教育和继续教育方面。尽管我们有设施,但是大部分教学还是采用传统的讲授方式。(奥斯陆大学,资深男性教师,专业学院)

相反,大约三分之一的人感觉大学好像没有什么鼓励措施,如果在新技术应用方面有所改进,也是教师利用业余时间进行的。

不,大学没有鼓励我们。我认为是我个人的兴趣,掌握这些技能是很花时间的。(奥斯陆大学,资深女性教师,自然科学)

对于下一个问题,"在教学中使用新技术是有积极还是有消极影响"的回答表明,教师对实际花时间学习使用新技术有相当的抵触情绪,因为大多数人已经认识到了教学中使用互联网所带来的负面影响。除非有压力迫使他们或者通过减少教学工作量[或其他激励措施]来鼓励他们去学,否则奥斯陆大学的教师们不太可能去开发网络教学课件。

波士顿学院

在波士顿学院,情况完全不同,体现出法国和美国的大学在技术上的差距。目前大学网络设施能够提供所有教室、办公室和宿舍的高速连接,为校园外的用户提供连接校园网资源的接口。然而,这只是波士顿学院对新技术应用执著追求的一个方面。另外,学校还聘用了一位负责技术的副校长,她设想建设一个拥有无线网络的校园,这也是当下正在实施的举措。他们设想学生们带着笔记本电脑坐在学院里,一边看着电子邮件一边交谈,在课上课下都能够创造出成果。她相信互联网是一个非常好的教学工具,希望教师采用一种与传统方式截然不同的教学模式,并把不同的新技术资源都包含进去。

而波士顿学院正在实施一个 2000 电脑计划(Desktop 2000),这是一个管理分配学院既有的电脑资源的综合性计划。计划涵盖的范围及其长期目标表明学院管理层针对信息资源制定了特殊的政策,用于规范管理波士顿学院的科学计算、通信以及信息资源的相关信息技术政策,学院把该计划的目标定为"是学院制订的,用以实现学院使命和目标的,在有关教育技术的计划和战略中起支柱作用的"计划(2000 电脑计划网站)。在学生学习与支持中心提供给学生其他的技术设施,比如让学生使用各种各样的软件并协助学生解决在使用软件和硬件时碰到的问题。

当被问及大学是否鼓励使用新技术时,波士顿学院的受访者几乎同时提到了这一综合计划。大量的反馈(33 人)表明确实有鼓励措施,这一点可以通过学院现有的技术设施、提供的技术帮助与教师和学生共用设备等迹象体现出来。我们没有发现负面的评论或

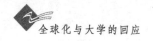

者不同的看法。

> 至少在过去六年我们非常强调应用教育技术。我们有很多工作室,连大楼也变成了第一座"智能型"大楼。现在也有了评价我们应用教育技术情况的相关技术方案。资源早就有了,但是大多数人主要是在研究中而非在教学中使用它们。(波士顿学院,资深男性教师,专业学院)

大多数受访者对于来自大学方面的激励措施还是有意识的,并很欢迎这些措施。与法国的教师相反,他们没有质疑学院在这方面所起的作用,也没有感觉到有任何人侵犯了他们的特权。

然而,一个随之而来的问题也值得我们特别关注。尽管问题只涉及了学院的角色,一些受访者注意到实际上应该包括三个(而非两个)角色,即学院、教师和学生。然而,他们在第三个角色(学生)的作用方面并未达成一致意见。

> 我认为尽管学院已经大力提倡应用技术,但是来自学生的推动力比教师更强。(波士顿学院,资深女性教师,社会科学)

> 我已经通过网络进行互动教学了。我有一个目前我在教的几个班的讨论群,但是学生们好像不太乐意使用,除非你强迫他们。他们不喜欢被强迫,他们知道怎么在网上写评论而且也知道该说什么。(波士顿学院,资深女性教师,社会科学)

这方面的问题明显已经超出了本研究的范围。但即便如此,我们必须提出这两个问题:"要求使用教育技术这种压力不断增大。学校里学生在增加这种压力过程中扮演着什么样的角色?他们是否把自己视为教育服务的客户,是否有权要求学校提高工作效率、要求使用现代的信息通信技术?"即使是在美国,对这一问题的反馈意见并不一致,但是一些教师明显感受到了这种压力。

> 我女儿和她的高中同学上网已经很多年了,当她做研究时,经常上网给全国各地的朋友发邮件。我认为她上大学后,对教师和同学在这方面会有更大的期望。所以有必要对逐渐

涌现出的新技术及如何恰当应用它们保持积极的态度,我们面临的挑战是教师如何保持对个人自主学习环境的执著追求,还有就是如何使用新技术来改善波士顿学院的学习环境。(波士顿学院,资深男性管理人员)

并不是所有的受访者都认同波士顿学院"对新技术保持积极的态度"这样的观点,但是这表明波士顿大学正在思考相关的问题。这段引述提出了这样一个假设,即想把采用新技术进行教学的方法和倡导个人自主学习环境协调一致好像并不容易,两者似乎水火不容。

特文特大学

特文特大学把自己描述成一所"企业化大学",在实际情况和受访者的反馈方面与波士顿学院相似。特文特大学的基础设施很完备,也把所有学生都能够接触互联网看成是学生的一项权利。另外,特文特大学也建有信息学及信息技术中心作为研究中心,也有冠以教育科学和技术之名的教育学系。大学的一个研究小组构成了计算机教育应用国际研究组织的荷兰部分的分支。其中一位受访者提到了大学中其中一个委员会的目标就是开发教育技术。

> 我是大学内致力于促进互联网应用和计算机辅助教学的一个委员会的主席。我认为我们正在尝试把课程安排置于电子教学环境(electronic learning environment)中去。我们也有适于职业培训的业余课程,也有公共管理、社会学以及公共经济方面的课程。我们将通过互联网提供这些课程并在明年九月份开始。(特文特大学,资深男性教师,社会科学)

在特文特大学,这些汇聚在一起的因素显示出学校有明确、清晰的政策导向,比如把新技术融入学生的课程安排中去。在前面的引述中,这个"电子教学环境"的表达很关键,因为它显示出一个具有启示意义的思考换位:现在学生是中心。特文特大学没有停止建设新技术的基础设施,并鼓励基于新技术开发创新性教

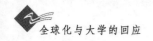

学项目。

是的,我们现在有一个叫 Teletop 的系统,或者称为远程学习的项目,是为一二年级学生准备的。他们通过互联网或者 Teletop 系统进行学习。明年这一系统将扩展到学校整个的课程设置,每个教师都必须使用信息通信技术或者互联网来进行教学。(特文特大学,青年男性教师,专业学院)

受访者中大多数(31 人中有 27 人)了解现在学校的情况,但是其中最有趣的观点是从我们的研究中间接得到的。对大学政策表达出某种怀疑的人并非态度保守或者漠然,他们明确表明,就开发新技术项目而言,不需要来自大学的任何鼓励措施。

我不认为大学给了什么鼓励措施,所以我们自我激励。比方说,我们也是在教育中应用计算机国际研究机构在荷兰的研究中心,我们还为之建了一个网站,这样用来交流数据文件、报告、文章一类的东西就容易多了。(特文特大学,青年男性教师,社会科学)

我不知道大学是否在推动我们使用新技术,但是在这方面我们非常积极,完全出于自己的兴趣。在我们 80% 到 90% 的研究项目中,信息通讯技术都起了显著的作用。我们一直都在研究信息通讯技术到底在改革课程设置方面有什么潜力,在课程设置、教师未来发展等诸如此类的方面到底会带来什么影响。(特文特大学,资深男性教师,专业学院)

尽管上述不代表大多数人的观点,但这表明了在使用技术方面人们的积极性。

使用互联网教学的结果

在这一部分,我们使用的问题是:"你认为,一门课程全部使用互联网教学,学生不用来学校上课,其正面和负面的结果会如何?"因为是具体地强调通过网络这个单一媒介来教授学生,没有了学生和教师之间的个人接触,这个问题显得很关键。实际上,尽管受访者头脑中还是传统的教学模式,但我们还是让他们发表了对虚拟课堂的看法。虽然问题是有关学生的,但没有具体指定学生的类型。如果主要从下列三个标准来考虑,受访者们用来证明其观点[4]的论据显得很有趣:什么样的教学方式可以转移到网络上来,是讲座、讨论班还是导师的指导?哪些学科可以通过网络来教学,技术科学还是人文科学等?何种类型的学生有能力通过网络来学习,新生、高年级学生还是成人学生?

在着手具体分析这些反馈之前,必须提一下我们先前的一个发现。在特文特大学,虽然几乎没有人单纯通过网络教授某门课程,但是人们对教育技术的热情却始终不减。就网络教学这个话题而言,谈论者多而实践者少。

从这点来看,在四所大学获得的反馈大部分都是推测性质的,所以各学校的情况基本相同。因此,我们仅讨论可能进行相关教学实践的有代表性的学校,并且对相关回答也进行了非常细致的分析。虽然有一个受访者对既有政策持反对意见,但他同时又肯定了新方法的优点。而且,试图来深入解读教师们为何"沉默"是有一定的风险的。比如在教师当中几乎没有人提到提高学生的计算机应用能力是现代高校应尽的服务公民的义务之一。下面的引述就是一个意料之外的特例:

> 教育学生但却不教他们学习如何使用计算机是一种糟糕的教育。哪怕是教学生一些普通的行政或教育工作需要的基本技能也行。如今进入社会参加工作,他们需要这样的电脑方面的技能。(奥斯陆大学,资深女性管理人员)

结论应该是大学生认为学不学计算机知识无所谓?还是教师对这项工作中必备的技能毫不在意?可以确定的是在各个背景下,人们的反应是非常不同的。相比法国和奥斯陆大学的教师,荷兰和美国的教师的态度更积极些。在波士顿学院,提到通过互联网教学的好处的人和那些质疑其效率的人,人数几乎是完全相同的。在特文特大学,持怀疑观点的人略多,而在阿维侬大学和奥斯陆大学,大多数受访者指出了其缺点,或仅在特定的条件下接受。

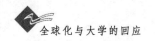

正如所料,在四所大学中赞成者和反对者是差不多的:虽然比例有些变化,可是实质是相同的。首先,大家坚信面对面的交流是教学工作的前提。

我认为人必须与时俱进,但是另一方面,我确信没有任何东西可以取代师生之间的关系。(阿维侬大学,资深男性教师,专业学院)

我绝不会完全通过网络来教学。从某种程度上来说,教学的基础仍然是人与人之间的互动。同时,我也不是想坚持要传统的课堂教学。不,我想在教学这一点上,人与人之间的交流是毋庸置疑的。如果学生只想获取信息快餐,我认为这是一个问题。这种你想一按按钮信息立刻触手可及的期望本身就有问题。许多学术活动都和研究与发现有关,而并不是所有的东西网络上都有。(波士顿学院,青年女性教师,社会科学)

来到教室上课就意味着进行某种社会交际行为。我的意思是在上课前的闲聊也好,或者在一个大型讲座时,有时总是要和学生交换意见。我担心学生会在使用电脑上花费太多的时间。(波士顿学院,资深女性教师,社会科学)

如果一门课程的内容全部放在网络上,那么必然会有它负面的东西。我觉得在上课过程中与人的直接交流很重要。一个好的教师会激发学生对课程的积极性,这是我自己的经验。(特文特大学,资深男性行政人员,社会科学)

我不认为网络可以代替现场实际交流。(奥斯陆大学,资深女性教师,社会科学)

上述五个不同的引述都表达了同一个主题:人性化是教学的精髓。一个美国学者在澳大利亚媒体上发表的一篇激情洋溢的文章中归纳并总结了这样的思想:"世界上没有哪台电脑可以取代孩子所获得的来自教师的肯定——没有哪台电脑能够产生类似孩子眼中闪烁的智慧火花——从交流中我肯定能看到他们言语中显现出来的智慧的力量。即使人类可以真的在任何条件下学习,但是事实上学习过程本质来讲是人与人之间的交流过程"(Thomas,2001, p.4)。

另外，两位法国研究者也精辟地总结了很多教师详细说明的观点："人的干预是个体知识建构的必要协助"（Mounyol & Milon, 2000, p.189）。然而，如果对这种反馈进一步分析，我们就会发现一个比较明确且值得关注的因素。这个因素包含一种理念，即知识建构还具有群体性，其实现不仅仅要通过学生与教师之间的对话，而且还要通过在课堂上与其他学生进行交流。

> 教或学不单是个人行为过程，而且也是一种社会行为过程。教师的存在对此也尤为重要，尤其是在关键时刻。（奥斯陆大学，资深男性教师，社会科学）

因为无法从社会或集体角度认识学习过程而只能让学习者独自面对电脑进行学习，网络教学饱受批评。

> 我认为对学生来说接触社会非常重要，而这仅通过使用网络是绝不可能的。（特文特大学，青年女性教师，社会科学）

有人也许这样认为，通过研讨会和合作课题的形式，教育技术为在学习过程中再次引进集体观念提供了途径。然而，教师所表达出的担忧也是有道理的，这种担忧表明技术推崇者们过度专注通过网络进行个人自主学习所造成的局限性。

> 就我个人而言，对于在学习中运用信息通信技术的学习效果及学习效率，我是持乐观态度的。学生可以有更多的机会来安排他们的个人学习计划，这是很重要的。这样他们可以按照自己的时间、进度和步骤进行自主学习，所以我认为信息通信技术有助于这种学习过程的安排。（特文特大学，青年男性教师，专业学院）

从这些教师的反馈来看，又有可能产生前后矛盾的地方，或者说这是一个难解的方程。很显然，使用教育技术对解决大学里学生人数不断增加是有益的方法。

> 对学生是有利的，因为它提高了让更多学生接受大学教育

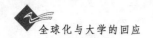

的可能性。(奥斯陆大学,资深男性教师,专业学院)

换句话说,使用信息通信技术可能带来的教学效率提高只能与教学的规模相关。波士顿学院的一位教师从反面论证了这种观点,他以一种讽刺的口吻提及了美国经济的现状:

> 在教学中使用现代科技能否极大提高学习效率仍然难以定论,尤其是学校的课程大多是采用小班教学的情况下。和其他规模较大的美国州立大学相比,波士顿大学一直以其小班形式授课的本科课程为荣。(波士顿学院,资深男性教师,专业学院)

显而易见,这条反馈表明大众教育也许要借助现代科技,但精英教育却能够承受人工授课的高昂成本。一方面,教学可以是急功近利的;另一方面,教学也要有长期规划。

很少反馈者能从现实角度来看待这个问题,往往会以理想化的观点对待数字科技的应用。但其中一位来自特文特大学的年轻同事的看法却是个例外:

> 我的意思是,首先我们往往会把远程教育与那些最好的课堂教学相比,而实际上,我们几乎无法提供这种课堂教学,目前我们有的最好的课堂教学无非是实行小范围的导师制,但是有多少学生可以得到这种待遇呢?如果我们把远程教育的平均水准与学生普遍所在的教学状态——一个大讲堂里学生几乎得不到老师的任何关注,尽管也是面对面,他们的座位也是紧挨着,但是学生之间极少互动——相比较的话,结果会更公平,由此而生的观点也更有说服力。(特文特大学,青年女性教师,社会科学)

尽管经常被忽视,但是这样的问题的确很重要:在美国和欧洲的公立大学里,在基础阶段教育中面对面教学所激发的师生互动已经很少见了。这就是矛盾的问题所在,法国大学的现状很清楚地证明了这一点。具有讽刺意味的是,在法国的大学里,占主宰地位的正是这种摒弃所有语言交流的大课堂教学模式。正因为如此,在大学基础教育阶段中,因为互联网教学模式缺乏语言交流,所以受访的教师们都明确拒绝了这种教学模式。

那么我们是否能得出这样的结论呢:大学生应该有足够的学习自主权来选择教师授课学习而不是通过网络上的学习软件进行学习?或者是,语言更有价值更为重要,而这正是电脑所欠缺的?抑或是,在大课堂上记笔记的学生比借助电脑与学习软件进行互动的同一学生更有学习积极性?

从大学本科生及研究生的角度看这个问题,对象虽然有所不同,但还是会产生矛盾。比如说,大部分受访者承认,成人学生,尤其是离开学校很久的学生,学习绝对拥有自主性,确实能从应用了教育技术的教学模式中获益。他们有足够的判别力对信息来源进行评估,无需长期的学习方法方面的任何帮助。

> 我认为给本科生和有经验的学生之间授课是有差异的。对于有经验的学生,上述教学方法很完美。他们知道该学什么,并能自主学习。通过电子邮件他们可以和导师及其他学生讨论问题。但是对于低年级学生,情况就不同了。他们需要学习上的互动,尤其是与教师的互动。(特文特大学,青年男性教师,社会科学)

这些低年级的学生都是从学习导师制和在常规教学模式下通过与专家进行学术交流获益的。

因此本研究揭示的根本问题在于,大多数教师抱着一种好奇的、自我欺骗的态度对待网络教学。同时这些教师也拒绝把网络互动教学看成是教学方式的另一种选择(尽管还不完美),用以模拟人与人之间真正面对面的交流。

对教师们这种奇怪的、有意的举动,可能有一种简单的解释,就是他们觉得很难接受"一种新记忆系统的认识和认知结果"(Jean-neret,2000,p.24)。如果他们认可这些有关新技术的认识,也认可这种传播知识的新方式,那将会动摇教师的地位。在记录思想方式方面科技的新突破不可避免地会影响到教师这种权威和声望都建

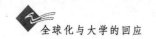

立在口头语言基础上的行业。尽管如此,现在对教师的态度作出评价还为时过早。在那些思想更开明的教师中,这个重大问题无疑会激发关于这些新技术的成本、效率以及其灵活性的进一步的争论。

> 我得花很长时间才能把一切放到网上,我认为这没有价值。(奥斯陆大学,青年女性教师,社会科学)

> 我花了很久来准备资料,但还是不能和以往的课堂教学相比。我觉得在这种教学模式中,使用网络的部分应占5%到10%,但应仅限于此。(特文特大学,资深女性教师,社会科学)

> 这种电子教学环境的一大缺点在于代价高昂,而且当设计中出现重大失误时,就很难灵活变通,你就被困住了。但如果是集体教学的话,投资成本较低,灵活性会更强。另外电子教学环境的一个缺点是我们无法真正了解学习过程的进展情况。(特文特大学,资深男性管理人员)

可想而知,这些教师都有个人的经验,并深入地考虑了这种互动模式的要求。尽管我们在教师的回答中看到了"投资"这个词,但是教师们对于现状的分析并未扩展到暗含在内的经济方面的评价,因此我们得出的结论是网络教学只有在大范围内才会有利可图。对于所有从事网络教学行业的人来说,这一点不言而喻。然而这样的话,又出现了知识全球化和资源集中化的矛盾。受访者很少从这方面进行分析,往往只是简单地表示支持或反对,这是因为很少有教师真正体会这种情况背后的深意。经过仔细研究后,我们举以下的这些引述为例:

> 新技术有它内在的逻辑,要想有效地使用它,你得熟悉它的流程。我认为有些教师是在用新技术进行传统教学,这样是不会有效果的。(奥斯陆大学,资深男性教师,专业学院)

> 我的关于新技术课程的内容只占用一两张磁盘。如果我想的话,可以将它放到一个网址上。但这不是解决办法,我们需要的是一种新的教学方法;但到目前为止,我还未发现任何适合新技术的教学策略。(阿维侬大学,资深男性教师,专业学

院)

这就是问题的根源所在,而且很难进一步解决。人们普遍认为除了从教师和课本上学到的知识外,网络可以作为额外补充的信息来源。

> 它(译者注:互联网)可以使你接触到你原本无法接触的大量资源,你可点击数据库,获得一些重要的文章。(奥斯陆大学,资深男性教师,社会科学)

毫无疑问,在面对这种未经证实的信息时,很多人会持保留态度。

> 在网上能发现很多好东西,也有大量的垃圾。当我选定一篇课文时,我知道它的版本、内容及其简介,网上的东西良莠夹杂。(波士顿学院,青年女性教师,社会科学)

这在教师当中引发了两种观点:(1)作为学术机构,大学没有完全抛弃对校外信息源所持的怀疑态度;(2)作为教育实体,大学并未深刻掌握其新使命的内涵,即让学生对待新信息时采用更批判、更独立的态度,而这也正是信息通信技术所带来的根本变革所在。在信息匮乏的世界里,大学鲜有对手。当信息从无数未经证实的渠道源源而来时,责怪媒体是没有用的。相反,学校应该采取新的态度对待,应该教会学生掌握获取信息的种种工具,比如搜索引擎和信息检索工具,同时学生也必须对这些信息采取批判态度。此外,学校必须意识到教会学生提问题要比指导他们正确回答重要得多。但遗憾的是就在这个特殊的问题上,我们的同行们却缄口不言。

信息通信技术对工作量的影响

对下面问题教师们的争议比较小,我们问这个问题目的是了解教师应该在教学中多大程度上使用网络和电子邮件,而使用这些工具是否增加了他们的工作量。首先,如果有一个大概的定量指标

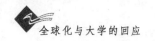

可以作为依据的话(例如1999年9月到2000年9月期间,通过阿维侬大学服务器[5]传输的电子邮件的数量增加了50%),那么我们必须审慎地分析这个问题的答案。大学在该领域的实践瞬息万变,因此从调查研究中的得出的任何结论无疑现在已经过时了。因而,与此相关的特定的全球化趋势必须得到重视。在波士顿学院及特文特大学,在教学中使用电子邮件是理所应当的,是一种常规做法。而在奥斯陆大学则有些人持保留态度,特别是针对本科生教学而言。在阿维侬大学,只有不到三分之一被询问的教师把电子邮件作为教学手段。

我们不应该执著于定量指标这些无关紧要的细节,而应注重于它对使用这种工具的教师产生的影响。问题的关键在于应用电子邮件时面向的人数是否众多?也就是说,电子邮件是一种人与人之间的交流方式,应该是建立在一对一模式基础上的,本不适用于同时与数量众多的学生进行交流。而另一方面,实践上确实有少数教师利用电子邮件作为大量传播信息的工具,而且是采用一对多的模式进行传播。这就完全否定了原来的看法,认为学生人数越多电子邮件这种方式的效果会越好。

> 轻击鼠标,我可以给全班293个学生发送电子邮件,这种方法很有效。(波士顿学院,资深男性教师,社会科学)
>
> 我可以很快捷地给全班学生发送信息。举个例子,我可以把我的备课笔记放到网上,学生就可以下载我的教学大纲及相关图表。(波士顿学院,资深男性行政人员,社会科学)

使用新技术却与其原先设计的用途迥异这种现象,在这里有非常明显的例子。同时也提出了这样一个问题:由于使用电子邮件很便捷,这是否会导致学生提出许多与课程无关紧要的、需要教师花费时间回复的问题?有些教师认为这种情况的确存在。

> 是的,我认为这会增加工作量,因为过去我们无需回答这么多问题。与学生之间的交流的确增多了。当然,在过去师生之间的直接交流要比现在多。但是交流的增多也就意味着更

多的学生在提问题,有了额外的工作量。(特文特大学,青年男性教师,社会科学)

对于这种电子邮件的替代效应,教师同样也有评价。

> 我现在全依靠电子邮件了,无休无止的。我不清楚这是否增加了我的工作量。现在一天我很容易就花掉两小时看电子邮件。过去可花不了这么久,过去我回家后会发现不少于25个电话留言,现在5个都不到。现在学生都改发电子邮件了。我认为我的工作量只是转移了。(波士顿学院,青年女性教师,专业学院)

> 不,工作量既没增加也没减少,接收电子邮件是工作时间的一部分,提高了交流的效率。但有时也是一种负担,有时你收到一大堆邮件,有时则是一大群访客或是接到许多电话。当然我觉得邮件起了更多的替代功能,而非增加了我的工作量。(特文特大学,资深男性行政人员)

一种普遍的看法认为每次一种新媒介的出现总会代替旧媒介。实际上,这种新媒介在提供新的交流方式时,并未实质取代那些旧的方法。然而,本案例研究并不能得出这样明确的结论,因为教师和学生之间的邮件往来并不能作为师生之间的交流手段单独进行分析。师生关系的模式因民族文化、大学和部门的具体情况而有所不同。在一所美国的大学里,信息技术系的学生与教师的关系肯定不同于一所法国大学中古典文学系的学生和教师的关系。使用电子邮件反映出以前就存在的交流模式,师生交流的一贯方式以及师生对互相交流所抱的期望都仍然存在。师生通过电子邮件沟通的方式使得学生更容易接触到教师。

然而,这种新的交流方式也必然存在新的特点,这些特点取决于通过邮件交流的频率和时间长短。无论喜欢与否,教师们不能假装看不到学生们期盼更多地与教师进行交流。

> 我教的一个研究生给了我两页笔记,谈的是他设计的模型。在周末我已经看过了,于是我说,"好的,我们星期二见面

吧"。我要做的就是在见面之前用电子邮件发给他我所提出的七个问题。我还附注一句:"见面时请准备好问题的答案。"如果我不这么做的话,事情会怎样?他会到我办公室来,而我得用口头再说明,然后他才会再仔细考虑这些问题,那样的话也许会花上两个小时。而用电子邮件的话只需十分钟,即使他过来,半个小时就能解决问题。(波士顿学院,资深男性教师,社会科学)

顺便说一句,这种方式让我即使在八月[度假期间]也可以查看我邮箱。这在很大程度上改变了我的工作方式。以前,从八月中旬就可以度假了(你怎么度假,是去海边还是继续做研究,都是你的私事)。没人要知道你在做什么,是完全自由的。现在情况完全变了,因为你要处理这些事,一直到八月底邮箱总是塞得满满的。(阿维侬大学,资深男性教师,专业学院)

最后这种反馈与社会学家对这种新媒介所分析的结果是一致的,即时在线是现代技术下的一种奴隶制,无论你到哪,手机、电子邮件、笔记本电脑总能随时随地找到你,提醒你要尽的责任并限制你的自由,它们不能给你所谓的那种方便和自由。

大学有没有出台有关信息通信技术及教学工作量的政策?

我们还要深入研究另一个问题:在多大程度上大学考虑了教师职业中应用新技术的前景?在教学中学校是否出台了使用信息通信技术后关于增减工作量的相关政策?

看起来技术是没有任何责任的,问题的关键是如何定义教师工作量。应该像在法国那样用单一的课时来衡量教师工作量?还是有其他可供考虑的标准?从人的角度来说,投资制作多媒体互动教学课件会有两个特点:

一是需要大量的与正常教学工作量不成比例的时间投入。布拉巴松(Brabazon)这样回忆了她的经历:"要有人设计教学内容和教学安排,要有人负责设计网页,要有人确保超文本链接文件是最新的,还要有人制定评价标准以及评估学生的学习效果"(Brabazon，2001，p.3）。

二是这不是个人的工作就能完成，还需要有一个具备多项技能的团队，像电脑高手、教学专家、软件开发者、图形设计师，还有要相关学科的专家。

了解这些后，教师应和学校签订什么样的正式（或非正式）的合同呢？学校的对策究竟如何？

这个问题不能说和教师毫不相关。但是在阿维侬大学事实的确如此，绝大部分教师仅仅简单地回答"不知道"，要不就是认为问题前后矛盾，怀疑这种政策是否真的存在。从他们的这种态度我们可以想象，学校不可能严肃对待一种仍处于边缘地位的实践，并为之制定相应政策。在上述四所大学中，还远远谈不上将新技术制度化，并将其纳入教师的职业责任中。因此毫不奇怪，特文特大学和波士顿学院会采取不同的方式在教学中应用新技术，这一点得到了相对多数教师的证实，他们承认学校对该问题有所关注（分别各占总人数的45％和35％）。可是在这两所大学中，没有任何一所对教师工作量的定义出台了一项总体的政策，而是具体由相关院系负责，因此相关的决策程序就缺乏透明度和一致性。

> 我认为即使不使用新技术，学校也不太关注教师的工作量，使用新技术后也是一样。就我所知，学校从未讨论过有关工作量的政策。（波士顿学院，青年女性教师，专业学院）

> 在工作量方面，学校给了院系很大的自主权，但是它们也没规定标准工作量。我认为学校是可以接受这个人一年上三门课，而另一个人一年上五门课的，但系里就认为科研任务重的人可以少上课，因此这在很大程度上取决于具体院系。（波士顿学院，资深男性教师，社会科学）

那些承担教育技术创新相关课题的教师，学校会减少他们的教学工作量作为补偿。这不是规章制度，但可以通过协商解决。

> 我提交了一份大纲，获得了一个为期三年的、有关在课堂中运用新技术的资助项目。在项目实施期间，三年中每年我可

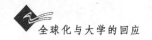

以少上一门课,不是每个学期而是项目三年内每一年,这就是对我付出的认可,是院长批准的,不是我们系主任。(波士顿学院,资深女性教师,社会科学)

减少的工作量是最低限度的,与制作多媒体互动课件所需的工作量很不成比例。学校的公开政策是鼓励教师探索教学中运用科技的可能性,但是学校并未将政策落实到实处,使这两者之间产生了落差。这很好解释,院系的自主权越大,很大程度上学校指导并实施教学改革的实际权力就越小。

我认为那意味着减少其他方面的工作量就真正得到了学校的认可,这肯定是行不通的。也许有某种非正式的认可,但实际上并未得到学校真正的认可。(特文特大学,青年男性教师,社会科学)

然而,有一个例外是有关以津贴或资助的形式进行经济奖励的,与给科研项目提供资金很相似,这些仍然属于学校或教育主管部门的特权。

暑期的教学津贴就是奖励形式之一。我想那些提议使用新技术的教师肯定会被看成是为了这些奖金。学校已经宣布夏季的教学津贴为一万五千美元。(波士顿学院,资深男性教师,社会科学)

就阿维侬大学而言,它签署了一份重要的科研合同,要创建强调校园文化的虚拟校园。资金很充足,但那些准备教学资料的教师只略微减轻了工作量。很明显,经济奖励的措施是远远不够的,因为需要的是更多的人力和时间投入。

是的,的确如此。我们有一份关于在教学中使用信息远程服务的政策文件。我们发现培训教师才是投资的重点所在。投资往往是以金钱计算的,但钱不是万能的,教师才是起决定作用的。我们得给他们足够的空间学习新知识,这样就需要更多的人来分担他们的日常工作量。(特文特大学,资深男性行

政人员）

很显然，学校对此的意识远未达到这种程度，原因就在于大学衡量教师的工作量只有两个标准：一是教学课时，二是发表的文章或是出版书的数量。按照这种标准，制作网络互动教学课件过程中，个人的投入并不能被算成工作量。

如果大学不能尽快考虑这种现状的话，它们所处的局面会很不妙。假使某个科研项目在经济上有利可图的话，企业就会雇用教师，并为项目投入必要的技术和资源。这就会导致全球化进一步的发展以及电子知识市场的形成。具有讽刺意味的是，恰恰是由于高校与企业不经意的合作，这种情况才可能出现，因为加入了与大公司的合资企业的高校失去了对这些政策的控制权。

结　　论

上面最后这段话再次强调了本书的主题，并从全球化的角度对大学应用教育技术方面得出的上述结论做了再次总结。这种观念真的存在于教师们的头脑和高校的战略中吗？它被看成是一种挑战还是一种威胁呢？比起奥斯陆大学和阿维依大学，特文特大学及波士顿学院更为广泛地采用了教育技术，虽然在深度方面不一定超出前两所大学。然而，我们也要留意下面两个不变的因素。

一方面，大学总是在技术上领先它的教职员工。所有的高校都存在有关鼓励使用网络设备和基础设施的相关政策，保证它的员工可以接触到全球网络信息；无论在校内还是在校外，他们都可以方便地进行交流，这也是所有高校努力实现的目标之一。换句话说，学校提供工具并鼓励教师使用，有时甚至通过物质奖励那些勇于尝试的人，然而这并不会影响到对教师工作量一般意义上的认定。至于教学方法，大学采取的态度都甚为谨慎，既有原则声明，也有总体政策，或者建立小型实验机构，但一般不会直接干涉。学校本着这种指导的态度，不会干涉具体院系的实践，更不用说进入课堂了。也许有人认为学校已经逐渐意识到了采取这种模糊态度要冒一定的风险。"如果人们在斯里兰卡可以接受到和在波士顿同样的教育,谁还会花大价钱去波士顿上学呢?"欧洲的教师对这个有争议的问题也许会有不同的回答,但它表明全球化的大学教育市场的确存在,那种认为在一国国内存在教育自留地(catchment areas)或是自由市场(captive markets)的想法在这个网络时代根本行不通。另一方面,某种程度上这种观点也遭到了反对,主要是因为传统教学给人留下了它很难与应用教育技术紧密结合这样的印象。教师的这种抵制态度前后矛盾,至少对本科生来说,很大程度上传统教学方式赖以生存的那种传统的师生关系模式早已不复存在。

可是,也有人持比较开明的态度。不管使用教育技术是完全出于实用主义考虑,还是因为它已经成为普遍常识,这些新技术还是因其效率高、具有方便性及实用性得到了认可。坦率地讲,尽管是以一种试探性的、谨慎的态度来进行,教师们也都在研究和探索互联网这个全球多媒体数字图书馆。最后要说的是,有些创新者抱着实验的态度,试图将自创的互动课件和教学法融合在一起。虽然他们不代表各自的学校,但在不远的将来,他们很可能要和那些投资巨大、制作精良的商品进行竞争,而生产这些电子产品的出版商只有在全球规模的市场中才能获利。很显然,这些竞争者们并不在同一战壕作战。实际上,很多教师甚至没有意识到这种竞争的存在,仍然认为高校享有某种领域外的特权,而有这种想法是很危险的。如果教师坚持他们特有的价值观,那么通过拒绝使用教育技术并不是维持这种价值体系的好方法,反而应该与那些新技术公司结成联盟。美国在线、微软或是威望迪通用(Vivendi Universal)*这些公司也不是怪物,他们无意毁灭高校。但是如果大学教师们还漫不经心,这些公司就会把他们远远抛在身后。

---

* 威望迪通用(Vivendi Universal):法国著名的媒体和娱乐公司。——译者注

注　释

1. 通过宽带网下载大文件的做法越来越普遍，使用网络进行生产和传输会使成本大幅度降低，实际上成本也正在逐渐下降。
2. 在最好的情况下，使成本最小化的方法是面向"本地化"或者调整产品使其适应某种特定民族文化。
3. 有两位教师主要是名义上相继负责信息通信技术的应用，除在国家或地区委员会或相关研究会中代表大学外，他们没有开展具体的项目。
4. 有关受访者引述的优缺点及其原因，可以与网上关于远程教学的调查进行比较，参见 http://www.quadratin.fr/noirsurblanc/。
5. 参见 http://www.crir.univ-avignon.fr/melstats.html。

第八章　全球舞台上大学的未来

我们以回顾在本研究中的各项发现和要探讨的主要问题作为本书的结论：在多大程度上全球化实践已经渗透到本书案例研究的四个国家的大学中？我们已经给出了受访者对于其所在大学所要面对的未来的相关看法。最后，我们研究了全球化总体上对大学的可能影响。

本书的前提是全球化对高等教育会产生冲击，我们也注意到了全球化对不同的人含义不同，因此必须小心应对。对一些人来说，全球化等同于大学加入新自由主义的竞争与日益强调管理的思想。其中的要素包括大学获得的投资中来自私人部分的比例不断提高，目前各高等教育机构越来越强调有着高效率和注重实际效果的商业化管理方式，还有就是各高校也开始开展以盈利而非探求知识为目标的商业研究活动。这种全球化实践经常招致一些教师的批评，他们担心大学传统学术价值观会因此沦丧，而在过去正是这些价值观体现了大学中既有的院系合作（而非相互竞争）和寻求真理的精神。然而，其他的教师则辩称为了达到学术研究的目标和提高教育工作的质量，竞争是必要的，并且竞争本身也是广泛获得认可的学术价值之一。表面上看，有些全球化实践的破坏性小一些，例如，在全球范围内，方便快捷的现代通信技术就被认为是全球化的优势之一。然而同时，我们也不能忽视信息技术的缺陷，大量信息与通信技术的爆炸性增长让人对其可信性也产生了怀疑。

由于人们不同的理解，若想客观评价全球化、设想中全球化的益处以及全球化的障碍，我们仍然需要进一步的研究。我们选择跳过关于全球化理论的争论，转而研究在不同的环境下全球化实践在各大学实际发生的情况。我们期望之中所隐含的问题也包括,对于全球化不同的解读也会影响涉身其中者的行为和看法,并且特定的环境,包括具体大学、院系和岗位,都显得至关重要。本书核心的问题是关注在不同的背景下,大学教师和行政人员对全球化实践的反应。他们对于全球化观点持什么样的观点?他们会如何应对全球化的大潮?

为了回答这个问题,我们进行了四个案例研究并且访问了131个教职员工,他们分别来自法国(阿维侬大学)、荷兰(特文特大学)、挪威(奥斯陆大学)和美国(波士顿学院)。在很多方面,这些国家和大学都显得截然不同。总体上说,他们的社会和经济政策很不一样,具体在高等教育体系方面,其学术传统、决策参与、管理方式、组织结构等方面也都不尽相同。而各大学在校龄、校址和规模上更是明显不同。通过各位教职员工不同的视角,在他们所在各自大学的院系中,我们对大学里的全球化实践获得了很多深入的认识,了解了与全球化相关的很多问题。最后我们决定集中研究五个问题:(1)私有化与企业化;(2)管理;(3)教师终身制;(4)责任机制;(5)信息通信技术。高等教育的相关文献显示这些问题与全球化的现象紧密相关。此外,这些问题都已经列入我们所访问的国家和大学的决策日程表。

主 要 发 现

私有化、竞争和企业化

尽管所有案例都显示,各大学都面临着要求大学企业化、注重其实际表现以及落实责任机制方面越来越大的内部和外部压力,但是大学内很少有实质性的竞争压力,而且通常这种压力也受到了大学的抵制。另外,全面竞争的市场也很少,协作的尝试仍在襁褓之中(尽管类似教师公会和其他形式的合作在十年前就开始

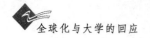

了)。

在我们进行研究的三所公立大学中,来自政府的拨款相对较少,但是它们仍然十分依赖公共拨款,而采用用户付费(user pays)的方式有一些增加,有一部分来自私人的赞助和向私人企业外包合同的举措。大学中的责任机制也不是很健全,也没有提醒"消费者注意(consumer beware)"这样的主动服务态度,几乎不存在相关政策真正的松动迹象。大学中大多数实施的带有私有化竞争的举措都是偏实用主义的而非战略性的,而很多改革措施也都是效法别的大学,或者遵循像经合组织这类处于领导地位的相关机构的方针政策。然而,当受到了强大的经济或政治阻力,或者存在强大的组织时例如在工会组织力量比较强或者政府政策支持公立行业发展的地方,私有化进程仍然步履蹒跚,或者反反复复而且影响甚微。在 2001 年的 9.11 事件以后,大学私有化的艰难处境愈发明显,这在大学内也引发了关于大学私有化缺点的讨论和对恢复大学由政府进行管理和指导的呼吁。

管理

有关高等教育的文献显示,大学强调管理是一种全球化实践,它帮助建立了大学的权力组织结构,比如在大学内加强了行政领导力。然而,第四章的分析显示出真正强调管理至少要有两个条件:第一,像本研究中的大学一样,在世界范围内大学之间的差异很大,采用何种管理结构也取决于其经历的不同发展道路。为什么这些不同的大学在面临强调管理的全球化趋势时会自动地向同一方向调整它们的内部结构?其次,一方面,形式上的改变和相关的表述方法之间也是有差别的;而另一方面,形式上的改变与日常实践也是有差别的。我们要问,虽然强调管理的思想在很多国家和大学可能只是一种观点,但事实上它确实影响了大学行政和日常的管理吗?

四所大学的案例研究清楚地表明了正式规定和日常惯例、强制改变和顺其自然之间的差别。大学内也存在加强行政领导力或某些方面决策集中化的趋势,但这一切没有顺其自然地改变教师在决策中的作用。这些改变在大学中的深入程度是不同的,大多数情况下,我们只在"基层"(shop floor)观察到了很小的变化。然而,从19世纪70年代起波士顿学院就变成了一所强调集中管理的大学,在系级以上教职工就很少有机会参与决策了。

从国家报告和四个案例研究中获得的另一项结论是关于大学内传统的重要性的。在某种程度上强调管理的思想已深入大学,然而在选择管理者的实践中,四所大学的大多数受访者都表现出坚持既有管理模式的倾向。在波士顿学院和特文特大学,传统上是在协商的基础上采用任命领导制以期获得更大的核心领导力;而在阿维侬大学和奥斯陆大学,传统意味着领导选举制神圣无比,而教师也都希望参与该决策。强调管理作为一种内涵广泛的思想还没有对欧洲的大学产生重大影响,这也许是因为这些新观念、新政策是由习惯于旧有规定和管理方式的人来实施的。

责任机制

毋庸置疑,在我们所研究的国家中,出现了责任机制不断增强的迹象。然而,这一说法有两个前提条件。第一,在各国和各大学中都有着各种各样的责任制措施。在一些高等教育体系中,无论在国家、州、大学抑或在项目层面上,都已经引入了相关绩效指标。而在其他类型的高等教育体系中,大学也都已经普遍接受了质量保证机制,从有关教学研究工作的国家质量保证政策一直到在大学层面上实施的实验性和自愿审查等各个方面。根据《博洛尼亚宣言》(Bologna Declaration),认证机制作为附加的大学政策措施将最终在欧洲各大学里得以实施,或者用以取代现有的质量保证体系。另外,在不同的高等教育体系中,大学内部的教育质量保证机制以及相关改善措施也大不相同,一部分是以投入资源并要求审核投入效果为形式的务实的责任措施,而另一部分则属于要求以汇报形势报告结果的柔性的责任措施。

第二,在各大学中尽管落实相关责任机制的举措更加显而易见,而实际已经落实的措施则更多表现出其柔性的特点。雷斯伍德、艾奇和詹特兹区分了责任机制存在的三种形式:描述性责任机制、解释性责任机制和可验证性责任机制(Leithwood, Edge and Jantzi, 1999)。就此,我们从中得出了结论,目前总体上来说描述性的责任机制在大学中占统治地位,而可验证性责任机制还没有在大学中得以实施。强调责任机制的相关政策是否真正被付诸实施?教师和/或行政人员是否已经接受并适应这些责任措施?这些问题我们还有待观察。在这些大学中,从一个规范的角度上看,有迹象表明实际出台的政策与其目标相比,并不显得非常令人望而生畏,从一个客观的角度看也并不显得十分引人注目。同时,我们也发现教师和行政人员对某些形式的责任机制表露出了怀疑的态度,这些暗示出他们对某些全球化实践表现出的公开或私下的抵制态度。只有在波士顿学院,责任机制包含了相关奖惩措施,譬如对那些表现比较突出的教师略微上调其工资。但是有人也认为这并不能实质上改变教师的工作方式,因为这些措施的力度明显不够。

聘用体制的灵活性

第六章首先提出了关于聘用体制灵活性这个问题:在多大程度上欧洲的大学转向了美国的公司式管理模式?我们知道并非所有的美国的大学都采用的是商业运作模式,但是总体上在这方面它们都被视作是先行者。在聘用机制灵活性的方面,一个总的趋势是取消教师终身制,比如在20世纪90年代,英国取消了所有教师的终身制并开始采用合同续聘的方式进行聘用。虽然签订合同的教师几近于拥有一份固定的工作,但是这种合同制也赋予了雇佣者更大的灵活性,可以解聘那些没有达到标准的受聘教师。英语国家的大学逐渐开始依赖助教或兼职教授来工作,并引入了获得终身教职后进行审核的制度来鼓励教师多出成果。

在阿维侬大学和奥斯陆大学,教师几乎异口同声地支持保留公务员身份。在像法国和挪威这样的几乎所有劳动者都是终身雇佣的国家,这个传统观念根深蒂固。很奇怪,在波士顿学院大约有四分之三的教师也赞成终身制,而在特文特大学教师们并不太赞成终身制,虽然略超过半数的反馈显示他们愿意保留公务员身份。在波士顿学院和特文特大学,也存在关于修改现有聘用制度的争论,他们想建立一个更严格的制度,其主要原因是为了提高教师的学术创造力。在波士顿学院,由于大众传媒给予了这个问题很多关注,所以教师聘用制度的灵活性加大了,教师们提到了现在他们还有可变动终身制、反转终身制和获得终身教职后进行审查的制度。反转终身制是一个很有意思的概念,当一个人开始学术事业时给予其终身教职,12年以后取消终身教职并根据其以后每年的表现来决定是否继续聘用。

对大学内的实践分析可知,聘用机制的灵活性已经有所改变;然而,还没有出现明显的全面推行商业管理模式的迹象。在大学里,人事聘用制度方面的变化广泛存在且越来越剧烈。这表明对于教师来说,对于终身教职和获得终身教职后进行审核这方面有进一步强调实际表现的倾向。

信息与通信技术

技术和教育往往犹如一对同床异梦的夫妇,它们之间又爱又恨的关系很大程度上是建立在一种迷恋、猜疑与误解相混合的感情基础上的。以全球化、全方位为特征的数字化技术时代的来临,为创造出一种虚拟的、数字化的学习环境提供了可能。现在大学教师们面临着前所未有的挑战,还有就是总体而言,也面临着来自其所在大学和社会不断增大的压力。

从我们研究的角度来看,这种挑战的复杂性首先表现在教育与技术手段相互矛盾的方面。例如,一方面,它允许个人按照自己的安排充分利用这些手段展开研究;但另一方面,跨国巨头们又垄断着这些技术,单方面制定全球性的技术标准和战略。在我们的研究中也反映出了这种预料之中的矛盾性,当然在此过程中区别大学中不同的层级和我们研究考察的角度也是十分重要的。在大学的层级上,需要明确区分的是大学对高科技教学设施的关注,与在应用新技术开展教学方面能否实行一贯政策是不同的。大学教师公认高科技设施是必需的,而各大学在实际技术应用程度方面的显著差别,直接反映出各国在普及这些技术时所采取的方式是不同的。然而,具体政策的贯彻落实则更加难以进行评估。

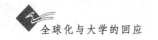

除了阿维侬大学之外,其他学校均有新技术的相关政策和指导方针,但核心政策的决定者似乎不情愿将这些计划付诸实施。大学为了鼓励教师开发网络课程和采纳电化教学而实行了经济鼓励政策,但这些任务却导致教师工作负担不断增大,这两者之间的矛盾是问题之所以棘手的一个方面。并且,大学似乎并没有充分估计到网络教学可能给教师工作量带来的巨大影响。这种差异、紧张关系以及不确定性或许可以解释为何教师通常会比国家政策制定者对新技术抱着更加犹豫和谨慎的态度,尽管他们也会从应用新技术教学中得到好处,譬如电子邮件就被大学教师们广泛使用并且推崇备至。

作为师生关系中的新媒介,将电脑引入教学是一种全新的事物,但是由此建立的虚拟校园也会带来令人困惑的风险。只有一小部分教师真正投入到这些建设虚拟校园的项目中来,我们研究中的大部分受访者都认为通过网络进行互动教学是一种不好的替代品,对于师生间的交流也并非有益的补充。然而,令人惊讶的是一些大公司(如微软公司和美国在线)都将网络教育视为未来很赚钱的行业,认为网络教学会有实际的效果。因此,要么是他们的分析研究人员,要么是我们这些教师错估了这个重要问题。

在各大学的趋势

阿维侬大学

阿维侬大学的教师们似乎比较满足,因为在近些年他们的工作条件看上去一直在改善。但是仍然存在着一些迫在眉睫的挑战,包括学校采取了更加严格的财政措施,改革教学大纲,学校管理专业化,以及不断扩大实施责任机制的范围。尽管有这些变化,阿维侬大学仍然是一所公立的、国有的、教师享有终身制聘用的大学,而这也保护了大学及其教师免受新自由主义全球化的全面冲击。阿维侃大学的教师满足于大学的现状,因为它提供了一个稳定的、可以预期的工作环境,一种参与意识和一定程度上学院合议的机制。当然,大部分受访者看来已经意识到了现有体制的问题,譬如有保障的工作会使人过于安于现状,以致学术创造力和工作效率无法达到最佳状态,所以他们并不反对不违反核心原则的改革措施。

引人注目的是,教师们援引法国大革命的精神、法国民主的传统以及人们长久以来对国家公仆的期待来证明他们的观点。在法国,高等教育公共服务模式包括像民主选举校长或者院长之类的体制,仍然有着旺盛的生命力,好像在法国并没有出现采用英美式的、实用主义的任命大学领导方式或从外部挑选大学管理者这样的趋势。

特文特大学

特文特大学是一所奉行实用主义的大学。学校是在一片经济陷于衰退的地区建立起来的,为了生存,大学需要与当地相互配合以振兴当地的经济。特文特大学在这方面做得很好,且获得了"企业型大学"的称号。因为它已经非常成功地增加了收入,并且在教学和研究方面也保持了很高的声誉,整个大学生机勃勃、积极向上。同时,大学也认为自己是与所在地区的工业发展紧密联系在一起的。

尽管有着这种明显的稳定和安全感,但和其他大学一样,特文特大学也面临着全球化时代的各种挑战。在对这所大学所做的案例研究中,可以清楚地看到全球化趋势的影响。各个阶段的研究都显示,在特文特大学制度越来越接近美国和英国所鼓吹的"最佳体制",甚至荷兰的政府机构在质量和责任机制方面都提出了所谓采纳"最佳实践",这使它成为欧洲其他国家竞相模仿的对象。荷兰似乎正在逐渐远离一些欧洲大陆国家的普遍做法,而以更接近于英美国家的方式行事。这一点在其对大学管理结构的改革中尤其明显。尽管如此,由于荷兰推崇集体共识、反对集权主义的文化特点,在管理实践中特文特大学的决策结构并不是很接近波士顿学院那种极端强调管理的模式。

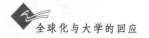
全球化与大学的回应

奥斯陆大学

尽管处于一些重大变化之中，奥斯陆大学似乎也保持了许多自身的传统价值。该校正在进行财政体系现代化、行政管理专业化等工作，并且也改组了大学的结构以求提高效率。在某种程度上，这些变化减少了教师花在开会、处理行政工作上的时间，并将更大的权力赋予院长和系主任，董事会的人数也减少了，但却增加了来自外界的代表。这在某种程度上淡化了大学在管理上实行完全民主化的冲动，然而在推选教师进入行政岗位、选举各种董事会成员的过程中，民主机制仍然存在。大学内民主变得更具有代表性，不仅仅是具有像市民参加市政会议那种只是参与的意义。

在奥斯陆大学，实际发生的许多变化都是极其微妙的。教师们有一种感觉是：强调管理的思想正日益渗透到大学之中，并且与机关体制和学院合议制相结合。在这样的观点背后似乎存在着一种担忧：随着人们开始使用大学要强化管理这样的字眼，并且用经济观点审视大学的发展目标，这种思维方式也将影响到教师和行政人员看待大学及其各项使命的方式。这种注重经济效果的思维方式会对一些教师认识自己在大学中所扮演的角色产生很消极的影响。

自相矛盾的是，随着大学更多地强调财政状况和工作效率，行政人员的数量和责任也相应增加了。因此，教师们似乎要在填写相关表格上花更多的时间。然而，大学已经引入的责任制措施并未附带相应的惩罚或者奖励办法，这意味着对教师而言还没有足够的压力来敦促他们创造学术成果，甚至他们也不用像英美国家的同行们一样对自己的工作时间及工作安排进行说明。事实上大学内也并没有以一种惩罚性方式进行学科审查和教学评估，没有系统地引入等级评定措施，同时把它作为淘汰不合格教师的手段。大多数教师所表达的期望是，任何评定个人、院系或者大学的措施都应当本着一种目标是改进教学质量的、促进性的方式来贯彻执行，而不是要存心惩罚任何人。正如一位教师所言，挪威人普遍对英美等国实施的责任措施存在着一种轻蔑，认为他们那种方式造成了强调"凑数"的结果,而对个人发表作品的质量根本不重视。许多挪威教师想要避免这种"不发表就淘汰"综合征,而这目前是一种普遍的趋势。

波士顿学院

在波士顿学院,全球化趋势的影响可以被认为已经趋于平衡。在研究涉及的四所大学中,全球化趋势的影响在波士顿学院是最明显的,校园配备了最多的电子设备,并且也开始在教学中使用更多的新技术手段。这所大学采纳了许多企业性质的管理和责任措施。然而,波士顿学院并不是一个"全球化大学"的典型范例,全球化趋势在美国其他的大学和一些英国和澳大利亚的大学中表现得可能更突出。

波士顿学院并不认为有必要在聘用方面采取更多的灵活机制,它认为教师终身制和学术自由十分重要。与此同时,学院很珍视许多传统的学术原则,而且由于它的起源是耶稣会学校,所以对自己的艺术和人文教育十分自豪。学院的使命是深入社区,让学生参与到志愿服务之中,推崇有关社会公义的工作。同样在这里也存在着一些反对的声音,这使得波士顿学院的教师想要创造出他们自己喜欢的学术环境难上加难。他们面临的最大的压力是要求发表文章和获得研究经费,这就使学院环境中竞争的气氛变浓了,而合作的气氛变淡了。学院为争取提高排名,需要和美国顶尖的研究型大学进行竞争,这在学院里就造成了更注重个人表现的氛围,只奖励最优秀者,从来没有奖励大学普通师生或者那些深入到周围社区的人的事例。同样,20世纪70年代初,由于波士顿学院曾经濒临破产,迫使它后来走上了财政集中管理的道路,相比其他的美国大学其决策结构方面也更加强调管理。在管理方面,在波士顿学院的研究中显示出强调管理的全球化实践是如何湮灭教师的声音的,学院里没有教授会等组织来讨论学术政策,也没有高层管理者和教职员工之间关于如何管理好大学的对话和协商。

全球化与大学的回应

全球化实践的影响

　　本书开始的第一章对全球化做了如下评论：全球化对不同的人有不同的意义，有的人对其推崇备至，有的人则坚决反对。我们的研究并未改变这一评论。相反，我们的案例研究提供了大量不同的观点，使推崇者和反对者都能充分表达全球化实践的益处、所要付出的代价以及反对者反对的原因。然而令人惊讶的是，尽管教师们的性别、年龄以及学科专业不同，但是他们的看法几乎没有什么系统性的差异。换句话说，我们发现在各所大学中，不论是教授还是年轻教师，不论是男是女，他们对此均有相当的共识。从普通教学人员和行政人员的角度来看，我们研究的各大学其全球化实践存在较大差异。最近为了应对全球化的压力，各国政府实施的改革措施所带来的变化也并没有完全影响到欧洲大陆的各所大学，甚至将来也可能产生不了什么影响。全球化实践可以是十分有益的，能够给大学带来机遇并改善其基本的教学实践活动，但是同时，它同样也可能威胁到大学的核心价值，而正是这些价值曾经给大学和整个社会带来了繁荣。

　　全球化实践有很多影响，虽然新自由主义趋势与经济全球化存在着固有的联系，然而似乎这些影响并不仅仅是新自由主义趋势发展的必然结果。根据我们的研究，在高等教育和更广泛的社会领域内，全球化实践的影响不可能脱离社会内其他重要的发展趋势。其中我们也必须考虑不断变化的政府角色、科技的发展和国际化趋势，譬如在欧洲与全球化同时发生的欧洲一体化趋势。

　　最后，全球化实践的影响还取决于个人如何看待这类现象、它们之间的相互关系和所产生的后果。我们用下面这个比喻来说明这一点：假设我们把各所大学想象成调色板上的分别为红、黄、绿、蓝的色块，而另一黑色块则代表全球化。然后我们将等量的黑色分别与前四种颜色相混合，通过黑色块对这四种颜色的作用，可以得出两个结论：第一，黑色同等程度地改变了四种颜色，从而可以得出下面的结论，由于全球化实践，各所大学都经历了相似的改变。第二，四种颜色与黑色混合后得到的颜色是不相同的，例如，红黑两色相混合与黄黑两色相混合后所产生的颜色就不同。当然，最终的颜色取决于混合颜色的具体组成。全球化对大学的影响并非如我们可能设想得那样好或者那样坏，而且全球化的因素也并非以相同的程度作用于所有的教育体系或者大学之中。案例研究的结果很清楚地表明，在大学的基层这些变化通常不如在别的层面那样影响大。当我们将案例研究的大量数据结合在一起进行考虑时，可以得出如下结论：高等教育，包括各个背景不同的高等院校，均因为全球化实践而发生了变化。这种结果并非是一种决定性的、将整个高等教育领域变成一片相似的灰色的趋势。在形式和文化方面，高等教育仍然表现出丰富多样的活力。

前方的路：受访者对未来的期望

我们问道：你希望看到未来的大学/学院在社会中扮演什么样的角色？对于大学的未来，受访者提出了许多不同的观点。我们将这些观点归为三类，第一类的回答清楚地表明了受访者希望大学回归或者保持传统形象。来自阿维侬大学、波士顿学院和奥斯陆大学回答的关键词是：学术自由、知识分子的求知心、思想源泉、精英思想、批判性思维以及公民社会。

学术自由

> 我认为比任何事情都重要的是大学应该成为学术自由的堡垒。大学应该是这样一个地方，无论结果如何，我们在其中都可以从事研究工作，在文明的尺度内我们可以自由表达自己的思想，大学应该是我们将研究向前沿推进的地方。（波士顿学院，资深男性教师，社会科学）

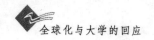

我认为大学首先应该是一个追求更高学问的地方,人们在这里进行自由思考和哲学反思。换言之,这是一个思想产生和成熟的场所,一个自由批评的场所,它应该是国家的良知所在。(奥斯陆大学,资深男性教师,自然科学)

思想的源泉

大学是产生思想的地方,是进行学术探索的场所,将其等同于企业是错误的,对其过度强调管理也是错误的。大学应该保持独立以创造思想。(波士顿学院,资深女性教师,自然科学)

精英机构

我并不算精英,但是现在的问题是这儿有太多的学生本不应该待在这里。首先,他们对学习并不感兴趣,而且我认为大学应该属于那些愿意花费长时间来研究现实问题的人。(奥斯陆大学,资深女性教师,自然科学)

我不确定。首先,我希望变化不仅仅在将来发生,最好现在就发生。很明显我希望大学能给人一种声誉卓著的印象。我想看到大学回归其探究知识和学术的本源,并且保持一定的自主性,甚至还有崇高的社会地位,在这方面大学需要做出榜样。(阿维侬大学,青年男性教师,专业学院)

塑造公民社会

有很多说法,或许有点被夸大了,但是我想这种观点还是有一定道理的,即公共生活和市民生活正在衰落,因而有充实和重建的必要。我认为大学在鼓励集体参与公共生活方面应扮演主要的角色。(波士顿学院,资深男性教师,社会科学)

我希望世界上每个年轻人都能够接受人文艺术教育,而将专业之类的东西留到以后。我认为这十分重要,因为大学不应当仅仅培养能解决问题的聪明人,对我而言,更重要的是包容性。所以大学的真正角色应该在智慧方面具有包容性。(波士顿学院,资深男性教师,社会科学)

关于大学的未来,许多受访者表达的观点都比较模糊。他们的回答可以理解为更希望保留大学的传统价值和功能,然而他们也希望在传统的功能中融入现代元素。换句话说,他们期望在未来,大学的传统功能会逐渐地以一种现代的形式出现。一些受访者似乎认为新的功能与传统的功能并不冲突,可以通过塑造文明社会和为社会开展合同制研究项目来实现服务社会的目标。受访者的这些回答表明他们希望大学有所改变,并且变得与过去明显不同。这些观点的关键词是:更多的国际参与、培养更多的全球化劳动力、采取更多企业化管理、与产业相联系,以及更多的职业教育色彩。

全球劳动力

我们培养国家精英,不过现在应该为全球劳动力市场培养管理决策者。但是我们面临着与世界上其他大学之间不断加剧的竞争,学生们将能够选择去邻近的城市或者欧洲其他国家或美国的大学去读书,这样就使我们的大学面临着新的挑战。要求我们与世界不同地区的大学进行合作,但是要找一所高质量的大学作为合作伙伴。然后,就可以给学生提供本校的学士学位和法国或者美国的大学的硕士学位,但是合作伙伴之间应该保持一定的平衡,这一点十分困难。(特文特大学,资深男性管理人员)

总体上对产业、地区以及社会的贡献

为了促进教育和知识的发展,我希望大学和学院更多地与产业界进行合作。(波士顿学院,资深女性管理人员)

我希望大学能够使得社会变得更加开明,并且向世界其他

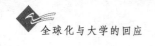

地区开放。法国的大学在国际参与方面仍然十分保守。例如，在大学教学中我们没有使用足够的外语，我希望看到比如用英语或者意大利语进行历史课的教学，我认为这是我们融入欧洲统一体的重要的一部分。（阿维侬大学，资深男性教师，社会科学）

我们应该找到一种方式向周围地区进行知识和技术转移，可以通过激发学生甚至教职员工的企业家精神做到这一点。在这个意义上，我们将拥有一大批作为大学副产品的面向周边地区的企业。（特文特大学，资深男性管理人员）

未来的前景

尽管大学承受着要求其接受全球化实践的各种各样的压力，但是这次研究的一个最重要的发现是：许多教师要么没有受到这些趋势的影响，要么没有意识到这些压力将对他们的学校造成什么样的影响。对此一种可能的解释是：首先，那些参与其中的人强烈反对全球化实践；第二，这种全球化的力量很强大，但是教学和行政管理人员能够转化这种压力，从而使自己不会完全地被置于全球化的影响[1]之下；第三，在全球化实践和高等教育的实践之间，并不存在着经验上的联系。本章余下的部分遵循着两条逻辑思路：第一，大学应该逐渐适应这些外部力量，只要能够生存，不论这种适应是以顺应方式还是在其中大学能够自我把握方向（参见Oliver，1991，策略性反馈类型）。如果大学不遵循这点，它们就将被边缘化。第二，全球化实践的大部分因素对于大学的精髓而言是有害的，为了保持大学的学术精神，大学应该抵制这些力量。

前景一：适应或者消失

此前景是基于这种观点：现在是让大学逐渐适应不断变化的社会期待的时候了。如果大学不去迎接这个挑战，它们最终将沉沦为社会的边缘机构而衰落下去；或者情况会比那些心系大学命运的人的设想更糟糕,它们将根本无法生存下去。适应全球化实践并不意味着大学不得不向全球化这个恶魔出卖自己的灵魂。学术界的许多传统价值在得以保存的同时,大学内也可以产生必要的适应机制,其中克拉克描绘的关于企业型大学的图景就可以被用来阐释这种观点。尽管他描述的企业型大学明显地将全球化实践的因素内化在大学内部,但它们仍然可以与受到激励的学术核心价值和谐共容。克拉克推论说应该给院系留有余地,以便"将其新的管理方式以及卓越的智慧与本领域的传统观念相融合"(Clark,1998,p.142)。他还建议,应该让学术规范发挥作用:它们应决定"是在高层还是在低层进行改革"(Clark,1998,p.142)。同样,斯伯恩(Sporn)表示,她所研究的美国和欧洲的大学能够适应迅速变化中的环境。每所大学在达到这一目标时都结合了企业的特点,例如专业化的大学管理模式、清晰明确表述任务;同时还包括传统大学的特点,如集体管理、尽责的领导层和适应个体差异的多元组织结构。案例显示成功之路并非只有一条,传统与现代特点的完美结合将使大学在未来能够生存下去并且得到发展。

前景二:抵制并生存

全球化的力量不会消失。随着通信技术的日新月异,大学将继续受到来自不断变化着的世界的挑战。在我们生活的许多方面,世界无国界都变成了现实,并且在未来更加如此。大学将如何在这个无国界的世界中生存呢?

我们希望未来大学保持什么样的价值呢?人们苦于大学人文主义精神的丧失,还对急需寻回大学的"灵魂"或者精髓感到心焦(Hickling-Hudson,2000;Kelly,2000;Gidley,2000)。威廉森(Williamson)和科菲尔德(Coffield)希望大学培养个人的正直、诚实素质,以及创造民主的工作方式。"如果大学想创造一个不同的未来,不同的声音仍然是至关重要的"(Inayatullah,2000,p.227)。

在面对强调管理的思想、更激烈的竞争和商业化的环境时,这些大学的价值该如何延续下去呢?鲁尼(Rooney)和赫恩(Hearn)告诫我们要扩大知识范围,在探寻新知识的过程中,保持开放的心

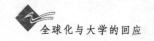

态以及合作精神,并且在教学关系中保持师生互信。西柯林·哈德森(Hickling-Hudson)希望大学能够与社区进行合作,并且尊崇那些为了探求社区问题的解决之道而投入到社会之中的活动家型学者。

大学已经做出了调整并且更多地参与到了社会之中。在相当大程度上,它们已不再被视为象牙塔,让学者们与世隔绝地待在里面,苦思冥想世界问题的解决之道,或者根本忽视外部的世界。积极参与的活动家型学者是我们希望保留的,并且在未来他们将扮演更加活跃的角色。但是,我们也希望活动家型学者能够致力于建立一个更公正的社会,而不是迎合商业利益和追赶整个社会日益以消费者为中心的潮流。为了避免重蹈消费主义泛滥的覆辙,大学必须避免许多危险倾向。危险之一是在企业化大学中产生研究保密的倾向,以及伴随着大学的商业化而来的学术商品化。这是一条危险的道路,大学教师们能抵制这一点吗?

防止学生变成消费者、防止知识变成商品,一个主要的手段是给予大学足够数量的公共拨款,或者是不附带条件的私人投资,这才能使教师保持自己在学术和教学上的公正无私。这一点对于大学教师而言是十分重要的,这使他们可以追求纯粹的知识,使他们可以完全自主安排研究日程并保证研究是基于自身的兴趣,而不是受到某一公司、政府或者个人所支付的经费的驱使。直接的有偿研究项目可能会造成教师承受不得不提交预先设定的研究结果的压力。与此同时,还有一些其他类型的研究,可以让整个大学参与制订研究的计划。同时,也可以有更多的应用型研究来致力于解决实际的问题,然而这种类型的研究不应当在大学中占据主导地位。

所以,大学的学者们应该是这个世界的一分子,但又与这个世界相脱离。他们应该批评这个社会,同时又为社会创造出新的思想。对他们而言,与学生建立起信任关系,并且与社区合作以构建一个学习型社会是十分重要的。不论是在他们的内部关系还是与整个社会的关系之中,他们都应当是开放和透明的。如果教授们想要保持自己独立的灵魂、热情和气节,就不应该保有秘密、单纯受市场力量的驱使。

  我们相信,有必要持续地强调大学在培养具有创造性和批判性思维的公民方面的重要作用。史密斯(Smith)和韦伯斯特(Webster)认为,大学教育就是要创造出有思想的公民。他们称大学必须致力于"批判性探究和理性辩论,培养诸如分辨论点与论据的能力,培养冷静评判一种观点的能力,培养独立学习和集体学习的能力,培养表达连贯一致的论点的能力,培养提高个人思维缜密程度的能力,培养开拓想象空间以及思考的能力,提高分析问题并进行概念化思考的能力"(Smith & Webster, 1997)。未来将告诉我们,随着大学日益变成全球化的机构,这些至关重要的价值是否还能继续在大学里坚持下去。

注　释

1. 抵制还是适应外部的挑战,这两者间的差异可以用来解释大学作为一种机构的长久生命力。大学的长久生命力是因为大学已经对变革做了如此长时间的抵制,还是因为大学已经适应了外部挑战呢?(参见 Kerr,1982,和 van Vught,1989)

附录一 样本介绍

波士顿学院

受访者(共37人)包括分别来自专业学院的11名、来自自然科学(生物、化学、地质学和数学)的10名以及来自社会科学/人文(经济、英语、历史、政治科学、社会学和神学)的13名教师,以及三名高级行政人员。一些教师也担任着院长或系主任等职务,而高级行政人员则是副校长或助理副校长。受访的34名教师中有教授(20人)、副教授(10人)和助教(4人),既有男性(21人)也有女性(16人)。所有的教师都具有博士或教育博士学位,13名教师年龄在55岁以上,14名教师年龄在45到54岁之间,7名教师年龄在45岁以下。两名高级行政人员年龄在55岁以上,一名低于45岁。下面的表格显示出尽管教授中男性居多,副教授和助教主要是女性,高级行政人员都是男性,但是在学科和岗位上男性和女性的分布很平均(波士顿学院事实上即如此)。

波士顿学院资历与学科分布(人数)

资历	专业学院	社会科学	理科	行政人员	总数
博士	11	13	10	2	36
硕士	0	0	0	1	1
总数	11	13	10	3	37

波士顿学院性别和职称/岗位(人数)

性别	正教授	副教授	助教	高级行政人员	总数
男性	14	4	1	2	21
女性	6	6	3	1	16
总数	20	10	4	3	37

阿维侬大学

受访者(共32人)包括分别来自社会科学(比较及英语文学、经济、地理学、历史以及国际关系)的10名、来自自然科学(生物、化学、计算机科学、地质学和物理学)的9名以及来自专业领域如通信学、法律、应用语言学和教育学的10名教师。还采访了三名高级行政人员:校长、现任最高行政领导(秘书长)以及前任秘书长。在法国的大学,正如此样本所显示,总体上女性所占的比例不多,特别是在教授这一级。所有的12名教授均为男性,而在讲师一级男性(7人)和女性(7人)相等,共有3名助教(2男1女)。大多数(15人)在45岁和54岁之间,55岁以上年龄的人数次之(10人),有7人在45岁以下。

阿维侬大学资历与学科分布(人数)

资历	专业学院	社会科学	理科	行政人员	总数
博士	9	9	6	1	25
硕士	1	0	4	2	7
总数	10	9	10	3	32

阿维侬大学性别和职称/岗位(人数)

性别	正教授	讲师	助教	高级行政人员	总数
男性	12	7	2	2	23
女性	0	7	1	1	9
总数	12	14	3	3	32

奥斯陆大学

31 名受访者包括分别来自自然科学(生物、植物学、动物学、化学和物理学)的 10 名、来自社会科学(政治学、人类学、地理学、哲学、心理学、社会学以及女性研究)的 9 名,以及来自教育学的 10 名教师。这些教师有些被选任为系主任和院长。这些被采者中有 16 位男性和 15 位女性,在性别上较为平衡。他们中 3 人有硕士学位,其他人则拥有博士学位。15 位受访者在 55 岁以上,12 人在 45 岁和 54 岁之间,有 4 人在 45 岁以下。

奥斯陆大学资历与学科分布(人数)

资历	专业学院	社会科学	理科	行政人员	总数
博士	9	10	8	1	28
硕士	0	0	2	1	3
总数	9	10	10	2	31

奥斯陆大学性别和职称/岗位(人数)

性别	正教授	副教授	助教	高级行政人员	总数
男性	12	3	0	1	16
女性	8	5	1	1	15
总数	20	8	1	2	31

特文特大学

一共有 31 人接受采访,包括 2 名高级行政人员。接受采访者包括来自社会科学(教育、公共管理和公共政策、科学哲学和社会学)的 11 名、来自自然科学(化学工程)的 10 名以及来自教育科学与技术的 8 名教师。下面的两个表格显示几乎所有的参与者都具有博士学位,具有硕士学位的则在教育和行政领域。6 名教师年龄在 55 岁以上,14 名教师年龄在 45 到 54 岁之间,11 名教师年龄在 45 岁以下。在职称上男性和女性的分布很不均匀,没有女性担任高级行政领导或正教授,主要是副教授和助教。1999 年女性占学校全职工作人员的 29%,这个数字包括学术、行政和技术人员。在本样本中,女性教师占教师总数的 21%,略高于男性,而 1999 年在特文特大学该比例是 19%。1996 年在荷兰,总体上女性教师占整个教师队伍的 23%,但是教授只有 5%,副教授只有 7%(Boezerooy,1999)。

特文特大学资历与学科分布(人数)

资历	专业学院	社会科学	理科	行政人员	总数
博士	11	10	5	1	27
硕士	0	0	3	1	4
总数	11	10	8	2	31

特文特大学性别和职称/岗位(人数)

性别	正教授	副教授	助教	高级行政人员	总数
男性	11	8	4	2	25
女性	0	2	4	0	6
总数	11	10	8	2	31

附录二 采访协议

下列问题涉及过去五年在贵校中你所观察到的变化。

管 理

（1）你认为你所在的学校是以什么方式进行管理的（集中管理、学院制管理还是民主管理或其他形式）？在过去五年或从您被聘任时起，这种基本模式是否产生过变化？

（2）如果有变化，这些变化对教师在决策中的作用会有什么影响？

（3a）你希望教师进一步参与到学校管理或决策中吗？

（3b）你希望恢复教授会吗？

责 任 制

（4）你所在的学校董事会应用何种责任制措施（比如研究指数、质量审查、教学评估）来监督系/部门的运行？

（5）学院中有何种责任制措施（绩效指标、年度审查、学生课程评估）用以监督教师个人的教学和研究？

（6）在你看来，这些机制（包括学校和个人）在保证或提高教学和研究质量方面是否有效？

（7）你希望对学校的教师的评估应该增加还是减少？

竞争和获得资助

（8）你所在的大学要求你们从外部获得资助吗？

（9）你认为你所在的学院的教师在获得资助方面，不论是个人还是整个系，变得更加商业化了吗？

（10）教师们变得更有商业头脑的利和弊各是什么？

（11）学院给教师们施加压力创造更多的学术成果来与其他的学院/大学竞争了吗？

"新"技术

（12）你所在的学校是否鼓励教师使用互联网/电子邮件、卫星电视或其他形式的"新"技术来开发新的项目或教学单元？

（13）你认为你的学校中在教学和科研中使用"新"技术的正面和负面的效果各是什么？

（14）你使用过电子邮件与学生进行交流吗？这是否增加了你的工作量？

（15）在使用新技术中增加的工作量是否得到学校的认可？学校是否在讨论出台关于为了教学使用电子邮件和互联网所增加的工作量的政策？

一般性问题

（16）未来你认为大学/学院在美国社会中的作用应是什么？

（17）你认为民主选举系主任/院长甚至是像欧洲大学那样选举校长对于大学是否具有重要意义？

（18）你认为教师的终身制是否应是公立学院或公立大学的重要原则？

Bibliography

Aamodt, P.O. (1990). A new deal for Norwegian higher education. *European Journal of Education* 25(2): 171–185.

Aamodt, P.O., Kyvik, S., & Skoie, H. (1991). Norway: Towards a more indirect model of governance? In G. Neave & F.A. van Vught (Eds.), *The Changing Relationship Between Government and Higher Education in Western Europe* (129–144). Oxford: Pergamon Press.

Abecassis, A. (1994). The policy of contracts between the state and the universities. A quiet revolution. In Organisation for Economic Cooperation and Development (OECD) (Ed.), *Evaluation and the Decision Making Process in Higher Education: French, German and Spanish Experiences* (13–18). Paris: OECD.

Aitkin, D. (2000, Sept. 6). A bedrock that's not set in stone. *The Australian*: 33.

Albrow, M. (1993). Globalization. In W. Outhwaite & T. Bottomore (Eds.), *Blackwell Dictionary of Twentieth Century Social Thoughts* (248–249). Oxford: Basil Blackwell.

Alexander, F.K. (2000). The changing face of accountability. Monitoring and assessing institutional performance in higher education. *Journal of Higher Education* 71(4): 411–431.

Altbach, P.G. (2001). Higher education and the WTO: Globalization run amok. *International Higher Education* 23: 2–4.

Altbach, P. & Lewis, L. (1996). The academic profession. In P.G. Altbach (Ed.), *The International Academic Profession* (3–48). Princeton, NJ: The Carnegie Foundation for the Advancement of Teaching.

American Association of University Professors. (AAUP). (1940). *Statement of Principles on Academic Freedom and Tenure*. Washington, DC: AAUP.

American Association of University Professors. (AAUP). (1966). *Statement on Professional Ethics*. Washington, DC: AAUP.

American Association of University Professors. (AAUP). (1999). *Post-Tenure Review: An AAUP Response*. Washington, DC: AAUP.

Bibliography

American Association of University Professors. (AAUP). (2000). *Incentives to Forgo Tenure. A Statement by Committee A.* Washington, DC: AAUP.

Anderson, D. & Johnson, R. (1998). *University Autonomy in Twenty Countries.* Canberra: DEETYA, Higher Education Division.

Anderson, H. (2001, Jan. 27–28). France finds more time for the good life. *The Weekend Australian:* 20.

Appadurai, A. (2000). Grassroots globalisation and the research imagination. *Globalisation, Special Edition of Public Culture* 12(1): 1–19.

Arenson, K. (2000, Jun. 6). SUNY fight over curriculum mirrors larger debate. *New York Times:* B1.

Bacharach, S.B., Bamberger, P., & Conley, S.C. (1991). Negotiating the 'see-saw' of managerial strategy. A resurrection of the study of professionals in organizational theory. *Research in the Sociology of Organizations* 8: 217–238.

Balligand, J.-P. (1998, Sept. 29). Le globalization l'état et le marché [Globalization, the state and the market]. *Le Monde:* 26.

Barry Jones, R.J. (1995). *Globalization and Interdependence in the International Political Economy.* London: Pinter.

Bauer, M., Askling, B., Marton, S.G., & Marton, F. (1999). *Transforming Universities: Changing Patterns of Governance, Structure and Learning in Swedish Higher Education.* London: Jessica Kingsley.

Becher, T. & Kogan, M. (1992). *Process and Structure in Higher Education.* London/New York: Routledge.

Benjamin, E. (1997). *Some Implications of Tenure for the Profession and Society.* Washington, DC: AAUP.

Bess, J.L. (1992). Collegiality: Toward a clarification of meaning and function. In J.C. Smart (Ed.), *Higher Education: Handbook of Theory and Research* VIII (1–36). Bronx, NY: Agathon Press.

Bleiklie, I. (1996). Reform and change in higher education system. Unpublished, University of Bergen.

Bleiklie, I., Hostaker, R., & Vabo, A. (2000). *Policy and Practice in Higher Education. Reforming Norwegian Universities.* London: Jessica Kingsley.

Blumenstyk, G. (2001, Nov. 30). Group denounces 'blame America first' response to September 11 attacks. *The Chronicle of Higher Education:* A12.

Boer, H. de (2002). On nails, coffins and councils. *European Journal of Education* 37(1): 7–20.

Boer, H. de & Denters, B. (1999). Analysis of institutions of university governance: A classification scheme applied to postwar changes in Dutch higher education. In B. Jongbloed, P. Maassen, & G. Neave (Eds.), *From the Eye of the Storm: Higher Education's Changing Institution* (211–233). Dordrecht: Kluwer Academic Publishers.

Boer, H. de, Denters, B., & Goedegebuure, L. (1998). On boards and councils: shaky balances considered. The governance of Dutch universities. *Higher Education Policy* 11(2/3): 153–164.

Boer, H. de, Denters, B., & Goedegebuure, L. (2000). Dutch disease of Dutch model: An evaluation of the pre-1998 system of democratic university government in the Netherlands. In R. Weissberg (Ed.), *Democracy and the Academy* (123–140). Huntington, NY: Nova Science Publishers.

Boer, H. de, Goedegebuure, L., & Meek, L. (1998). In the winter of discontent—business as usual. *Higher Education Policy* 11(2/3): 103–110.

Boer, H. de, & Huisman, J. (1999) The new public management in Dutch universities. In D. Braun & F.-X. Merrien (Eds.), *Towards a New Model of Governance for Universities? A Comparative View* (100–118). London: Jessica Kingsley.

Boezerooy, P. (1999). Higher education in the Netherlands: Country report. *CHEPS Higher Education Monitor* 310. Enschede: University of Twente Higher Education Policy Series.

Brabazon, T. (2001). Internet teaching and the administration of knowledge. *First Monday* 6: 1–10. Retrieved November 20, 2001, from www.firstmonday.org/issues/issue6_6/brabazon.

Brain, P. (2001, May 8). The opportunity cost of misplaced faith. *The Australian Financial Review:* 3.

Brewster, K. (1972). On tenure. *AAUP Bulletin* 58(4): 382–383.

Buck, J. (2001, Feb. 24). *Academic freedom for a free society.* Paper presented at the ASC/CBC Joint Leadership Conference. Kansas City, MO.

Burtchaell, J.T. (1998). *The Dying of the Light: The Disengagement of College and Universities from their Christian Churches.* Grand Rapids, MI: W.B. Eerdmans Publishing.

Callan, P.M., Doyle, W., & Finney, J.E. (2001, Mar.–Apr.). Evaluating state higher education performance. *Change:* 10–19.

Carlson, S. & Carnevale, D. (2001, Dec. 14). Debating the demise of NYUonline. *The Chronicle of Higher Education:* A31, A32.

Central Intelligence Agency. (CIA). (2001). *The World Factbook—United States, Australia, the Netherlands, Norway and France.* Retrieved September 29, 2001, from www.odci.gov/cia/publications/factbook/geaos/us/as/nl/no/fr.html.

CEPES. (1993). France. *Higher Education in Europe* 19(1).

Chapman, J.W. (Ed.). (1983). *The Western University on Trial.* Berkeley: University of California Press.

Charle, C. (1994). *La Republique des Universitaires: 1870–1940.* Paris: Seuil.

Chemerinsky, E. (1998). Is tenure necessary to protect academic freedom? *American Behavioral Scientist* 41(5): 607–626.

Chevaillier, T. (1998). Moving away from central planning: Using contracts to steer higher education in France. *European Journal of Education* 33(1): 65–76.

Chipman, L. (2000, Mar. 8–14). Academic freedom can prevail. *Campus Review:* 17.

The Chronicle of Higher Education. (1997). *The Chronicle of Higher Education Almanac 97–98.* Retrieved November 7, 2000, from www.chronicle.com/data/infobank.dir/almanac.dir/97alm.dir/97almain.htm.

Clark, B.R. (1983). *The Higher Education System: Academic Organization in Cross-National Perspective.* Berkeley: University of California Press.

Clark, B.R. (1998). *Creating Entrepreneurial Universities: Organizational Pathways of Transformation.* Oxford: IAU Press, Pergamon.

Coady, T. (1996). The very idea of a university. *Australian Quarterly* 68(4): 49–62.

Coaldrake, P. & Stedman, L. (1999). Academic work in the twenty-first century: changing roles and policies. Occasional Paper Series 99-H. Canberra, ACT: DETYA, Higher Education Division.

Cohen, M. (1999/2000). The general agreement on trade in services: Implications for public post-secondary education in Australia. *Australian Universities' Review* 42(2)/43(1): 9–15.

Collis, B. (1999). Pedagogical perspectives on ICT use in higher education. In B. Collins & M.C. Van Der Wende (Eds.), *The Use of Information and Communication Tech-*

nologies in Higher Education: An International Orientation on Trends and Issues (51–86). Enschede: University of Twente, Center for Higher Education Policy Studies.

Comité National d'Evaluation. (1991). *L'Université d'Avignon et des Pays du Vaucluse: Report d'Évaluation.* Paris: Comité National d'Évaluation.

Considine, M. (2001a). *Enterprising States: The Public Management of Welfare-to-Work.* Cambridge: Cambridge University Press.

Considine, M. (2001b). Commentary: APSA presidential address 2000: The tragedy of the common rooms? political science and the new university governance. *Australian Journal of Political Science* 36(1): 145–156.

Cunningham, S., Tapsall, S., Ryan, Y., Stedman, L., Bagdon, K., & Flew, T. (1998). *New Media and Borderless Education: A Review of the Convergence Between Global Media Networks and Higher Education.* Canberra: Australian Government Publishing Service.

Currie, J. (2001). *Privatization and academic freedom in Australian universities.* Paper presented at the Association for the Study of Higher Education (ASHE) 26th Annual Conference, Richmond, VA.

Currie, J. & Newson, J. (Eds.). (1998). *Universities and Globalization: Critical Perspectives.* London: Sage.

Daalder, H. (1982). The Netherlands: Universities between the 'new democracy' and the 'new management.' In H. Daalder & E. Shils (Eds.), *Universities, Politicians and Bureaucrats: Europe and the United States* (173–232). Cambridge: Cambridge University Press.

Daalder, H. & Shils, E. (Eds.). (1982). *Universities, Politicians and Bureaucrats: Europe and the United States.* Cambridge: Cambridge University Press.

Dahl, R.A. (1989). *Democracy and its Critics.* New Haven, CT: Yale University Press.

Daly, H. (1994). Farewell lecture to the World Bank. In J. Cavanagh, D. Wysham, & M. Arruda (Eds.), *Beyond Bretton Woods: Alternatives to the Global Economic Order* (109–117). Boulder, CO: Institute for Policy Studies and Transitional Institute.

Daniel, M. (1999, Nov. 18). Report. *The Boston Globe:* A35.

Darras, B., Harvey, D., Lemmel, C., & Peraya, D. (2000). Construction des savoirs et multimedias. In B. Darras (Ed.), *Multimedia et Savoir. MEI, Médiation et information* 11 (10–57). Paris: L'Harmattan.

DeAngelis, R. (1992). The Dawkins revolution. *Australian Universities' Review* 35(1): 37–42.

DeAngelis, R. (1993). Funding the Dawkins revolution in higher education: The first five years—policy, problems, prospects. *Flinders Studies in Policy and Administration* 9: 43.

DeAngelis, R. (1996). Universities. In A. Parkin (Ed.), *South Australia, Federalism and Public Policy* (217–230). Canberra: Federalism Research Centre, The Australian National University.

DeAngelis, R. (1998). The last decade of higher education reform in Australia and France: Different constraints, differing choices in higher education politics and policies. In J. Currie & J. Newson (Eds.), *Universities and Globalization: Critical Perspectives* (123–139). Thousand Oaks, CA/London: Sage.

DeBats, D. & Ward, A. (1999). *Degrees of Difference: Reshaping the University in Australia and the United States.* Sydney: Centre for American Studies, University of Sydney.

De Groof, J., Neave, G., & Svec, J. (1998). *Democracy and Governance in Higher Education*. The Hague: Kluwer Law International.

Department of Education, Training and Youth Affairs (DETYA) (2000). *Higher Education Selected Staff Statistics* (Tables 1, 4).

Desktop 2000. Enterprise Technology Resource Management Project. Retrieved May 28, 2001, from www.Boston.edu/Boston.org/tv/etrm.

Dill, D.D. (1997). Accreditation, assessment, anarchy? The evolution of academic quality assurance policies in the United States. In J. Brennan, P. De Vries, & R. Williams (Eds.), *Standards and Quality in Higher Education* (15–43). London: Jessica Kingsley.

Dill, D.D. (1998). Evaluating the 'evaluative state': Implications for research in higher education. *European Journal of Education* 33(3): 361–378.

Dill, D.D. (1999). Academic accountability and university adaption: The architecture of an academic learning organization. *Higher Education* 38(2): 127–154.

Dill, D.D. (2000). *The Nature of Academic Organisation*. Utrecht: Lemma Publishers.

Dill, D.D. & Peterson Helm, K. (1988). Faculty participation in strategic policy making. In J.C. Smart (Ed.), *Higher Education: Handbook of Theory and Research* IV (319–355). New York: Agathon Press.

Dimmen, A. & Kyvik, S. (1998). Recent changes in governance of higher education institutions in Norway. *Higher Education Policy* 11(2/3): 217–218.

Dionne, E.J.J. (1998, Aug. 11). A 'third way' is in vogue on both sides of the Atlantic. *Herald International Tribune*: 6.

The Economist. (2001a, Sept. 9). Globalisation and its critics: 1–30.

The Economist. (2001b, Nov. 10). Reading the tea leaves: 39.

The Economist. (2001c, Aug. 4). Putting the brakes on: Globalisation through French eyes: 42.

Ehrmann, S.C. (1999). Asking the hard questions about technology use and education. *Change* March/April: 25–29.

Elliot, L. (1998, Sept. 13). Capitalism on a fast road to ruin. *Guardian Weekly*: 19.

Engstrand, G. (1998). 'Tenure wars': The battles and the lessons. *American Behavioral Scientist* 41(5): 607–626.

Exworthy, M. & Halford, S. (Eds.). (1999). *Professionals and the New Managerialism in the Public Sector*. Buckingham: Open University Press.

Feigenbaum, H., Henig, J., & Hamnett, C. (1999). *Shrinking the State: The Political Underpinnings of Privatization*. Cambridge: Cambridge University Press.

Folger, J.K. (1977). Editor's note to 'Increasing the public accountability of higher education.' *New Directions for Institutional Research* 16: vii–xii.

Foster, L. (2001) Review essay: Technology: Transforming the landscape of higher education. *The Review of Higher Education* 25(1): 115–124.

Frederiks, M.M.H., Westerheijden, D.F., & Weusthof, P.J.M. (1994). Effects of quality assessment in Dutch higher education. *European Journal of Education* 29(2): 181–199.

Friedberg, E. & Musselin, C. (Eds.). (1992). *Le Gouvernement des Universités: Perspectives Comparatives*. Paris: L'Harmattan.

Friedman, T.L. (2000). *The Lexus and the Olive Tree*. New York: Random House.

Geurts, P.A., Maassen, P.A.M., & van Vught, F.A. (1996). The Dutch professoriate. In P.G. Altbach (Ed.), *The International Academic Profession* (493–528). Princeton, NJ: The Carnegie Foundation for the Advancement of Teaching.

Gidley, J. (2000). Unveiling the human face of university futures. In S. Inayatullah & J. Gidley (Eds.), *The University in Transformation: Global Perspectives on the Future of the University* (235–245). Westport, CT: Bergin & Garvey.

Glassick, C. (1997). *Scholarship for Higher Education*. Canberra: Higher Education Council.

Goedegebuure, L., Kaiser, F., Massen, P., Meek, L., Vught, F. van, & Weert, E. de (Eds.). (1994). *Higher Education Policy. An International Comparative Perspective*. Oxford: Pergamon Press.

Goedegebuure, L. & Vught, F. van (1994). Alternative models of government steering in higher education. In L. Goedegebuure & F. van Vught (Eds.), *Comparative Policy Studies in Higher Education* (1–34). Utrecht: Lemma.

Gorbachev, M. (2001, Jan. 6–7). Mikhail Gorbachev delivers the new president a reality check. *The Weekend Australian:* 17.

Gornitzka, A., Huisman, J., Massen, P., Van Heffen, O., Klemperer, A., Van De Maat, L., & Vossensteyn, H. (1999). *State Steering Models with Respect to Western European Higher Education*. Enschede: CHEPS.

Graham, W. (2000). Academic freedom or commercial license? In J.L. Turk (Ed.), *The Corporate Campus: Commercialization and the Dangers to Canada's Colleges and Universities* (23–30). Toronto: James Lormier and Company.

Gray, J. (1998, Sept. 13). Unfettered capital spells global doom. *Guardian Weekly:* 1,4.

Greenwood, D. (1998, Jan.–Feb.). Problems in the university? Tenure, they say. *Academe:* 23–24.

Guin, J. (1990). The reawakening of higher education in France. *European Journal of Education* 25(2): 123–145.

Halimi, S. (1998, Oct. 1). Le naufrage des dogmes liberaux [The shipwreck of liberal dogma]. *Le Monde Diplomatique:* 18,19.

Halsey, A.H. (1982). *Decline of Donnish Dominion: The British Academic Professions in the Twentieth Century*. Oxford: Clarendon Press.

Harley, D. (2001). Higher Education in the Digital Age: Planning for an Uncertain Future. *Syllabus* 15(2): 10–12.

Haug, G. (1999, Dec.). Visions of a European future: Bologna and beyond. Paper presented at the 11th EAIE Annual Conference. Maastricht.

Henkel, M. (2000). *Academic Identities and Policy Change in Higher Education*. London: Jessica Kingsley.

Henry, M., Lingard, R., Rizvi, F., & Taylor, S. (1997). Globalization, the state and education policy making. In S. Taylor (Ed.), *Educational Policy and the Politics of Change*. London: Routledge.

Hickling-Hudson, A. (2000) Scholar-activism for a new world: The future of the Caribbean university. In S. Inayatullah & J. Gidley (Eds.), *The University in Transformation: Global Perspectives on the Future of the University* (150–159). Westport, CT: Bergin & Garvey.

Hirschman, A.O. (1982). *Shifting Involvements: Private Interests and Public Action*. Oxford: Martin Robertson.

Honan, J.P. & Teferra, D. (2001). The U.S. academic profession: Key policy challenges. *Higher Education* 41(1/2): 183–203.

Hood, C. (1991). A public management for all seasons? *Public Administration* 69(Spring): 2–19.

Hood, C. (1995). Contemporary public management. *Public Policy and Administration* 10(2): 104–117.

Hoppe-Jeliazkova, M.I. & Westerheijden, D.F. (2000). *Het Zichtbare Eindresultaat*. Den Haag: Algemene Rekenkamer.

Hughes, O. (1994). *Public Management and Administration: An Introduction*. London: St. Martin's Press.

Huisman, J. & Jenniskens, I. (1994). The role of Dutch government in curriculum design and change. *European Journal of Education* 29(3): 269–279.

Huisman, J. & Theisens, H. (2001). Marktwerking in het hoger onderwijs. *B & M, tijdschrift voor beleid, politiek en maatschappij* 28(3): 165–176.

Huisman, J., Westerheijden, D., & Boer, H. de (2001). *De tuinen van het hoger onderwijs*. Enschede: Twente University Press.

Inayatullah, S. (2000). Corporate networks or bliss for all: The politics of the future of the university. In S. Inayatullah & J. Gidley (Eds.), *The University in Transformation: Global Perspectives on the Future of the University* (221–233). Westport, CT: Bergin & Garvey.

James, B. (1998, Sept. 25). The elusive 'third way': Europe's socialists rarely agree on definition. *Herald International Tribune*: 1,7.

Jeanneret, Y. (2000). *Ya-t-il (Vraiment) des Technologies de l'Information?* Paris: Presses Universitaires du Septentrion.

Jonassen, D.H. (1995). Computers as cognitive tools: learning with technology, not from technology. *Journal of Computing in Higher Education* 6(2): 40–73.

Jongbloed, B. & Vander Knoop, H. (1999). Budgeting at the institutional level: Responding to internal pressures and external opportunities. In B. Jongbloed, P. Maassen, & G. Neave (Eds.), *From the Eye of the Storm: Higher Education's Changing Institution* (141–164). Dordrecht: Kluwer Academic Publishers.

Kaiser, F. (2001). *France: Country Report*. Enschede: CHEPS Higher Education Monitor.

Kaiser, F. & Neave, G. (1994). Higher education policy in France. In L. Goedegebuure, et al. (Eds.), *Higher Education Policy: An International Comparative Perspective*. Oxford: Pergamon Press.

Kaiser, F., Van der Meer, P., Beverwijk, J., Klemperer, A., Steunenberg, B., & Van Wageningen, A. (1999). *Market type mechanisms in higher education: A comparative analysis of their occurrence and discussions on the issue in five higher education systems*. Enschede: CHEPS.

Karmel, P. (1992). The Australian university into the twenty-first century. *Australian Quarterly*, Autumn: 49–70.

Katzenstein, P.J. (1985). *Small States in World Markets: Industrial Policy in Europe*. Ithaca/New York/London: Cornell University Press.

Kelly, P. (2000). Internationalizing the curriculum: For profit of planet? In S. Inayatullah & J. Gidley (Eds.), *The University in Transformation: Global Perspectives on the Future of the University* (161–172). Westport, CT: Bergin & Garvey.

Kerr, C. (1982). *The Uses of the University* (3rd ed.). Cambridge: Harvard University.

Kim, H. & Fording, R.C. (1998). Voter ideology in western democracies, 1946–1989. *European Journal of Political Research* 33: 73–97.

Kogan, M. (1986). *Education Accountability. An Analytic Overview*. London: Hutchinson.

Kong, D. (2000, Sept. 3). College try: As tuition keeps soaring, families put their all into finding ways to foot the bill. *The Boston Globe:* F4.
Korean Ministry of Education. (2001). Review of National Policies on Education. *Follow-up to OECD Recommendations for Higher Education.* Seoul: Korean Ministry of Education.
Kyvik, S. (2000). Academic work in Norwegian higher education. In M. Tight (Ed.), *Academic Work and Life: What it is to be an Academic and How this is Changing* (33–72). Amsterdam: Elsevier Science.
Kyvik, S. & Odegard, E. (1990). *Universitetene i Norden foran 90-tallet. Endringer i Styring og Finansiering av Forskning [The Nordic Universities Towards the 90s. Changes in Governance and Research Funding].* Copenhagen: Nordisk Ministerrad.
Lacotte, C. (2001, Nov. 15, personal communication). Academic at the University of Avignon.
Langlois, G., Litoff, J., & Iiacqua, J. (2001). Reaching across boundaries: The Bryant College-Belarus Connection. *Syllabus* 15(3): 12–14.
Lanzara, G.F. (1998). Self-destructive processes in institution building and some modest countervailing mechanisms. *European Journal of Political Research* 33: 1–39.
Larsen, I.M. (2001, Oct.). *The role of the governing board in higher education institutions.* Paper presented at the Governance Structures in Higher Education Institutions seminar. Porto: CIPES/HEDDA.
Larsen, I.M. & Gornitzka, A. (1995). New management systems in Norwegian universities: The interface between reform and institutional understanding. *European Journal of Education* 30(3): 347–362.
Lawday, D. (2001, Aug. 11–12). New French resistance: France is standing firm against a global culture dominated by the United States. *Australian Financial Review:* 1,3.
Lawrence, S.V. (2001, Nov. 15). Going out of business. *Far Eastern Economic Review:* 38.
Leithwood, K., Edge, K., & Jantzi, D. (1999). *Educational Accountability: The State of the Art.* Gutersloh: Bertelsmann.
Leslie, D.W. (1998). Redefining tenure: Tradition versus the new political economy of higher education. *American Behavioral Scientist* 41(5): 652–679.
Lijphart, A. (1984). *Democracies: Patterns of Majoritarian and Consensus Government in Twenty-one Countries.* New Haven, CT: Yale University Press.
Lingard, R. & Rizvi, F. (1998). Globalization, the OECD, and Australian higher education. In J. Currie & J. Newson (Eds.), *Universities and Globalization: Critical Perspectives* (257–273). Thousand Oaks, CA: Sage.
Lowi, T. (2001). Our millennium: Political science confronts the global corporate economy. *International Political Science Review* 22(2): 131–150.
Maassen, P.A.M. & Vught, F.A. van (1988). An intriguing Janus-head: two faces of the new governmental strategy for higher education in The Netherlands. *European Journal of Education* 23(1/2): 65–76.
Maloney, W.A. (1999). Mortar campuses go online. *Academe* Sept/Oct: 19–24.
Marceau, J. (1993). *Steering from a Distance: International Trends in the Financing and Governance of Higher Education.* Canberra: Australian Government Publishing Service.
Marginson, S. (1997). *Educating Australia: Government, Economy and Citizen Since 1960.* Cambridge: Cambridge University Press.
Marginson, S. and Considine, M. (2000). *The Enterprise University: Power, Governance and Reinvention in Australia.* Cambridge: Cambridge University Press.

Marginson, S. & Mollis, M. (1999/2000). Comparing national education systems in the global era. *Australian Universities' Review* 42(2)/43(1): 53–63.

McBrien, R.P. (2001). Theologians at risk? Ex corde and catholic colleges. *Academe* Jan.–Feb.: 13–16.

McBurnie, G. (2001). Leveraging globalization as a policy paradigm for higher education. *Higher Education in Europe* 26(1): 11–26.

McDaniel, O.C. (1996). The paradigms of governance in higher education systems. *Higher Education Policy* 9(2): 137–158.

McInnis, C. (1996). Change and diversity in the work patterns of Australian academics. *Higher Education Management* 8(2): 105–117.

McInnis, C. (2000). Towards new balance or new divides? In M. Tight (Ed.), *The Changing Work Roles of Academics in Australia. Academic Work and Life: What It Is to Be an Academic, and How This Is Changing* (117–145). Amsterdam: Elsevier Science.

McKew, M. (2001, Jul. 17). Glyn Davis ... VC elect. *Bulletin:* 42–44.

McNicol, I.H. (2001, May 25). Universities are private already. *Letter to the Times:* 15.

Medina, J. (2001, Aug. 5). Despite school closing, online colleges beckon. *Boston Sunday Globe:* B9,B12.

Ménand, L. (2001, Oct. 18). College: The end of the golden age. *New York Review of Books:* 44–47.

Merrien, F.-X. & Musselin, C. (1999). Are French universities finally emerging? Path dependency phenomena and innovative reforms in France. In D. Braun & F.-X. Merrien (Eds.), *Towards a New Model of Governance for Universities? A Comparative View* (220–238). London: Jessica Kingsley.

Midgaard, K. (1982). Norway: The interplay of local and central decisions. In H. Daalder & E. Shils (Eds.), *Universities, Politicians and Bureaucrats: Europe and the United States* (275–328). Cambridge: Cambridge University Press.

Mignot Gerard, S. (2000, Sept. 9). *The paradoxical victory of representative leadership in universities: the French model.* Paper presented at the EAIR Forum. Berlin.

Miyoshi, M. (1998). Globalization, culture and the university. In F. Jameson & M. Miyoshi (Eds.), *The Cultures of Globalization* (247–270). London: Duke University Press.

Morrow, G.R. (1968). Academic freedom. In D.D. Dill (Ed.), *International Encyclopedia of Social Sciences* 1&2 (4–10). New York: The Macmillan Company/The Free Press.

Mounyol, T. & Milion, M. (2000). Flexibilité d'un support pédagogique multimedia. In H. Samier (Ed.), *Les Universités Virtuelles* (173–192). Paris: Hermes.

Musselin, C. (1997). State/university relations and how to change them: The case of France and Germany. *European Journal of Education* 32(2): 145–164.

Musselin, C. (2001). *La Longue Marche des Universités Françaises.* Paris: Presses Universitaires de France.

Myers, R.S., Frankel, M.C., Reed, K.M., & Waugaman P.G. (1998). *Accreditation and Accountability in American Higher Education.* Bonn: Federal Ministry of Education, Science, Research and Technology (BMBF).

National Centre for Post Secondary Involvement. (NCPI). (2000). Market-driven accountability in post-secondary education. *Change* May/June: 53–56.

National Office of Overseas Skill Recognition. (1992). *Country Education Profiles: France: A Comparative Study.* Canberra: Australian Government Publishing Services.

National Tertiary Education Union. (NTEU). (2000). *Unhealthy Places of Learning: Working in Australian Universities.* South Melbourne: The National Tertiary Education Union.

Bibliography

Neal, J.E. (1995). Overview of policy and practice: Differences and similarities in developing higher education accountability. *New Directions for Higher Education* 91: 5–10.

Neave, G. (1988a). On the cultivation of quality, efficiency and enterprise: An overview of recent trends in higher education in Western Europe, 1986–1988. *European Journal of Education* 23(1/2): 7–23.

Neave, G. (1988b). The making of the executive head: The process of defining institutional leaders in certain European countries. *International Journal of Institutional Management in Higher Education* 12(1): 104–114.

Neave, G. (1991). The reform of French higher education, or the ox and the toad: A fabulous tale. In G. Neave & F.A. van Vught (Eds.), *The Changing Relationship Between Government and Higher Education in Western Europe*. Oxford: Pergamon Press.

Neave, G. (1994). The evaluation of the higher education system in France. In R. Cowen (Ed.), *The Evaluation of Higher Education Systems* (66–81). London/Philadelphia: Kogan Page.

Neave, G. (1998). The evaluative state reconsidered. *European Journal of Education* 33(3): 265–284.

Neave, G. & Vught, F.A. van (1991). Conclusion. In G. Neave & F.A. van Vught (Eds.), *Prometheus Bound: The Changing Relationship Between Government and Higher Education in Western Europe* (239–255). Oxford: Pergamon Press.

Newson, J. (1992). The decline of faculty influence: Confronting the effects of the corporate agenda. In W. Carroll, L. Christiansen-Ruffman, R. Currie, & D. Harrison (Eds.), *Fragile Truths: 25 Years of Sociology and Anthropology in Canada* (227–246). Ottawa: Carlton University Press.

Newson, J. (1996). Technopedagogy: A critical sighting of the post-industrial university. In (Ed.), *Research Monograph Series in Higher Education: Vol. 3. The Canadian University in the Twenty-First Century* (45–66). University of Manitoba: Research Monograph Series in Higher Education.

Newson, J. (1998). Conclusion: Repositioning the local through alternative responses to globalization. In J. Currie & J. Newson (Eds.), *Universities and Globalization: Critical Perspectives* (295–313). Thousand Oaks, CA: Sage.

Noble, D. (2000). Digital diploma mills: Rehearsal for the revolution. In J.L. Turk (Ed.), *The Corporate Campus: Commercialization and the Dangers to Canada's Colleges and Universities* (101–121). Toronto: James Lormier and Co.

Nora, S. & Minc, A. (1978). *L'Informatisation de la societé: Rapport à M. le Président de la Republique*. Paris: La Documentation Française—Ed. du Seuil, coll. "Points."

NOU. (1988). *Med Viten og Vilj [Hernes Report]*. Oslo: Kultur-og vitenskapsdepartementet.

Oillo, D. & P. Barraque (2000). Universités virtuelles, universités plurielles. In H. Samier (Ed.), *Les Universités Virtuelles* (17–36). Paris: Hermes.

Oliver, C. (1991). Strategic responses to institutional processes. *Academy of Management Review* 16(1): 145–179.

Oliveri, N. (2000). When money and truth colllide. In J.L. Turk (Ed.), *The Corporate Campus: Commercialization and the Dangers to Canada's Colleges and Universities* (53–62). Toronto: James Lormier and Company.

Organisation for Economic Cooperation and Development. (OECD). (1987). *Universities Under Scrutiny*. Paris: OECD.

Organisation for Economic Cooperation and Development. (OECD). (1988). *Reviews of National Policies for Education. Norway.* Paris: OECD.

Organisation for Economic Cooperation and Development. (OECD). (1994). *Evaluation and the Decision Making Process in Higher Education: French, German and Spanish Experiences.* Paris: OECD.

Organisation for Economic Cooperation and Development. (OECD). (1996). *Reviews of National Policies for Education. France.* Paris: OECD.

Organisation for Economic Cooperation and Development. (OECD). (1997). *Thematic Review of the First Years of Tertiary Education. Country Note: Norway.* Paris: OECD.

Organisation for Economic Cooperation and Development. (OECD). (1998a). *Open Markets Matter: The Benefits of Trade and Investment Liberalization.* Paris: OECD.

Organisation for Economic Cooperation and Development. (OECD). (1998b). *Redefining Tertiary Education [Redefinir l'Enseignement Tertiaire].* Paris: OECD.

Organisation for Economic Cooperation and Development. (OECD). (1998c). *National Accounts of OECD Countries: Main Aggregates 1989/2000.* Paris: OECD.

Organisation for Economic Cooperation and Development. (OECD). (1990). *Financing Higher Education: Current Patterns.* Paris: OECD.

Organisation for Economic Cooperation and Development. (OECD). (2000). *Education at a Glance: OECD Indicators.* Paris: OECD.

Paulson, M. (2000). Bishops say theologians may teach without OK. *The Boston Globe:* A01.

Perley, J.E. (1997). Tenure remains vital to academic freedom. *The Chronicle of Higher Education* 43(30): A48.

Perlez, J. (2000, Sept. 20). Suave rival has words for the U.S.: 'En garde.' *The New York Times International:* A9.

Pollitt, C. (1990). *Managerialism and the Public Services.* Oxford: Blackwell.

Pollitt, C. (1993). *Managerialism and the Public Services. The Anglo-American Experience.* Oxford: Blackwell.

Polster, C. (2000). The advantages and disadvantages of corporate/university links: What's wrong with this question? In D. Doherty-Delorme & E. Shaker (Eds.), *Missing Pieces II: An Alternative Guide to Canadian Post-Secondary Education* (180–185). Ottawa: Canadian Centre for Policy Alternatives.

Porter, P. & Vidovich, L. (2000). Globalization and Higher Education Policy. *Educational Theory* 50(4): 449–465.

Press, E. & Washburn, J. (2000). The kept university. *The Atlantic Monthly* 285(3): 39–54.

Quadratin Multimedia. (2001). *Enquête E-Learning Europe–Questionnaire.* Retrieved June 3, 2001, from www.quadratin.fr/noirsurblanc/.

Ragin, C.C. (1987). *The Comparative Method: Moving Beyond Qualitative and Quantitative Strategies.* Berkeley: University of California Press.

Rhoades, G. (1998). *Managerial Professionals: Unionized Faculty and Restructuring Academic Labor.* Albany: State University of New York Press.

Rhoades, G. & S. Slaughter. (1998). Academic capitalism, managed professionals, and supply-side higher education. In R. Martin (Ed.), *Chalk Lines: The Politics of Work in the Managed University* (33–68). Durham: Duke University Press.

Rifkin, J. (2000). *The Age of Access.* New York: J. Tarcher.

Rodrik, D. (1997). *Has Globalization Gone Too Far?* Washington, DC: Institute for International Economics.

Romzek, B.S. (2000). Dynamics of public sector accountability in an era of reform. *International Review of Administrative Sciences* 66(1): 21–44.

Rooney, D. & Hearn, G. (2000). Of minds, markets, and machines: How universities might transcend the ideology of commodification. In S. Inayatullah & J. Gidley (Eds.), *The University in Transformation: Global Perspectives on the Future of the University* (91–102). Westport, CT: Bergin & Garvey.

Sassen, S. (2000). Spatialities and temporalities of the global: Elements for a theorization. In A. Appadurai (Ed.), *Globalisation, Special Edition of Public Culture* 12: 215–232.

Scharpf, F. (1987). *Crisis and Choice in European Social Democracy.* Ithaca: Cornell University Press.

Scholte, J. (2000). *Globalization: A Critical Introduction.* London: Macmillan.

Schwartz, H. (1994). Small states in big trouble: State reorganization in Australia, Denmark, New Zealand, and Sweden in the 1980s. *World Politics* 46: 527–555.

Scott, P. (1998). *The Globalization of Higher Education.* Buckingham: SHRE/Open University Press.

Seddon, T. & Marginson, S. (2001). The crisis trifecta: Education. In C. Sheil (Ed.), *Globalization: Australian Impacts* (202–218). Sydney: UNSW Press.

Senate Standing Committee on Education (2001). *Universities in Crisis.* Canberra: Australian Government Printing Office.

Shapiro, J. (2000, Aug.). Death in a tenured position. *University of Chicago Magazine:* 15–18.

Singh, M. (2001, Mar. 27–29). *Re-inserting the 'public good' into higher education transformation.* Paper presented to the Globalisation and Higher Education: Views from the South Conference. Cape Town, South Africa.

Sklair, L. (2001). *The Transnational Capitalist Class.* Oxford: Blackwell.

Slaughter, S. (1993). Introduction to special issue on retrenchment. *The Journal of Higher Education* 64(3): 247–249.

Slaughter, S. (1998). National higher education policies in a global economy. In J. Currie & J. Newson (Eds.), *Universities and Globalization: Critical Perspectives* (45–70). Thousand Oaks, CA: Sage.

Slaughter, S. & Leslie, L.L. (1997). *Academic Capitalism: Politics, Policies and the Entrepreneurial University.* Baltimore: John Hopkins University Press.

Smeby, J.-C. & Stensaker, B. (1999). National quality assessment systems in the Nordic countries: Developing a balance between external and internal needs? *Higher Education Policy* 12(1): 3–14.

Smith, A. & Webster, F. (1997). Conclusion: An affirming flame. In A. Smith & F. Webster (Eds.), *The Postmodern University? Contested Visions of Higher Education in Society* (99–113). Buckingham: Society for Research into Higher Education/Open University Press.

Sporn, B. (1999). *Adaptive University Structures. An Analysis of Adaptation to Socioeconomic Environments of U.S. and European Universities.* London: Jessica Kingsley.

Staropoli, A. (1996). Evaluating a French university. *Evaluation and the Decision Making Process in Higher Education: French, German and Spanish Experiences* (55–59). Paris: OECD.

Stensaker, B. (1997). From accountability to opportunity: the role of quality assessments in Norway. *Quality in Higher Education* 3(3): 277–284.

Stone, G. (2000, Aug.). Tracking tenure at Chicago. *University of Chicago Magazine:* 17.

Thomas, L. (2001, Jan. 31). Humanity is the essence. *The Australian:* 4.

Tjeldvoll, A. (1992). Evaluation of higher education research in Norway. In V. Chinapah (Ed.), *Evaluation of Higher Education in a Changing Europe* (43–56). Stockholm: Stockholm University.

Tjeldvoll, A. (1998). The service university in service societies: The Norwegian experience. In J. Currie & J. Newson (Eds.), *Universities and Globalization: Critical Perspectives* (99–121). Thousand Oaks, CA: Sage.

Tjeldvoll, A. & Holtet, K. (1998). A service university in a service society: The Oslo case. *Higher Education* 35: 27–48.

Tonder, J.-K. & Aamodt, P.O. (1993). Between the market and the welfare state: How to adjust Norwegian higher education to new principles. In United Nations Educational, Scientific, and Cultural Organization (UNESCO) (Ed.), *European Centre for Higher Education Academic Freedom and University Autonomy*. Papers on Higher Education Series (248–257). Bucharest: CEPES/UNESCO.

Trow, M. (1994). Managerialism and the academic profession: The case of England. *Higher Education Policy* 7(2): 11–18.

Trow, M. (1996). Trust, markets and accountability in higher education: A comparative perspective. *Higher Education Policy* 9(4): 309–324.

Tudvier, N. (1999). *Universities for Sale: Resisting Corporate Control over Canadian Higher Education*. Toronto: The Canadian Association of University Teachers/ James Lormier and Company.

Turnbull, S. (1999, Oct. 30–31). Weekly, France bucks the toiling trend. *The Weekend Australian*: 32.

Turner, D. (1996). Changing patterns of funding higher education in Europe. *Higher Education Management* 8(1): 101–111.

University of Oslo. (1995). *Strategisk Plan, 1995–99 [Strategic Plan 1995–99]*. Oslo: The University of Oslo.

University of Twente. (1998). *Annual Report*. Enschede: University of Twente.

U.S. News & World Report. (1999). *America's Best Colleges: Exclusive Rankings*. Retrieved September 2, 2000, from www.usnews.com/usnews/edu/college/rankings/rankindex.htm.

Van de Graaff, J. & Furth, D. (1978a). Introduction. In J. Van de Graaff, B.R. Clark, D. Furth, D. Goldschmidt, & D.F. Wheeler (Eds.), *Academic Power. Patterns of Authority in Seven National Systems of Higher Education* (1–12). New York: Praeger.

Van de Graaff, J. & Furth, D. (1978b). France. In J. Van de Graaff, B.R. Clark, D. Furth, D. Goldschmidt, & D.F. Wheeler (Eds.), *Academic Power. Patterns of Authority in Seven National Systems of Higher Education* (49–66). New York: Praeger.

Van Dusen, G.C. (1997). The virtual campus: Technology and reform in higher education. *ASHE-ERIC Higher Education Report* 25. Washington, DC: George Washington University.

Vangsnes, S. & Jordell, K. (1992). Norway. In B.R. Clark & G.R. Neave (Eds.), *The Encyclopedia of Higher Education* (524–533). Oxford: Pergamon Press. van Vught, F.A. (Ed.). (1989). *Government Strategies and Innovation in Higher Education*. London: Jessica Kingsley.

Vossensteyn, H.J.J. & Dobson, I.R. (1999). Hey, big spender! Institutional responsiveness to student demand. In B. Jongbloed, P. Maassen, & G. Neave (Eds.), *From the Eye of the Storm: Higher Education's Changing Institutions* (189–210). Dordrecht: Kluwer Academic Publishers.

Vught, F.A. van, (1997). Combining planning and the market: An analysis of the government strategy towards higher education in the Netherlands. *Higher Education Policy* 10(3/4): 211–224.
Wagner, A. (1996). Financing higher education: New approaches, new issues. *Higher Education Management* 8(1): 7–17.
Wagner, R.B. (1989). *Accountability in Education. A Philosophical Inquiry.* New York/London: Routledge.
Weert, E. de, & Tijssen, L. van vucht (1999). Academic staff between threat and opportunity: Changing employment and conditions of service. In B. Jongbloed, P. Maassen, & G. Neave (Eds.), *From the Eye of the Storm: Higher Education's Changing Institution* (39–63). Dordrecht: Kluwer Academic Publishers.
Wende, M.C. van der (2001). Internationalisation policies: about new trends and contrasting paradigms. *Higher Education Policy* 14(3): 249–259.
Wende, M.C. van der & Beerkens, H.J.J.G. (1999). Policy strategies on ICT in higher education. In B. Collins & M.C. Van der Wende (Eds.), *The Use of Information and Communication Technologies in Higher Education: An Internatinal Orientation on Trends and Issues* (21–50). Enschede: University of Twente, Center for Higher Education Policy Studies.
Westerheijden, D.F. (1997). A solid base for decisions. *Higher Education* 33(4): 397–413.
Williamson, B. & Coffield, F. (1997). Repositioning higher education. In F. Coffield & B. Williamson (Eds.), *Repositioning Higher Education* (116–132). Buckingham: Society for Research into Higher Education/Open University Press.
Wilson, N. (2001, Jan. 20–21). Selling off the farm. *The Weekend Australian:* 24.
Wolton, D. (2000). *Internet, et Après? Une Théorie Critique des Nouveaux Medias.* Paris: Flammarion, coll. 'Champs
Yang, R. & Vidovich, L. (2001, Aug. 20). *Globalisation, Higher Education and Murdoch's Context: A Briefing Paper for Senate.* Perth: Murdoch University.
Yarmolinsky, A. (1996). Tenure: Permanence and change. *Change* May/June: 16–20.
Yoneyazawa, A. & Yoshida, K. (2001). *Financial Structure of Higher Education in Japan.* Cheongu, Choonbuk, Korea: World Council of Comparative Education Societies.
Zernike, K. (1999, Nov. 18). Report. *The Boston Globe:* 1,A35.

北京大学出版社教育出版中心
部分重点图书

一、大学教师通识教育系列读本(教学之道丛书)
  给大学新教员的建议
  规则与潜规则：学术界的生存智慧
  如何成为卓越的大学教师
  教师的道与德
  给研究生导师的建议
  理解教与学：高校教学策略
  高校教师应该知道的 120 个教学问题

二、大学之道丛书
  知识社会中的大学
  哈佛规则：捍卫大学之魂
  美国大学之魂
  大学理念重审：与纽曼对话
  一流大学卓越校长：麻省理工学院与研究型大学的作用
  学术部落及其领地：知识探索与学科文化
  大学校长遴选：理念与实务
  转变中的大学：传统、议题与前景
  什么是世界一流大学？
  德国古典大学观及其对中国大学的影响
  学术资本主义：政治、政策和创业型大学
  高等教育公司：营利性大学的兴起
  美国公立大学的未来
  公司文化中的大学
  21 世纪的大学
  我的科大十年(增订版)
  东西象牙塔
  大学的逻辑(增订版)
  高等教育市场化的底线
  大学之用(第五版)
  废墟中的大学

三、管理之道丛书
  美国大学的治理
  成功大学的管理之道

四、北大开放教育文丛
  教育究竟是什么？100 位思想家论教育
  教育：让人成为人——西方大思想家论人文与科学